Geheimnisvolle Tierwelt

Geheimnisvolle Tierwelt

Tiere in Aktion

Faszinierende Nahaufnahmen
und Bewegungssequenzen

Text von
Steve Parker

Gerstenberg Verlag

Die Deutsche Bibliothek – CIP-Einheitsaufnahme

Geheimnisvolle Tierwelt: Tiere in Aktion; faszinierende Nahaufnahmen und Bewegungssequenzen / Text von Steve Parker. [Aus dem Engl. übers. und bearb. von Margot Wilhelmi]. – Hildesheim: Gerstenberg, 1995
Einheitssacht.: Eyewitness natural world <dt.>
ISBN 3-8067-4165-4
NE: Parker, Steve; Wilhelmi, Margot [Übers.]; EST

Ein Dorling-Kindersley-Buch
Originaltitel: Eyewitness Natural World
Copyright © 1994 Dorling Kindersley Ltd., London
Lektorat: Louise Pritchard, Dijnn von Noorden, Jill Hamilton, Simon Adams
Layout und Gestaltung: Jill Plank, Ivan Finnegan, Kati Poynor, Sharon Spencer, Julia Harris
Herstellung: Catherine Semark

Aus dem Englischen übersetzt und bearbeitet von
Margot Wilhelmi, Sulingen
Deutsche Ausgabe Copyright © 1995
Gerstenberg Verlag, Hildesheim

Alle Rechte der Vervielfältigung und Verbreitung einschließlich Film, Funk und Fernsehen sowie der Fotokopie, Mikrokopie und der Verarbeitung mit Hilfe der EDV vorbehalten. Auch auszugsweise Veröffentlichungen außerhalb der engen Grenzen des Urheberrechts- und Verlagsgesetzes bedürfen der schriftlichen Zustimmung des Verlages.

Satz: Gerstenberg Druck GmbH, Hildesheim
Printed in Great Britain
3-8067-4165-4

INHALT

Vorwort
8

Form und Funktion
Die Anatomie der Tiere – Körperbau und Organe
14

Nahrungserwerb
Die Nahrung verschiedener Arten, und wie sie sie finden und aufnehmen
48

Eltern und Kinder
Lebenszyklen von der Paarung über Geburt oder Eiablage bis zur
Geschlechtsreife und Partnersuche der neuen Generation
80

Überlebensstrategien
Der Kampf ums Überleben unter Einsatz aller Sinne sowie von Tarnung,
Mimese, Mimikry, Verteidigung, Winterschlaf und Zugverhalten
116

Evolution und Aussterben
Der Prozeß der Evolution und die Gründe für das Aussterben von Arten;
Anpassungen verschiedener Tiere an ihren Lebensraum
146

Ordnung der Vielfalt
Ein Überblick über die Systematik des Tierreichs
182

Die Geschichte des Lebens
Urzeittiere – wann lebten sie, wann starben sie aus?
184

Kleines Lexikon
Biologische Fachwörter verständlich erklärt
186

Register
188

VORWORT

Das Leben auf der Erde zeichnet sich durch eine unglaubliche Vielfalt aus. Man kennt heute etwa 4 Mio. Tier- und Pflanzenarten, die Schätzungen der tatsächlichen Artenzahl reichen bis über 30 Mio. Aber selbst die bekannteren unter den beschriebenen Arten bekommen die meisten Menschen kaum je zu Gesicht. Doch Fotos in Büchern und Filme im Fernsehen geben uns Gelegenheit, die Fülle und Vielfalt der Lebewesen, die mit uns diesen Planeten bewohnen, kennenzulernen. Oft staunen wir über bizarre Formen und phantastische Farben. In der Natur gelten jedoch andere Maßstäbe. Außergewöhnliche Formen und lebhafte Farben haben ihren Zweck. So ist das gestreifte Fell des Tigers keine Laune der Natur, sondern ein gutes Tarnkleid. In ihrer Dschungelheimat ist die Raubkatze damit im Spiel von Licht und Schatten praktisch unsichtbar, wenn sie sich an ahnungslose Opfer heranschleicht. Nimmt man den Tiger allerdings aus seiner natürlichen Umwelt heraus und betrachtet ihn vor einem weißen Hintergrund, ist er enttarnt.

FOTOTECHNIK

Tele- und Makroobjektive liefern Nahaufnahmen und zeigen Details, die aus der Ferne oder mit bloßem Auge nicht erkennbar sind. So erfahren wir mehr über das jeweilige Tier oder die jeweilige Pflanze und lernen sie zu schätzen und besser einzuschätzen. Zeitlupenaufnahmen machen schnelle Bewegungen in Einzelheiten erkennbar, die Zeitraffertechnik konzentriert langwierige Vorgänge auf einen Augenblick. Dank dieser Techniken gewinnen wir Einblicke in die dramatischen Vorgänge des Lebens. Fotos und Filme dienen auch der Dokumentation wissenschaftlicher Entdeckungen, die nun nicht mehr einfach als Hirngespinste der Entdecker abgetan werden können. Wir können heute sensationelle biologische Entdeckungen fotografisch belegen. Es gibt keine filmischen oder fotografischen Beweise für das Ungeheuer vom Loch Ness oder den Yeti, wohl aber für das Okapi, das erst 1901 entdeckt wurde, den Riesenmaulhai, den man zufällig 1976 aus der pazifischen Tiefsee fischte, und viele andere unglaubliche Wesen.

NEUE ENTDECKUNGEN

Nicht nur Forscher, sondern auch Fotografen und Tierfilmer stoßen bei ihrer Arbeit bisweilen auf bisher unbekannte Arten. So fand ein Filmteam in Borneo einen noch nicht beschriebenen Frosch, der ein überraschendes Verhalten an den Tag legte: er winkte mit seinem leuchtendblauen Fuß. Ein Kameramann hielt das Ereignis fest und präsentierte der Wissenschaft eine ganz neue Froschart. Sie lebt an einem Wasserfall, dessen tosende Wasser das Froschquaken übertönen. Daher verständigt sich der seltsame Frosch mit seinen Artgenossen durch Winken. Praktisch täglich entdecken Wissenschaftler neue Arten – in Regenwäldern, Steppen und Wüsten, auf Berggipfeln und in der Tiefsee. Mit Bestürzung stellen wir allerdings fest, daß wir durch die Zerstörung der Regenwälder und die Verschmutzung der Meere Pflanzen und Tiere ausrotten, von deren Existenz wir nichts wußten und nun niemals erfahren werden. Filme und Fotos helfen bei der dringend notwendigen Bestandsaufnahme der bekannten Tier- und Pflanzenarten, und auch dieses Buch leistet dazu seinen Beitrag.

Michael Bright

Chefredakteur
„Wildvision"
BBC, Abteilung Naturgeschichte

KAPITEL 1
FORM UND FUNKTION

Der Körperbau eines Tieres, seine Größe und Gestalt geben Hinweise auf seine Nahrung, sein Verhalten, seine Lebensweise und seine Verwandtschaft. Die verschiedenen Baupläne und das unterschiedliche Aussehen der Millionen Arten des Tierreichs, von der winzigen Ameise bis zum massigen Elefanten, sind Anpassungen an die jeweilige Umwelt und Lebensweise.

ARME WIE GUMMI
Im Gegensatz zu unseren Gliedmaßen sind die Fangarme des Gemeinen Kraken knochenlos. Der weiche Körper mit den fleischigen, gummiartig biegsamen Armen ist bestens für die Lebensweise des Kraken geeignet. Denn das Weichtier lauert häufig, in untermeerische Felsspalten und Höhlen geduckt, auf Krebse, Fische, Muscheln und Schnecken.

AM LEBEN KLEBEN
Dieser Baumfrosch aus Belize ist perfekt an das Leben im Regenwald seiner Heimat angepaßt. Mit saugnapfartigen Scheiben an Fingern und Zehen kann er sich sicher an glatten Blättern, schlüpfrigen Zweigen und wankenden Ranken festhalten. Mit seinen riesigen Augen durchdringt der Frosch das Halbdunkel im feuchten Laub. Hat er ein Insekt entdeckt, schnellt die Zunge vor, und die Beute verschwindet unzerkaut im Magen des Fröschleins.

Harte Schalen

Die meisten Tiere haben ein hartes Innen- oder Außenskelett. Wirbeltiere wie die Säuger, zu denen auch wir Menschen ebenso wie Fledermäuse, Pferde und Löwen gehören, haben ein Innenskelett aus Knochen (bei Haien aus Knorpel). Es stützt den Körper und dient als Widerlager für die Muskeln. Wirbellose wie Insekten, Spinnen und Schnecken tragen ein Außenskelett. Einige Tiere, z.B. Krebse und Schildkröten, haben einen harten Schutzpanzer. Die Schalen, Gehäuse oder Panzer sind je nach Tiergruppe ganz unterschiedlich beschaffen, wie man an den abgebildeten Beispielen aus verschiedenen Tierstämmen sieht.

PANZER
Die Landschildkröte (oben) und die im Wasser lebende Großkopfschildkröte (unten) sind Reptilien. Ihr Panzer besteht aus Knochenplatten, die auf der Innenseite an mehreren Stellen mit dem Knochenskelett verwachsen sind.

Mit Tasthaaren an den Beinen findet der Krebs seinen Weg. Er nimmt damit auch Bewegungen von Räubern oder Beutetieren im Wasser wahr.

Der Rückenschild (Carapax) schützt die Oberseite der Schildkröte.

Der Bauchschild (Plastron) schützt die Unterseite.

STEIFER PANZER
Die Panzer der Land- und der Wasserschildkröte haben den gleichen Grundbauplan, sind jedoch in Anpassung an die unterschiedliche Lebensweise und den unterschiedlichen Lebensraum abgewandelt. Der Panzer der in Flüssen Südostasiens lebenden Großkopfschildkröte ist nicht so hart und schwer wie der der Landschildkröte. Ihre Knochenplatten sind von luftgefüllten Hohlräumen durchzogen, die für guten Auftrieb sorgen. Dadurch kann die Schildkröte knapp unter der Oberfläche durchs Wasser schwimmen; wäre der Panzer zu schwer, würde sie auf den Boden sinken. Ihre Gestalt ist aufgrund des flachen Rückenpanzers stromlinienförmiger als die der Landschildkröte, allerdings kann das Tier den Kopf nicht vollständig unter den Panzer ziehen. Landschildkröten sind als träge Kriechtiere bekannt, Wasserschildkröten aber können mit ihren paddelförmigen Beinen kraftvoll und schnell schwimmen.

SCHÜTZENDES HAUS
Die meisten Muscheln und Schnecken können sich bei Gefahr ganz in ihre Schale oder ihr Gehäuse zurückziehen. Das Schneckenhaus ist hart und steif. Es besteht nicht aus gelenkig verbundenen Einzelteilen wie der Außenskelettpanzer des Krebses (unten). Ist die Gefahr vorüber, kommt die Schnecke vorsichtig wieder aus ihrem Haus.

Ein festes Deckelchen verschließt die Gehäuseöffnung.

Zuerst erscheint der Fuß.

Körpermuskeln drücken das Haus hoch oder ziehen es zum Schutz über den Körper.

Mit den kurzen Fühlern nimmt die Schnecke Duftstoffe auf, auf den langen Fühlern sitzen Augen.

Muskeln drücken das Haus vom Boden weg – in Kriechposition.

Kopf und Fuß sind ausgefahren, die Schnecke kriecht auf ihrem schleimigen Fuß davon.

Kaulade

Federartige Kieferfüße

BEHAUSUNG AUS ZWEITER HAND
Der Einsiedlerkrebs hat wie alle höheren Krebse ein gegliedertes Außenskelett mit Gelenken, die Beweglichkeit gewährleisten. Die Gelenke sind an den Scheren und den Schreitbeinen gut zu erkennen. Der Hinterleib des Einsiedlers ist im Gegensatz zum Körper anderer Krebse (z.B. des Hummers) nicht von einem harten Panzer bedeckt. Daher benutzt der Einsiedlerkrebs ein leeres Schneckenhaus als Schutzhülle für sein weiches Hinterteil. Wenn der Krebs wächst, häutet er sein Außenskelett und bekommt mit jeder Häutung ein größeres. Für seinen Hinterkörper muß er sich dann auch ein größeres Schneckenhaus suchen.

Das Gelenk im Außenskelett macht die Schere beweglich.

Bei Gefahr zieht sich der Krebs in sein Schneckenhaus zurück und verschließt die Öffnung mit den Scheren.

Unter der Haut

Unter dem Fell, den Federn, den Schuppen, der Haut, der Schale oder dem Panzer eines Tieres liegen die weichen Körperteile – Muskeln, innere Organe, Nerven und Blutgefäße. Abgesehen von einigen wenigen sehr einfach gebauten Lebewesen wie Schwämmen und Quallen haben die meisten Tiere eine ähnliche Grundausstattung an Organen. Dazu gehören der Verdauungstrakt mit Magen und Darm; Muskeln für die Bewegung; ein Blutgefäßsystem, das den Körper mit Nahrung und Sauerstoff versorgt; Sinnesorgane wie z.B. Augen, die die Umwelt wahrnehmen; sowie Nerven und das Gehirn, die die Körperfunktionen steuern und das Zusammenspiel der Organe regeln.

MUSKELKRAFT
Die meisten Tierbewegungen beruhen auf Muskelarbeit. Beim Sprung eines Hundes kommen über 500 Muskeln zum Einsatz. Jeder zieht sich für eine bestimmte Zeitspanne zusammen; insgesamt ergibt sich ein glatter Bewegungsablauf. Die Riesenmuschel klappt ihre Schale mit weniger als zehn Muskeln zu. Diese können die Schalenhälften stundenlang fest geschlossen halten.

BLAUE LIPPEN
Die „Lippen" der Blauen Riesenmuschel sind ihr Mantel. Diese fleischige Falte umhüllt das Tier und scheidet die Schale ab. Mit dem Mantel kann die Muschel fühlen und schmecken. Dort sitzen auch Reihen einfacher Augen. Die grünen Flecken im Mantelrand rühren von Algen her – mikroskopisch kleinen Pflanzen, die mit der Muschel zusammenleben (Symbiose).

INNERE ORGANE
Trotz ihrer unterschiedlichen äußeren Gestalt haben Taube und Kaninchen im Prinzip die gleichen inneren Organe in ähnlicher Anordnung. Im Kopf sitzt das Gehirn, in der Brust liegen die Lungen, durch den Hinterleib windet sich der lange Darm. Der Grad der Ähnlichkeit der Baupläne von Tieren erlaubt Rückschlüsse auf ihren entwicklungsgeschichtlichen Verwandtschaftsgrad.

Dieser Siphon scheidet Abfallprodukte aus; ein kleinerer Siphon am anderen Körperende saugt Wasser ein.

Bei geschlossener Schale sieht die Muschel mit den Riefen und Knoten auf ihrer Schale wie ein verkrusteter Stein aus.

WAS HINTER EINEM SPRUNG STECKT
Zu jedem Zeitpunkt sorgen Muskeln dafür, daß die Bewegung gleichmäßig abläuft. Beim Absprung schnellen die kräftigen Becken- und Hinterbeinmuskeln den Körper vom Boden. Mit Kopf und Schwanz wird der Sprung ausbalanciert. Die Vorderbeine strecken sich und fangen den Hund bei der Landung ab. Immer bleibt der Hund wachsam, er lauscht und blickt um sich. Der Sprung ist eine natürliche Bewegung, mit der sich das Raubtier Hund auf seine Beute stürzt.

Einfache Grubenaugen

Algen fangen Sonnenenergie ein und wandeln mit deren Hilfe Kohlendioxid und Wasser in Zucker um. Dabei entsteht als Abfallprodukt Sauerstoff, den die Muschel ebenso für ihre Zellatmung nutzt wie einen Teil des Algenzuckers. Dafür haben die Algen bei ihr ein sicheres Zuhause.

Bauplan eines Insekts

Mit über 1 Mio. bekannten Arten sind die Insekten die größte Tiergruppe. Ein typisches Insekt hat drei große Körperabschnitte: den Kopf mit Mundwerkzeugen und Fühlern, die Brust (Thorax) mit sechs Beinen und (meist) zwei Flügelpaaren und den Hinterleib (Abdomen). Ein hartes Außenskelett aus Chitin, einer hornigen Zuckersubstanz, umgibt als schützende Hülle alle Teile des Körpers: Beine, Füße, Augen, Fühler und sogar die inneren Atemröhren (Tracheen). Im Jugendstadium („Larve"), das sich oft sehr vom Erwachsenenstadium („Vollkerf") unterscheidet, müssen die Insekten (d.h. die Raupen bzw. Maden) diese Hülle von Zeit zu Zeit abwerfen: sich häuten. Unter dem alten Panzer befindet sich eine neue, noch elastische Chitinhaut.

GEFALTETER HINTERFLÜGEL
Der größere Hinterflügel, mit dem der Käfer fliegt, muß gefaltet werden, damit er unter den steifen Deckflügel paßt. Dies ermöglichen vorgebildete Falten und gelenkartige Unterbrechungen der Flügeladern.

PRACHTSTÜCK
Die Käfer sind mit über 300.000 Arten die größte Insektenordnung. Dieser in dreifacher Lebensgröße abgebildete Prachtkäfer (*Euchroma gigantea*, Südamerika) zeigt die charakteristischen Insektenmerkmale: Dreiteilung des Körpers, segmentierter (gegliederter) Hinterleib, segmentierte Beine.

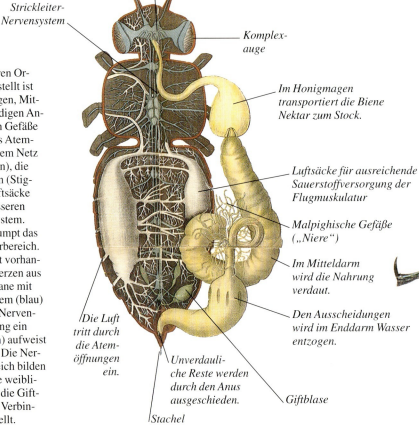

INNERE ORGANE
Die Abbildung zeigt die inneren Organe einer Biene. Gelb dargestellt ist der Darmkanal mit Honigmagen, Mitteldarm und Enddarm. Die fädigen Anhänge sind die Malpighischen Gefäße (Funktion unserer Niere). Das Atemsystem (weiß) besteht aus einem Netz verzweigter Röhren (Tracheen), die nach außen in Atemöffnungen (Stigmen) münden; die beiden Luftsäcke im Hinterleib dienen dem besseren Luftaustausch im Tracheensystem. Das schlauchförmige Herz pumpt das Blut durch den oberen Körperbereich. Weitere Blutgefäße sind nicht vorhanden. Das Blut tritt aus dem Herzen aus und versorgt die übrigen Organe mit Nährstoffen. Das Nervensystem (blau) besteht aus einem doppelten Nervenstrang, der in jedem Körperring ein Nervenknotenpaar (Ganglion) aufweist (Strickleiter-Nervensystem). Die Nervenknotenpaare im Kopfbereich bilden das „Gehirn" des Insekts. Die weiblichen Geschlechtsorgane und die Giftblase, die mit dem Stachel in Verbindung steht, sind grün dargestellt.

ABDOMEN
Im Hinterleib liegen Verdauungssystem, Herz und Geschlechtsorgane. Wie die anderen Körperteile ist auch der Hinterleib von einem festen Panzer aus hartem Chitin umschlossen. Doch zwischen den Hinterleibsringen ist der Körper beweglich. Das ganze Tier ist von einer Wachsschicht überzogen, die den Wasserverlust so gering wie möglich hält.

VORDERFLÜGEL
Bei den Käfern sind die beiden Vorderflügel zu harten Deckflügeln (Elytren) umgebildet. Diese schützen die zarten, häutigen Hinterflügel und den Körper und sind oft leuchtend gefärbt. Im Flug werden sie abgespreizt.

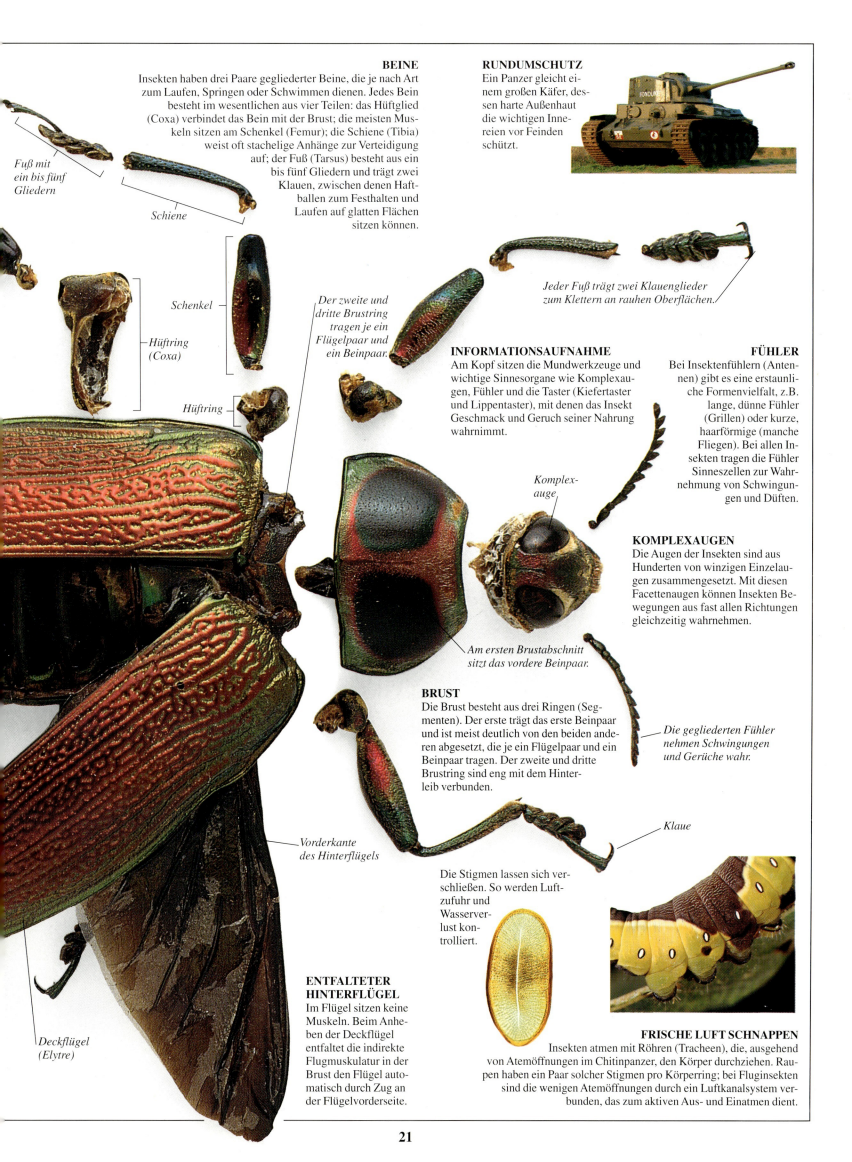

BEINE
Insekten haben drei Paare gegliederter Beine, die je nach Art zum Laufen, Springen oder Schwimmen dienen. Jedes Bein besteht im wesentlichen aus vier Teilen: das Hüftglied (Coxa) verbindet das Bein mit der Brust; die meisten Muskeln sitzen am Schenkel (Femur); die Schiene (Tibia) weist oft stachelige Anhänge zur Verteidigung auf; der Fuß (Tarsus) besteht aus ein bis fünf Gliedern und trägt zwei Klauen, zwischen denen Haftballen zum Festhalten und Laufen auf glatten Flächen sitzen können.

Fuß mit ein bis fünf Gliedern

Schiene

Schenkel

Hüftring (Coxa)

Hüftring

Der zweite und dritte Brustring tragen je ein Flügelpaar und ein Beinpaar.

RUNDUMSCHUTZ
Ein Panzer gleicht einem großen Käfer, dessen harte Außenhaut die wichtigen Innereien vor Feinden schützt.

Jeder Fuß trägt zwei Klauenglieder zum Klettern an rauhen Oberflächen.

INFORMATIONSAUFNAHME
Am Kopf sitzen die Mundwerkzeuge und wichtige Sinnesorgane wie Komplexaugen, Fühler und die Taster (Kiefertaster und Lippentaster), mit denen das Insekt Geschmack und Geruch seiner Nahrung wahrnimmt.

Komplexauge

Am ersten Brustabschnitt sitzt das vordere Beinpaar.

FÜHLER
Bei Insektenfühlern (Antennen) gibt es eine erstaunliche Formenvielfalt, z.B. lange, dünne Fühler (Grillen) oder kurze, haarförmige (manche Fliegen). Bei allen Insekten tragen die Fühler Sinneszellen zur Wahrnehmung von Schwingungen und Düften.

KOMPLEXAUGEN
Die Augen der Insekten sind aus Hunderten von winzigen Einzelaugen zusammengesetzt. Mit diesen Facettenaugen können Insekten Bewegungen aus fast allen Richtungen gleichzeitig wahrnehmen.

BRUST
Die Brust besteht aus drei Ringen (Segmenten). Der erste trägt das erste Beinpaar und ist meist deutlich von den beiden anderen abgesetzt, die je ein Flügelpaar und ein Beinpaar tragen. Der zweite und dritte Brustring sind eng mit dem Hinterleib verbunden.

Die gegliederten Fühler nehmen Schwingungen und Gerüche wahr.

Vorderkante des Hinterflügels

Klaue

Die Stigmen lassen sich verschließen. So werden Luftzufuhr und Wasserverlust kontrolliert.

ENTFALTETER HINTERFLÜGEL
Im Flügel sitzen keine Muskeln. Beim Anheben der Deckflügel entfaltet die indirekte Flugmuskulatur in der Brust den Flügel automatisch durch Zug an der Flügelvorderseite.

Deckflügel (Elytre)

FRISCHE LUFT SCHNAPPEN
Insekten atmen mit Röhren (Tracheen), die, ausgehend von Atemöffnungen im Chitinpanzer, den Körper durchziehen. Raupen haben ein Paar solcher Stigmen pro Körperring; bei Fluginsekten sind die wenigen Atemöffnungen durch ein Luftkanalsystem verbunden, das zum aktiven Aus- und Einatmen dient.

In Schalen und Gehäusen

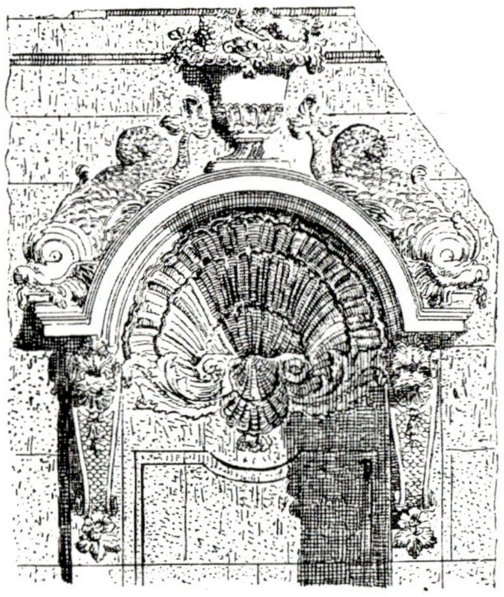

Die Weichtiere bilden mit etwa 130.000 Arten den zweitgrößten Tierstamm. Zu dieser Wirbellosengruppe gehören Muscheln wie Austern, Miesmuscheln, Pilgermuscheln und Riesenmuscheln, Schnecken wie die bekannte Weinbergschnecke oder Kauris und Purpurschnecken, außerdem Wurmmollusken, Käferschnecken, Grabfüßer und schließlich Kopffüßer wie Kraken, Sepia und Perlboot. Ein Großteil der Weichtiere lebt im Meer, und die meisten haben eine Kalkschale zum Schutz ihres weichen Körpers. Diese Schutzhülle wird vom Mantel abgeschieden, einem Gewebe, das die inneren Organe umschließt.

ROKOKO-DEKOR
Die Schönheit von Muschelschalen und Schneckengehäusen hat zu allen Zeiten Künstler und Architekten inspiriert. Hier ziert ein Muschelmuster (Rocaille) den Halbkreisbogen einer flachen Wandnische.

HAUS MIT KAMMERN
Das Perlboot (*Nautilus*) ist ein Kopffüßer. Sein Gehäuse ist hier aufgeschnitten, so daß man Einblick in die Innenarchitektur gewinnt. Das Tier lebt nur in der äußersten Kammer. Die hinteren sind gasgefüllt und sorgen dafür, daß es im Wasser schwebt. Perlboote haben bis zu 90 Arme.

Die jüngste Kammer dient als Wohnkammer.

Kammerwand

Gasgefüllte Kammern sorgen für Auftrieb.

Perlboot-Schale (Längsschnitt)

Schalenmündung

Lippe

Mehr als zwei Seiten

Durch den Körper fast aller Tiere läßt sich eine Hauptachse ziehen, die ihn in zwei spiegelbildliche Hälften teilt. Eine Ausnahme bilden die Stachelhäuter (Echinodermaten). Die Vertreter dieser Tierklasse haben einen radialsymmetrischen Körperbau, d.h. sie sind strahlig um eine Längsachse gebaut. Zu den strahlensymmetrischen Stachelhäutern gehören Seesterne und Seeigel, außerdem weniger bekannte Formen wie Seegurken, Seelilien und Haarsterne. Die über 6000 Arten von Stachelhäutern leben ausnahmslos im Meer, viele von ihnen in der Tiefsee. Einige kann man jedoch bei einem Strandspaziergang entdecken.

HALT FINDEN
In der Hand wirken Seesterne steif und hart. Werden sie aber von einer Welle umgedreht, zeigt sich ihre Beweglichkeit: die Armspitzen rollen sich ein, die Füßchen finden Halt am Felsen und bringen das Tier wieder in die richtige Lage.

FÜNFSTRAHLIGE KUGEL
Von unten gleicht der Seeigel einem Seestern, der seine fünf Arme zum Körpermittelpunkt zusammengelegt hat. Die langen Stacheln sind ein wirksamer Schutz vor Feinden. Mit verschiedengestaltigen Füßchen hält sich der Seeigel am Fels fest, kriecht, ergreift seine Nahrung und reinigt sich.

Mit Saugfüßchen hält sich der Seestern an Felsen fest.

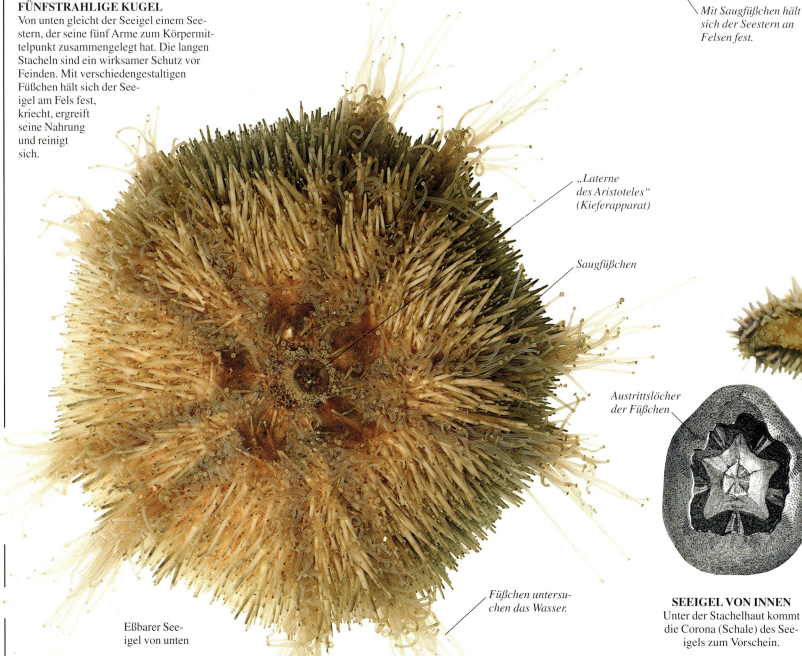

„Laterne des Aristoteles" (Kieferapparat)

Saugfüßchen

Austrittslöcher der Füßchen

SEEIGEL VON INNEN
Unter der Stachelhaut kommt die Corona (Schale) des Seeigels zum Vorschein.

Füßchen untersuchen das Wasser.

Eßbarer Seeigel von unten

SEESTERN VON UNTEN
Ein Seestern hat keinen Kopf mit Gehirn. Sein Steuerzentrum besteht aus einem Nervenring, von dem sich Äste in die Arme erstrecken. Diese steuern die Hunderte beweglicher Füßchen. Jedes Füßchen ist ein fingerförmig ausgestülpter Sack, der an ein Wassergefäßsystem angeschlossen ist. Durch Muskelbewegungen wird Flüssigkeit aus einem Reservoir in den Fuß gepumpt, der so ausgefahren wird. In der Sternmitte liegt der Mund.

STERNFORMEN
Seesterne sind Räuber und jagen mit Vorliebe Muscheln. In Form und Größe unterscheiden sie sich sehr. Meist zeigen sie fünfstrahlige Symmetrie, doch manche Sonnensterne haben zwölf und mehr Arme. Die schnell schlängelnden Arme des Zerbrechlichen Schlangensterns brechen leicht ab, wenn ein Räuber zuschnappt oder der Schlangenstern unter einem Fels eingeklemmt ist – doch der Stachelhäuter kann neue ausbilden.

Eisstern von unten

Mundöffnung

Röhrenfüßchen

Die Stacheln sind Teile des Skeletts.

Polstersterne

Zerbrechlicher Schlangenstern

Eisstern von oben

Krustige Krebse

Während Muscheln und Schnecken zeitlebens dieselbe Außenschale aus Kalk haben und sich diese allmählich vergrößert, kann ein Krebspanzer nicht mitwachsen und muß daher von Zeit zu Zeit gewechselt werden (Häutung). Die meisten Krebstiere haben einen aus einzelnen Platten zusammengesetzten Panzer, der an die Rüstung eines mittelalterlichen Ritters erinnert. Krebse gehören wie die Insekten zum riesigen Stamm der Gliederfüßer (Arthropoden) und zeigen auch einige Gemeinsamkeiten mit ihnen: Der Körper ist segmentiert, die Tiere besitzen gelenkig bewegliche Gliederfüße und ein Außenskelett. Die meisten der etwa 35.000 Arten von Krebstieren leben im Meer. Das Größenspektrum reicht von winzigen Bachflöhen, Asseln und Strandflöhen über Seepocken, Krill, Garnelen, Langusten und Krabben bis zu Seespinnen mit meterlangen Beinen. Der hier leicht vergrößert abgebildete schwergepanzerte Kaiserhummer ist ein nicht nur bei Feinschmeckern bekannter Krebs.

Joris van Son, *Stilleben mit Hummer*

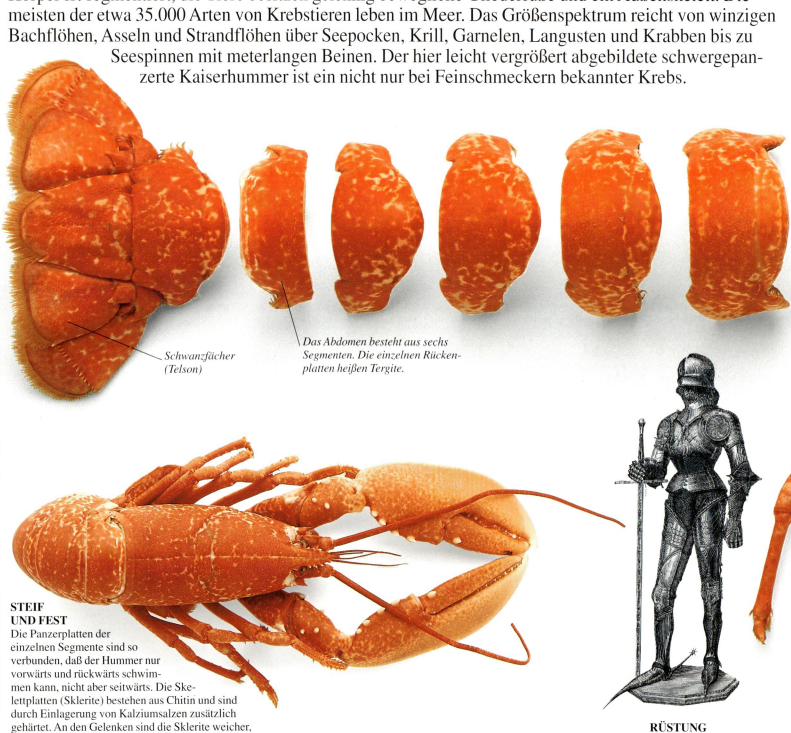

Schwanzfächer (Telson)

Das Abdomen besteht aus sechs Segmenten. Die einzelnen Rückenplatten heißen Tergite.

STEIF UND FEST
Die Panzerplatten der einzelnen Segmente sind so verbunden, daß der Hummer nur vorwärts und rückwärts schwimmen kann, nicht aber seitwärts. Die Skelettplatten (Sklerite) bestehen aus Chitin und sind durch Einlagerung von Kalziumsalzen zusätzlich gehärtet. An den Gelenken sind die Sklerite weicher, so daß das Tier sich bewegen kann. Wenn ein Hummer wächst, muß er seinen Panzer zuweilen wechseln. In dieser Zeit ist er eine leichte Beute und versteckt sich daher, bis seine neue Haut hart ist.

RÜSTUNG
Wie der Hummer verzichteten die alten Ritter zugunsten des Schutzes auf Beweglichkeit.

PANZERBETRACHTUNG
Die meisten Krebstiere haben einen gegliederten (segmentierten) Körper, zumindest als Larven; Hummer und Garnelen zeigen diese Segmentierung zeitlebens. Jedes Segment trägt als Panzer eine Rückenplatte, eine Bauchplatte und zwei Seitenstücke sowie Anhänge (Fühler, Mundwerkzeuge, Beine). Beim Hummer findet man 19 solcher Segmente (Somiten). Kopfspitze (Akron) und Schwanzteil (Telson) gelten nicht als Segmente.

„LINKSHÄNDER"
Die beiden Scheren des Hummers – umgewandelte Beine – sind nicht ganz gleich. Beim Kaiserhummer (Bild) ist die linke Schere dicker und hat eine Höckerleiste zum Muschelknacken. Die rechte ist schmaler und eignet sich mit ihren Zahnleisten zum Schneiden von Fischfleisch.

Schreitbeine mit kleinen pinzettenartigen Scheren

Bein mit großer Schere

Carapax

Erste Antenne

Auge

Mit der zweiten Antenne tastet der Hummer und nimmt Wasserströmungen und chemische Stoffe wahr.

Kieferfuß

Bewegliches Scherenglied

Festes, unbewegliches Scherenglied

Vier Schreitbeinpaare

Meister der Wasserwelt

Fische sind die ältesten Wirbeltiere. Die Amphibien, die ersten Landtiere, stammen von Fischahnen ab. Heute gibt es über 21.000 Fischarten mit einem Größenspektrum vom winzigen Guppie bis zum über 20 m langen Walhai. Knochenfische haben ein von einer Wirbelsäule gestütztes Innenskelett aus Knochen, bei Knorpelfischen wie den Haien besteht das Skelett aus Knorpel (siehe Glossar). Kräftige Muskeln bewegen die Wirbelsäule hin und her, so daß der Fisch mit Schlängelbewegungen schwimmt. Die Atmung erfolgt über Kiemen – hinter den Augen gelegene, stark durchblutete fedrige Gebilde, mit denen der Fisch Sauerstoff aus dem Wasser aufnimmt.

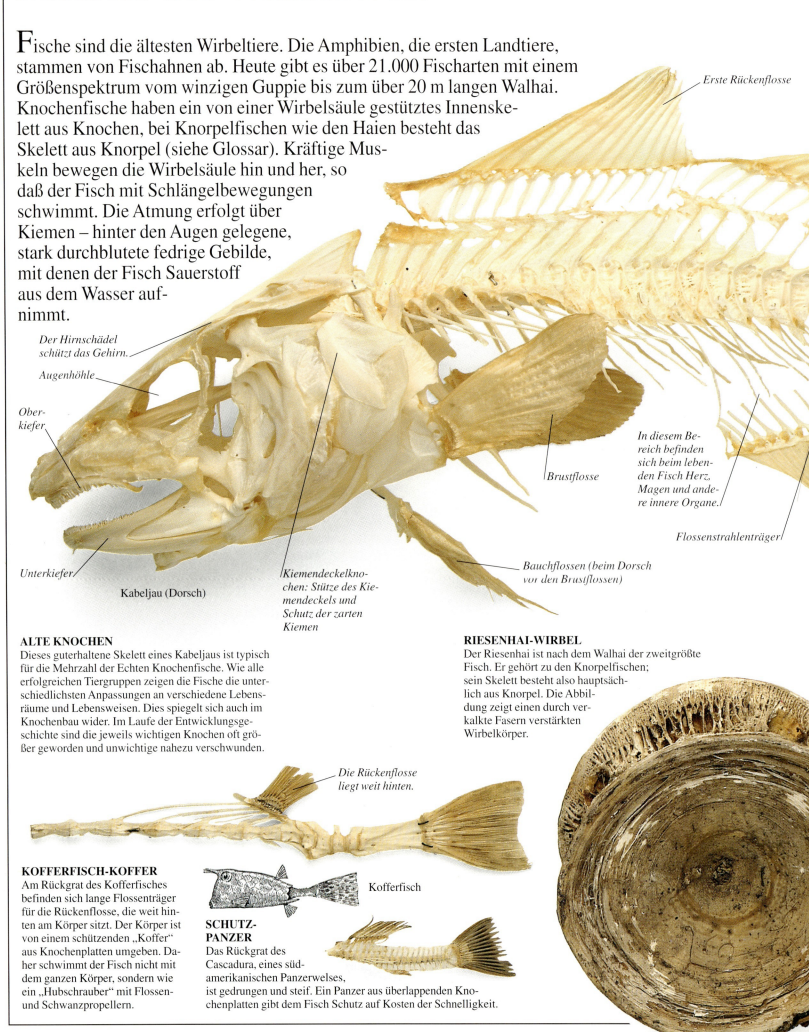

Erste Rückenflosse

Der Hirnschädel schützt das Gehirn.

Augenhöhle

Oberkiefer

Brustflosse

In diesem Bereich befinden sich beim lebenden Fisch Herz, Magen und andere innere Organe.

Flossenstrahlenträger

Unterkiefer

Kiemendeckelknochen: Stütze des Kiemendeckels und Schutz der zarten Kiemen

Bauchflossen (beim Dorsch vor den Brustflossen)

Kabeljau (Dorsch)

ALTE KNOCHEN
Dieses guterhaltene Skelett eines Kabeljaus ist typisch für die Mehrzahl der Echten Knochenfische. Wie alle erfolgreichen Tiergruppen zeigen die Fische die unterschiedlichsten Anpassungen an verschiedene Lebensräume und Lebensweisen. Dies spiegelt sich auch im Knochenbau wider. Im Laufe der Entwicklungsgeschichte sind die jeweils wichtigen Knochen oft größer geworden und unwichtige nahezu verschwunden.

RIESENHAI-WIRBEL
Der Riesenhai ist nach dem Walhai der zweitgrößte Fisch. Er gehört zu den Knorpelfischen; sein Skelett besteht also hauptsächlich aus Knorpel. Die Abbildung zeigt einen durch verkalkte Fasern verstärkten Wirbelkörper.

Die Rückenflosse liegt weit hinten.

Kofferfisch

KOFFERFISCH-KOFFER
Am Rückgrat des Kofferfisches befinden sich lange Flossenträger für die Rückenflosse, die weit hinten am Körper sitzt. Der Körper ist von einem schützenden „Koffer" aus Knochenplatten umgeben. Daher schwimmt der Fisch nicht mit dem ganzen Körper, sondern wie ein „Hubschrauber" mit Flossen- und Schwanzpropellern.

SCHUTZPANZER
Das Rückgrat des Cascadura, eines südamerikanischen Panzerwelses, ist gedrungen und steif. Ein Panzer aus überlappenden Knochenplatten gibt dem Fisch Schutz auf Kosten der Schnelligkeit.

FISCHSCHUPPEN
Die Fischhaut ist meist von Schuppen bedeckt. Bei den meisten Knochenfischen sind die Schuppen wie bei dieser Rotfeder einlagige, biegsame rundliche Plättchen, die wie Dachziegel übereinander liegen. Typische Schuppen bestehen aus einer Knochenschicht und einer dünnen Hautschicht. Das Vorderende (Wurzel) steckt in einer Schuppentasche in der Lederhaut. Einige Fische, so die Aale und Welse, haben nur winzige Schüppchen. Manche Arten sind ganz schuppenlos.

Rotfeder

Flossenträger der Rückenflosse

Zweite Rückenflosse – der Dorsch hat im Gegensatz zu den meisten anderen Fischen drei Rückenflossen.

IMMERGRÜNE KNOCHEN
Hornhechte sind als Speisefische aufgrund ihres türkisgrünen Skeletts nicht sehr gefragt, wenngleich die unerklärliche Färbung harmlos ist und den Geschmack nicht beeinträchtigt.

Rückgrat

Entlang der Wirbelsäule sitzen Muskelpakete.

Europäischer Hornhecht

Flossenstrahlen stützen die Flossen.

Schwanzflosse

Vordere Afterflosse – im Gegensatz zu vielen anderen Fischen hat der Dorsch zwei Afterflossen.

Hintere Afterflosse

Schwanzwirbel

FISCHRHEUMA
Bei älteren Spatenfischen findet man an Skelettknochen und Flossenstrahlen oft Knochenschwellungen, die den Fischen ein eigenartiges Aussehen verleihen. Die Knochenverdickung (Hyperostèosis) geht wahrscheinlich auf verstärkte Einlagerung von Kalk aus der Nahrung (Korallen) zurück. Doch anscheinend können die Fische ganz normal weiterleben.

DAUERSCHWIMMER
Große Hochseefische haben sehr kräftige Muskeln und eine entsprechend kräftige Wirbelsäule. Der Wirbel eines Fächerfisches, eines der schnellsten Fische, hat lange, flügelartige Fortsätze, an denen die Muskeln ansetzen und die dem Rückgrat Stabilität verleihen (unten). Ein Fächerfisch (links) erreicht Geschwindigkeiten von bis zu 90 km/h.

Fächerfisch

WIRBELWÖLBUNG
Bei den meisten Fischen sind die Wirbelkörper nach innen gewölbt (konkav) wie beim Hecht. Beim Knochenhecht sind sie dagegen nach außen gewölbt (konvex).

Lange, flügelartige Fortsätze

Konvexer Wirbelkörper eines Knochenhechts

SCHWANZPROPELLER
Die hintersten Wirbel eines Kofferfisches haben Kiele, an denen Muskeln ansitzen. Der Schwanz kann seitwärts geschlagen werden.

Konkaver Wirbelkörper eines Hechts

Für die Knochenkrankheit Hyperostèosis typische Schwellungen

Hai-Anatomie

Haie, Rochen und Seedrachen bilden mit etwa 715 Arten die relativ kleine Gruppe der Knorpelfische (*Chondrichthyes*). Ihr Skelett besteht nicht aus Knochengewebe, sondern ganz aus gummiartig-flexibler Knorpelmasse. Da man bei einigen Haien Reste von Knochenstrukturen gefunden hat, vermutet man, daß diese sich zurückgebildet haben. Ansonsten zeigen die Knorpelfische den typischen Wirbeltierbauplan. Vom Herzen wird Blut in alle Organe gepumpt. Es versorgt den Körper mit Sauerstoff und Nährstoffen. Kohlendioxid und andere Abfallstoffe werden vom Blut abtransportiert. Was der Hai frißt, wandert durch die Speiseröhre in den Magen, wo Säuren mit der Verdauung beginnen. Im Dünndarm erfolgt die Aufnahme der Nährstoffe ins Blut. Unverdauliche Reste sammeln sich im Dickdarm und werden über die Kloakenöffnung ausgeschieden. Die Aufbereitung der Nährstoffe geschieht in der Leber, die viel Öl enthält und dadurch dem Hai Auftrieb im Wasser gibt. Eine Schwimmblase hat der Hai im Gegensatz zu den meisten Knochenfischen nicht. Die Nieren reinigen das Blut und regulieren den Wasserhaushalt. Skelett und dicke Haut stützen und bilden ein Widerlager für die kräftige Muskulatur, mit der der Hai kraftvoll und ausdauernd schwimmen kann. Kontrolliert werden die Bewegungen und Reaktionen des Hais vom Nervensystem, dessen Zentrum das Gehirn ist. Seine Befehle werden über das Rückenmark weitergeleitet.

GEFAHR! Für im Meer landende Fallschirmspringer ist die Gefahr groß, daß sie von Haien angegriffen werden.

Die paarigen Nieren halten die Salzkonzentration der Körperflüssigkeit knapp über der des Meerwassers.

Schwimmbewegungen – wie bei anderen Fischen auch – durch Zusammenziehen der zickzackförmigen Muskelsegmente in Wellen von vorn nach hinten

Anatomisches Modell eines weiblichen Schwarzspitzenhais

Über die Kloakenöffnung werden Samen, Kot und Harn ausgeschieden.

Klasper (bilden das Begattungsorgan)

Männchen

Weibchen (keine Klasper)

Kloakenöffnung: Geschlechtsöffnung und Ausscheidung von Kot und Harn

MANN ODER FRAU?
Bei männlichen Haien ist der hintere Teil der Bauchflosse zu einem Begattungsorgan (zwei Klasper) umgebildet. Bei der Paarung werden die Klasper in die Kloake des Weibchens eingeführt. Sie bilden eine Röhre, durch die Sperma aus der Kloake des Männchens in die Geschlechtsöffnung des Weibchens gepumpt wird, so daß die Eier im Körper des Weibchens befruchtet werden (innere Befruchtung). Bei Knochenfischen findet die Befruchtung außerhalb des Körpers statt.

Dünndarm mit Spiralfalte

Die Rektaldrüse („dritte Niere") scheidet überschüssiges Salz aus.

Linker Lappen der riesigen Leber

Schwanzflosse

Wirbelsäule

HAISCHWANZ
Anders als bei Knochenfischen setzt sich die Wirbelsäule der Haie im oberen Teil der tief gegabelten Schwanzflosse fort. Diesen Typ Schwanzflosse nennt man „heterocerk". Zusätzlich verstärken Knorpelstrahlen und Hornfäden den Haischwanz.

Knorpelstrahl

Hornfäden

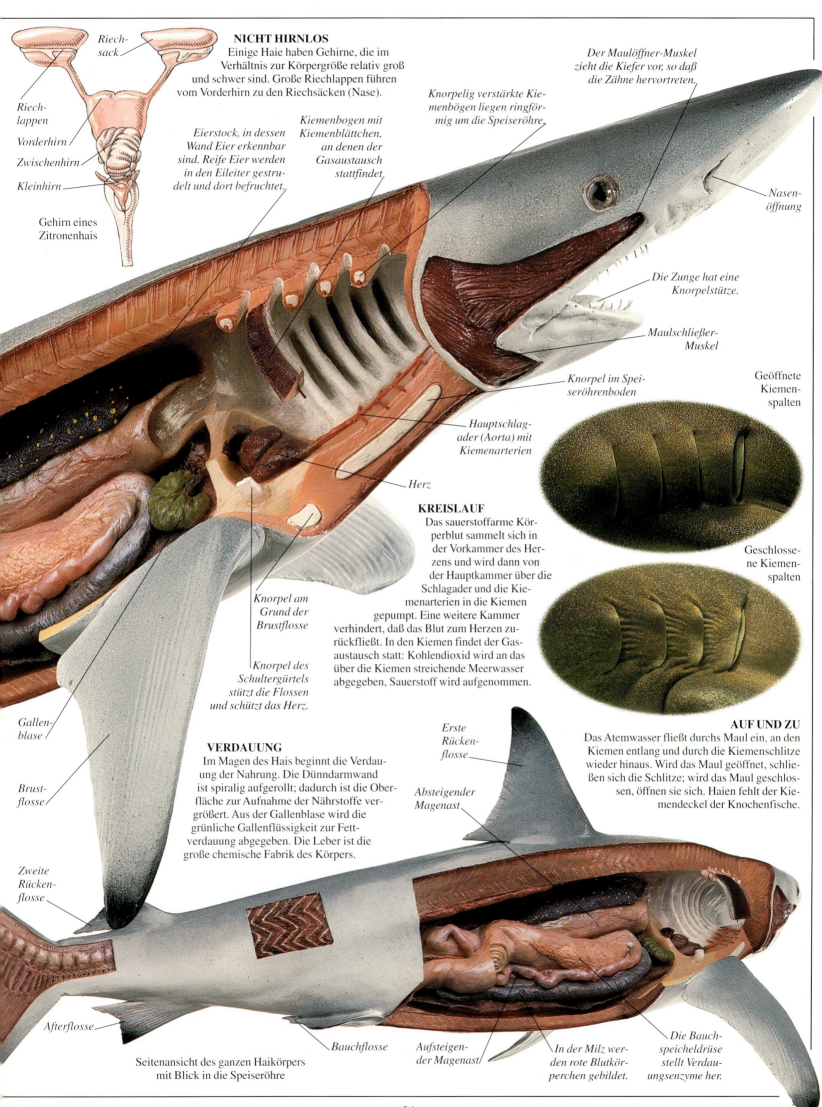

Das Lurchskelett

Die Amphibien waren die ersten Wirbeltiere, die sich auf vier Beine erhoben und das Festland eroberten. Doch auch wenn die meisten heutigen Amphibien einige Zeit auf dem Trockenen überleben können – sie brauchen das Wasser. Das Wort Amphib leitet sich vom griechischen *amphi* (zweifach) und *bios* (Leben) ab. Tatsächlich leben die Amphibien zwei Leben: die Kaulquappe (Jugendstadium) ist ein Wasserlebewesen, der erwachsene Lurch ist ein Landtier. Es gibt heute in aller Welt etwa 4000 Amphibienarten, die man in drei Unterklassen einteilt: Froschlurche (Frösche und Kröten), Schwanzlurche (Salamander und Molche) und Blindwühlen. Letztere sind wurmartige Amphibien, die in tropischen Ländern in lockerer Erde und Laubstreu ein meist unterirdisches Leben führen.

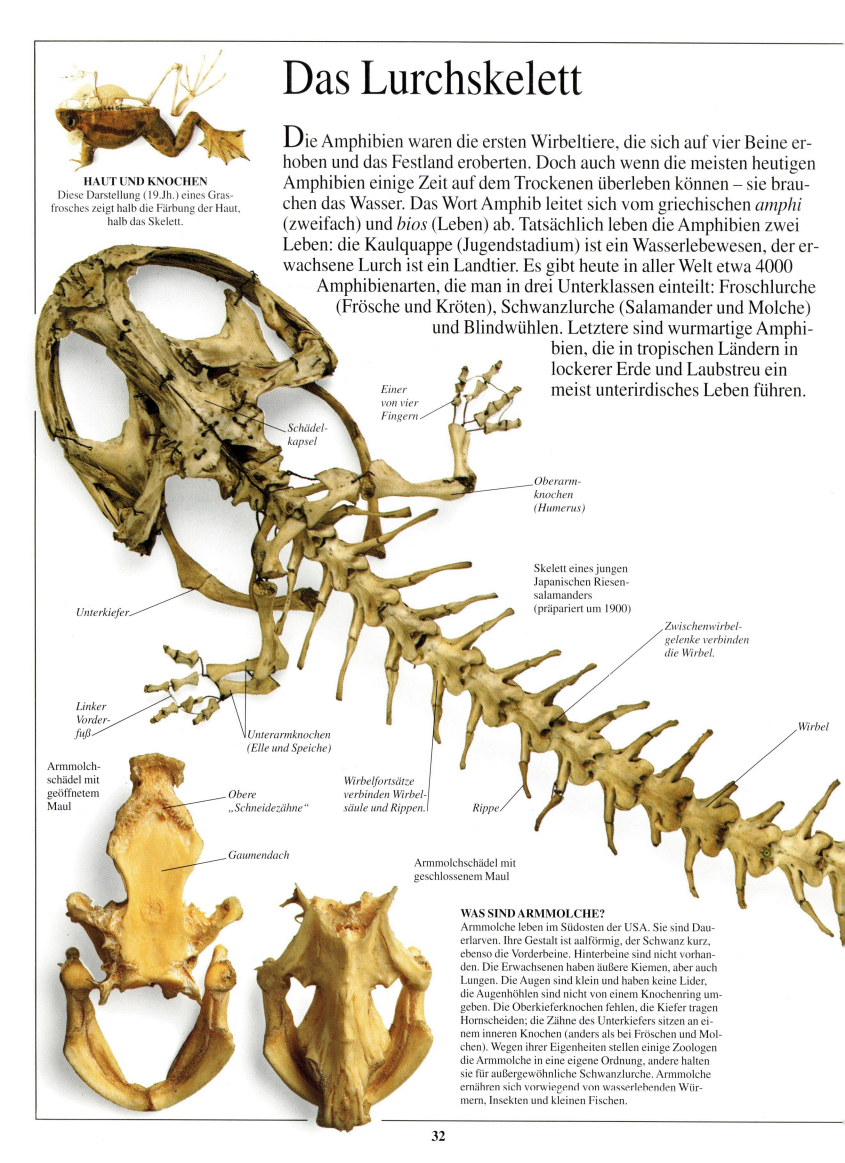

HAUT UND KNOCHEN
Diese Darstellung (19.Jh.) eines Grasfrosches zeigt halb die Färbung der Haut, halb das Skelett.

Einer von vier Fingern

Schädelkapsel

Oberarmknochen (Humerus)

Skelett eines jungen Japanischen Riesensalamanders (präpariert um 1900)

Zwischenwirbelgelenke verbinden die Wirbel.

Unterkiefer

Wirbel

Linker Vorderfuß

Unterarmknochen (Elle und Speiche)

Armmolchschädel mit geöffnetem Maul

Obere „Schneidezähne"

Wirbelfortsätze verbinden Wirbelsäule und Rippen.

Rippe

Gaumendach

Armmolchschädel mit geschlossenem Maul

WAS SIND ARMMOLCHE?
Armmolche leben im Südosten der USA. Sie sind Dauerlarven. Ihre Gestalt ist aalförmig, der Schwanz kurz, ebenso die Vorderbeine. Hinterbeine sind nicht vorhanden. Die Erwachsenen haben äußere Kiemen, aber auch Lungen. Die Augen sind klein und haben keine Lider, die Augenhöhlen sind nicht von einem Knochenring umgeben. Die Oberkieferknochen fehlen, die Kiefer tragen Hornscheiden; die Zähne des Unterkiefers sitzen an einem inneren Knochen (anders als bei Fröschen und Molchen). Wegen ihrer Eigenheiten stellen einige Zoologen die Armmolche in eine eigene Ordnung, andere halten sie für außergewöhnliche Schwanzlurche. Armmolche ernähren sich vorwiegend von wasserlebenden Würmern, Insekten und kleinen Fischen.

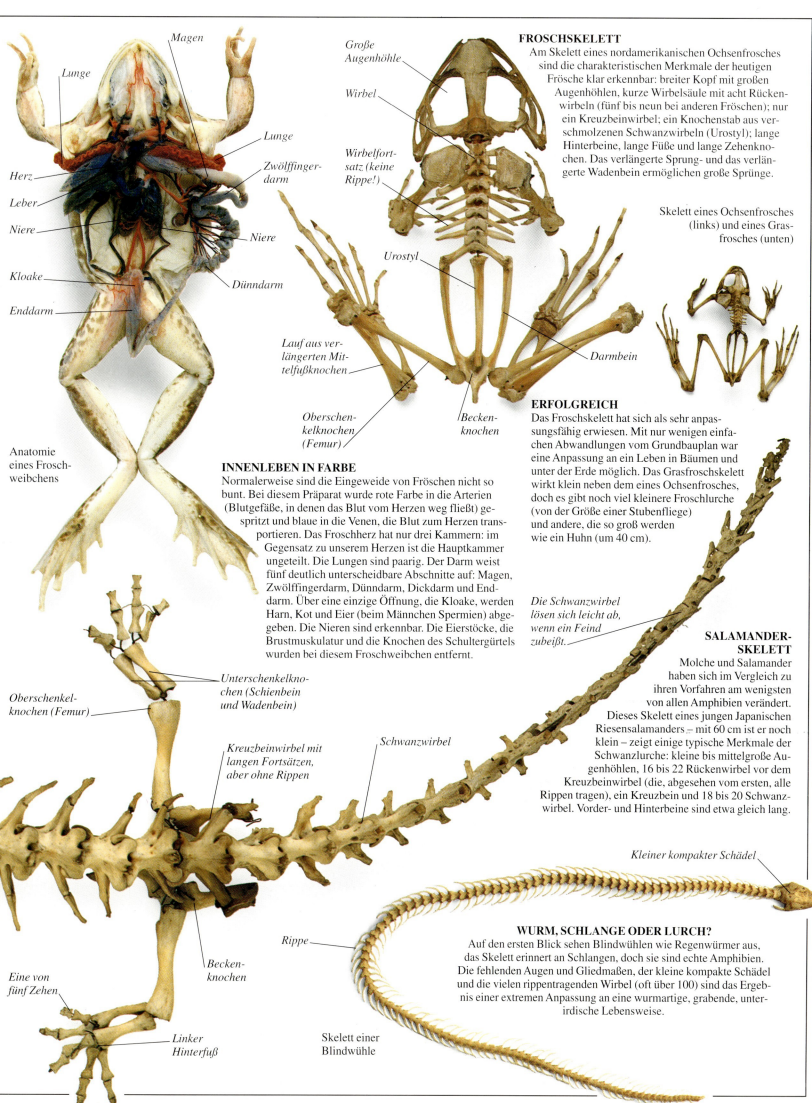

Anatomie eines Froschweibchens

Lunge · *Magen* · *Herz* · *Lunge* · *Leber* · *Zwölffingerdarm* · *Niere* · *Niere* · *Kloake* · *Dünndarm* · *Enddarm*

FROSCHSKELETT
Am Skelett eines nordamerikanischen Ochsenfrosches sind die charakteristischen Merkmale der heutigen Frösche klar erkennbar: breiter Kopf mit großen Augenhöhlen, kurze Wirbelsäule mit acht Rückenwirbeln (fünf bis neun bei anderen Fröschen); nur ein Kreuzbeinwirbel; ein Knochenstab aus verschmolzenen Schwanzwirbeln (Urostyl); lange Hinterbeine, lange Füße und lange Zehenknochen. Das verlängerte Sprung- und das verlängerte Wadenbein ermöglichen große Sprünge.

Große Augenhöhle · *Wirbel* · *Wirbelfortsatz (keine Rippe!)* · *Urostyl* · *Lauf aus verlängerten Mittelfußknochen* · *Oberschenkelknochen (Femur)* · *Beckenknochen* · *Darmbein*

Skelett eines Ochsenfrosches (links) und eines Grasfrosches (unten)

INNENLEBEN IN FARBE
Normalerweise sind die Eingeweide von Fröschen nicht so bunt. Bei diesem Präparat wurde rote Farbe in die Arterien (Blutgefäße, in denen das Blut vom Herzen weg fließt) gespritzt und blaue in die Venen, die Blut zum Herzen transportieren. Das Froschherz hat nur drei Kammern: im Gegensatz zu unserem Herzen ist die Hauptkammer ungeteilt. Die Lungen sind paarig. Der Darm weist fünf deutlich unterscheidbare Abschnitte auf: Magen, Zwölffingerdarm, Dünndarm, Dickdarm und Enddarm. Über eine einzige Öffnung, die Kloake, werden Harn, Kot und Eier (beim Männchen Spermien) abgegeben. Die Nieren sind erkennbar. Die Eierstöcke, die Brustmuskulatur und die Knochen des Schultergürtels wurden bei diesem Froschweibchen entfernt.

ERFOLGREICH
Das Froschskelett hat sich als sehr anpassungsfähig erwiesen. Mit nur wenigen einfachen Abwandlungen vom Grundbauplan war eine Anpassung an ein Leben in Bäumen und unter der Erde möglich. Das Grasfroschskelett wirkt klein neben dem eines Ochsenfrosches, doch es gibt noch viel kleinere Froschlurche (von der Größe einer Stubenfliege) und andere, die so groß werden wie ein Huhn (um 40 cm).

Oberschenkelknochen (Femur) · *Unterschenkelknochen (Schienbein und Wadenbein)* · *Kreuzbeinwirbel mit langen Fortsätzen, aber ohne Rippen* · *Schwanzwirbel* · *Rippe* · *Beckenknochen* · *Eine von fünf Zehen* · *Linker Hinterfuß*

Die Schwanzwirbel lösen sich leicht ab, wenn ein Feind zubeißt.

SALAMANDERSKELETT
Molche und Salamander haben sich im Vergleich zu ihren Vorfahren am wenigsten von allen Amphibien verändert. Dieses Skelett eines jungen Japanischen Riesensalamanders – mit 60 cm ist er noch klein – zeigt einige typische Merkmale der Schwanzlurche: kleine bis mittelgroße Augenhöhlen, 16 bis 22 Rückenwirbel vor dem Kreuzbeinwirbel (die, abgesehen vom ersten, alle Rippen tragen), ein Kreuzbein und 18 bis 20 Schwanzwirbel. Vorder- und Hinterbeine sind etwa gleich lang.

Kleiner kompakter Schädel · *Skelett einer Blindwühle*

WURM, SCHLANGE ODER LURCH?
Auf den ersten Blick sehen Blindwühlen wie Regenwürmer aus, das Skelett erinnert an Schlangen, doch sie sind echte Amphibien. Die fehlenden Augen und Gliedmaßen, der kleine kompakte Schädel und die vielen rippentragenden Wirbel (oft über 100) sind das Ergebnis einer extremen Anpassung an eine wurmartige, grabende, unterirdische Lebensweise.

Beine oder keine?

Reptilien haben hinsichtlich ihres Skeletts und der inneren Organe einen ähnlichen Grundbauplan wie andere vierbeinige Wirbeltiere, also wie die Amphibien, die Vögel und die Säuger. Bei vielen Reptilien aber wachsen die Knochen zeitlebens – und mit ihnen wächst das ganze Tier, auch wenn es schon lange die Geschlechtsreife erreicht hat. So werden manche Reptilien, wenn sie die Gefahren des Alltags überleben, riesig. Das gilt vor allem für Pythons, Krokodile und Riesenschildkröten. Schlangen haben im Laufe der Evolution ihre Beine ganz verloren. Dennoch ist der Schlangenbauplan recht erfolgreich: es gibt etwa 2700 Arten in vielen Lebensräumen.

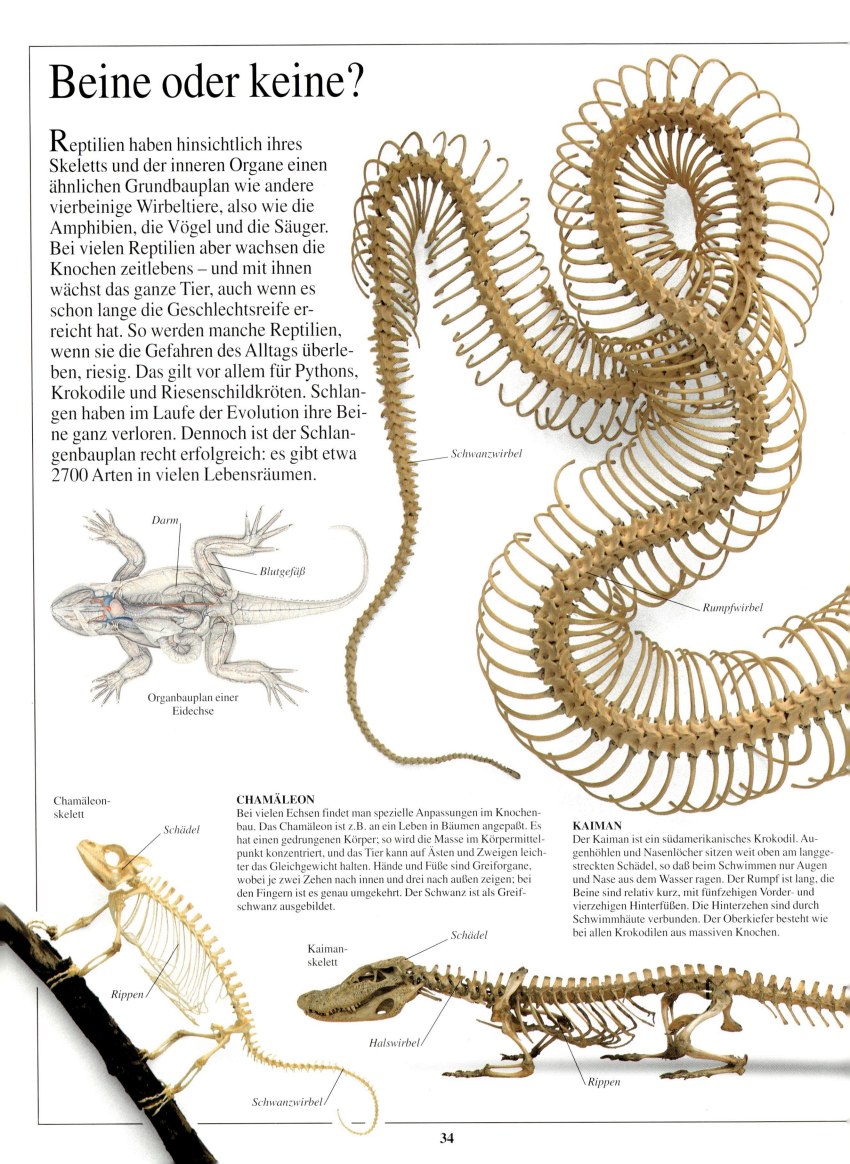

Schwanzwirbel

Rumpfwirbel

Darm

Blutgefäß

Organbauplan einer Eidechse

Chamäleonskelett

Schädel

Rippen

Schwanzwirbel

CHAMÄLEON
Bei vielen Echsen findet man spezielle Anpassungen im Knochenbau. Das Chamäleon ist z.B. an ein Leben in Bäumen angepaßt. Es hat einen gedrungenen Körper; so wird die Masse im Körpermittelpunkt konzentriert, und das Tier kann auf Ästen und Zweigen leichter das Gleichgewicht halten. Hände und Füße sind Greiforgane, wobei je zwei Zehen nach innen und drei nach außen zeigen; bei den Fingern ist es genau umgekehrt. Der Schwanz ist als Greifschwanz ausgebildet.

KAIMAN
Der Kaiman ist ein südamerikanisches Krokodil. Augenhöhlen und Nasenlöcher sitzen weit oben am langgestreckten Schädel, so daß beim Schwimmen nur Augen und Nase aus dem Wasser ragen. Der Rumpf ist lang, die Beine sind relativ kurz, mit fünfzehigen Vorder- und vierzehigen Hinterfüßen. Die Hinterzehen sind durch Schwimmhäute verbunden. Der Oberkiefer besteht wie bei allen Krokodilen aus massiven Knochen.

Kaimanskelett

Schädel

Halswirbel

Rippen

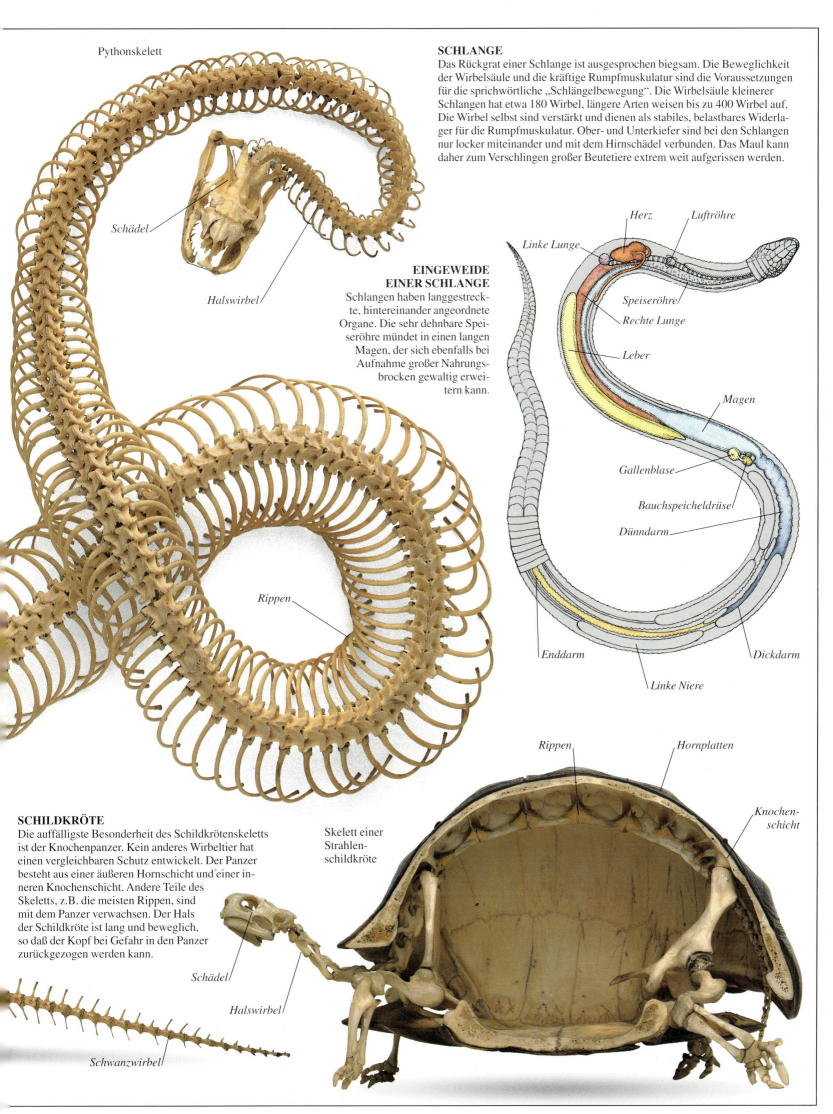

Pythonskelett

Schädel

Halswirbel

Rippen

SCHLANGE
Das Rückgrat einer Schlange ist ausgesprochen biegsam. Die Beweglichkeit der Wirbelsäule und die kräftige Rumpfmuskulatur sind die Voraussetzungen für die sprichwörtliche „Schlängelbewegung". Die Wirbelsäule kleinerer Schlangen hat etwa 180 Wirbel, längere Arten weisen bis zu 400 Wirbel auf. Die Wirbel selbst sind verstärkt und dienen als stabiles, belastbares Widerlager für die Rumpfmuskulatur. Ober- und Unterkiefer sind bei den Schlangen nur locker miteinander und mit dem Hirnschädel verbunden. Das Maul kann daher zum Verschlingen großer Beutetiere extrem weit aufgerissen werden.

EINGEWEIDE EINER SCHLANGE
Schlangen haben langgestreckte, hintereinander angeordnete Organe. Die sehr dehnbare Speiseröhre mündet in einen langen Magen, der sich ebenfalls bei Aufnahme großer Nahrungsbrocken gewaltig erweitern kann.

Herz
Luftröhre
Linke Lunge
Speiseröhre
Rechte Lunge
Leber
Magen
Gallenblase
Bauchspeicheldrüse
Dünndarm
Enddarm
Dickdarm
Linke Niere

SCHILDKRÖTE
Die auffälligste Besonderheit des Schildkrötenskeletts ist der Knochenpanzer. Kein anderes Wirbeltier hat einen vergleichbaren Schutz entwickelt. Der Panzer besteht aus einer äußeren Hornschicht und einer inneren Knochenschicht. Andere Teile des Skeletts, z.B. die meisten Rippen, sind mit dem Panzer verwachsen. Der Hals der Schildkröte ist lang und beweglich, so daß der Kopf bei Gefahr in den Panzer zurückgezogen werden kann.

Schädel
Halswirbel
Schwanzwirbel

Skelett einer Strahlenschildkröte

Rippen
Hornplatten
Knochenschicht

Eroberung der Luft

Der Urvogel *Archaeopteryx*

In der langen Entwicklungsgeschichte des Lebens auf der Erde waren die Vögel nicht die ersten Tiere, die fliegen konnten. Dieser Ruhm gebührt den Insekten. Die Vögel waren auch nicht die ersten großen Wirbeltiere, die fliegen konnten. Das waren die Flugsaurier (Pterosaurier) – Reptilien, die zur Zeit der Dinosaurier, vor etwa 200 Mio. Jahren, lebten. Doch heute beherrschen die Vögel die Lüfte. Es gibt etwa 9000 Vogelarten, und die Vögel haben nahezu alle Lebensräume der Erde besiedelt – von Seeschwalben, Gänsen und Albatrossen, die am Rande der eisigen Polargebiete ihre Kreise ziehen, bis zu den Papageien und Kolibris der feuchtwarmen tropischen Regenwälder. Pinguine, Seetaucher und ähnliche Meeresvögel sind in den Weiten der Ozeane zu Hause. Der älteste bekannte Vogel ist der Urvogel *Archaeopteryx* (von griech. *archaios* = alt und *pteris* = Flügel), dessen wenige Fossilien weltbekannt sind. *Archaeopteryx* lebte vor über 250 Mio. Jahren, zur Blütezeit der Pterosaurier. Doch das rabengroße Tier war kein Reptil. Es hatte ein dichtes Federkleid – und Federn sind das charakteristische Kennzeichen der Vögel.

BINDEGLIED

Alle Fossilien des Urvogels *Archaeopteryx* fand man im Solnhofener Plattenkalk im Altmühltal. Der Plattenkalk ist vor 150 Mio. Jahren in einer Lagune abgelagert worden. Nicht nur die Umrisse der Knochen, sondern auch die Abdrücke der Federn blieben im feinkörnigen Schlick erhalten, der sich im Laufe der Jahrmillionen zu Kalkstein verfestigte. So war der erste Fund (1860) eine Einzelfeder. Abgebildet ist das 1876 entdeckte Berliner Exemplar. Bei diesem vollständigsten Fossil erkennt man deutlich Vogelflügel und -beine sowie reptilienartige Zähne und Schwanz. Wahrscheinlich stammt der Urvogel von kleinen, zweibeinigen Dinosauriern ab. Bisher hat man sieben Fossilien gefunden.

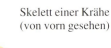

Flügel
Hals
Rückgrat
Schwanz
Bein
Kopf

GLEICHGEWICHT

Im Vergleich zu vielen anderen Tieren sind Vögel kompakt gebaut. Beine, Flügel und Hals sind Leichtbaukonstruktionen. Die schweren Körperteile, vor allem die Flug- und Beinmuskeln, liegen dicht an Brustkorb und Wirbelsäule an. So kann der Vogel sowohl im Flug als auch am Boden leichter das Gleichgewicht halten.

Skelett einer Krähe (von vorn gesehen)

Schädel
Hals
Wirbelsäule
Gabelbein
Rabenschnabelbein

EIN EXPERIMENT DER EVOLUTION

Obwohl Fossilien zeigen, daß die Flugsaurier sich zu ihrer Zeit erfolgreich behaupteten, starben sie vor 65 Mio. Jahren aus. Sie waren nicht die Vorfahren der heutigen Vögel.

AUSGEROTTET

Dieses Bild zeigt die Begegnung der Heldin aus Lewis Carrolls *Alice im Wunderland* mit dem Dodo. Der Dodo oder die Dronte war ein flugunfähiger Vogel auf Mauritius im Indischen Ozean. Gegen Ende des 18.Jh.s vom Menschen eingeführte Schweine und andere Tiere zerstörten seinen Lebensraum: kaum 100 Jahre nach seiner Entdeckung war der Dodo ausgerottet. Seither haben viele Tierarten das Schicksal der Dronte geteilt. Ein Beispiel aus neuerer Zeit: 1914 starb die letzte Wandertaube, obwohl noch 100 Jahre vorher Milliarden durch Nordamerika gezogen waren.

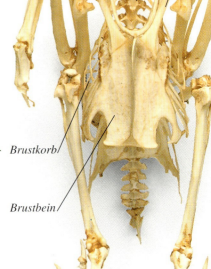

Brustkorb
Brustbein
Beinknochen

Der Flügel

Nur drei Tiergruppen – Insekten, Fledermäuse und Vögel – können aktiv mit Muskelkraft fliegen. Von diesen sind die Vögel die bei weitem größten, schnellsten und kraftvollsten Flieger. Das Geheimnis ihres Erfolgs liegt in der Bauweise ihrer Flügel: Sie sind leicht, fest und biegsam und zudem von vorn nach hinten leicht gewölbt, wodurch ein „Tragflächenprofil" entsteht. Es zieht den Vogel nach oben, wenn die Flügel durch die Luft gleiten. Obwohl sich Größe und Form der Vogelflügel je nach Lebensweise unterscheiden, sind alle nach dem gleichen Grundbauplan konstruiert, der hier am Beispiel eines Eulenflügels gezeigt wird.

ZU SCHWER
Die Flügel eines Vogels können dessen eigenes Gewicht tragen, zusätzlich noch „leichtes Gepäck" wie Futter und Nistmaterial – niemals aber schwerere Lasten.

HÖHENFLUG DER PHANTASIE
Die Sage erzählt, Ikarus sei bei seinem Flug der Sonne zu nahe gekommen, so daß das Wachs schmolz, mit dem die Federn seiner Flügel befestigt waren. Vögel in großer Höhe müssen mit anderen Problemen fertig werden: mit Sauerstoffmangel und Kälte.

DER NATUR ABGESCHAUT
Leonardo da Vinci nutzte seine brillanten anatomischen Kenntnisse für den Entwurf von Maschinen, die den Vogelflug nachahmen sollten. Er ersetzte Knochen durch Holz, Sehnen durch Seile und Federn durch Segeltuch. Soweit man weiß, wurde keines dieser Geräte je gebaut. Sie wären auch alle um einiges zu schwer gewesen.

FEHLSCHLAG
Die heroischen Vogelmenschen vergangener Zeiten erkannten nicht, daß die menschlichen Armmuskeln viel zu schwach zum Fliegen sind. Erst später schafften es die Menschen, mit Hilfe des Propellers und der Kraft ihrer Beinmuskeln zu fliegen.

DAUMENFITTICH
Diese Federgruppe wird beim langsamen Flug abgespreizt, um den Auftrieb zu erhöhen.

HANDSCHWINGEN
Wenn der Vogel die Flügel nach unten schlägt, erzeugen die Handschwingen Kraft zum Fliegen. Die äußersten Schwungfedern können zum Steuern benutzt werden.

Stockente im Flug

FLÜGELKNOCHEN
Die Flügelknochen – hier nach den entsprechenden Knochen im menschlichen Arm benannt – bilden ein System leichter Hebel, auf das die Flügelmuskeln einwirken können.

Zeigefinger — *Handwurzelknochen* — *Daumen* — *Speiche (innerer Unterarmknochen)* — *Teil des Oberarmknochens* — *Mittelfinger* — *Elle (äußerer Unterarmknochen)*

KLEINE FLÜGELDECKEN
Sie formen die Vorderkante, also den Teil des Flügels, auf den die entgegenkommende Luft zuerst trifft.

GROSSE FLÜGELDECKEN
In Reihen und dachziegelartig übereinander angeordnet, bilden sie eine gewölbte Oberfläche, die für Auftrieb sorgt.

SCHIRMFEDERN
Die innersten Schwungfedern bilden den Übergang vom Flügel zum Rumpf. Sie verhindern Turbulenzen während des Flugs.

ARMSCHWINGEN
Die Armschwingen formen ebenfalls die zum Auftrieb nötige Wölbung.

Knochen des Vogelflügels
Knochen des menschlichen Arms

FLÜGEL UND ARME
Flügel und Arme haben sich aus einem gemeinsamen Grundbauplan entwickelt. Der Flügel hat jedoch nur drei Finger, und die Handwurzel- und Mittelhandknochen sind miteinander verschmolzen.

Federn unter der Lupe

Federn sind die große Entwicklung der Evolution, durch die sich die Vögel von allen anderen Tieren unterscheiden. Das Gefieder mancher Kolibris besteht aus weniger als 1000 Federn, während große Vögel wie der Schwan mehr als 25.000 Federn haben können. Wie Haare, Krallen und Hörner bestehen Federn aus dem Eiweißstoff Keratin („Horn"). Diese Substanz verleiht den komplizierten Strukturen große Festigkeit und Elastizität. Während des Wachstums entsteht ein Netz miteinander verflochtener Äste und Strahlen. Sobald dieser Vorgang abgeschlossen ist, zerfällt die Federscheide, und die Blutversorgung der Federn wird unterbrochen. Voll entwickelte Federn sind daher tote Gebilde. Da sich Federn abnutzen, werden sie mindestens einmal im Jahr durch neue ersetzt: der Vogel mausert sich.

ZERBRECHLICH
Eine mittelamerikanische Sägeracke verändert die Form ihrer Steuerfedern beim Putzen. Wenn sie auf eine solche Feder einpickt, brechen die Seitenäste ab. Zurück bleibt ein nackter Schaftabschnitt, der in einer löffelförmigen Spitze endet. Man hat bisher noch nicht ermitteln können, warum die Vögel das tun.

Federscheiden

Austretende Federbüschel

Wachsende Federn in Scheiden

Voll ausgewachsene Federn. Die schützenden Scheiden sind abgefallen.

WIE FEDERN WACHSEN
Wenn Federn zu wachsen beginnen, sind Schaft und Fahne zunächst noch in einer Hülle eingerollt, die man Federscheide nennt. Die Spitze der Feder tritt dann langsam aus der größer werdenden Scheide heraus, entrollt und teilt sich: Eine flache Fahne entsteht. Schließlich fällt die Federscheide ab, und zurück bleibt die voll ausgeformte Feder.

FEDERSPULE
Die hohle Spule enthält die Federseele, häutige Reste aus der Wachstumszeit.

Hohles Inneres

Federseele

Das Ende der Spule sitzt fest in der Haut und ist mit Muskeln verbunden.

MENSCH UND FEDERN
Der Mensch verwendet Federn seit alters als Schmuck, aber auch für praktische Zwecke. Für Kopfputz und Schreibfedern benutzte man Schwungfedern. Noch heute werden mit den Daunen von Enten und Gänsen Bettdecken gefüllt, und die leuchtendbunten Federn mancher tropischer Arten werden zu künstlichen Fliegen für Angler verarbeitet.

Die Spule, der untere Teil des Kiels

Äste

Federkiel

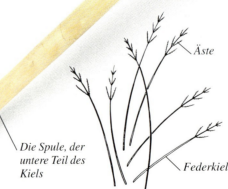

FADENFEDERN
Diese haarähnlichen Gebilde, die man zwischen den Konturfedern am Vorderkörper findet, helfen dem Vogel festzustellen, wie sein Gefieder liegt.

Der Afterschaft, ein zweiter Schaft aus einem Federkiel

GETEILTE FEDERN
Manche Federn sind geteilt und bilden zwei unterschiedliche Hälften, die vom selben Kiel ausgehen. So kann eine einzige Feder zwei verschiedene Funktionen erfüllen.

GLATT GENUG ZUM FLIEGEN

Um funktionsfähig zu sein, muß die Schwungfeder über eine durchgängig glatte Oberfläche verfügen, über die die Luft hinwegströmen kann. Eine solche Oberfläche wird von Tausenden von Strahlen gebildet, die auf beiden Seiten des Astes liegen und durch Häkchen und Kerben miteinander verbunden sind. Wenn die Häkchen der Strahlen aufreißen, bringt der Vogel sie durch Putzen wieder in die alte Position zurück.

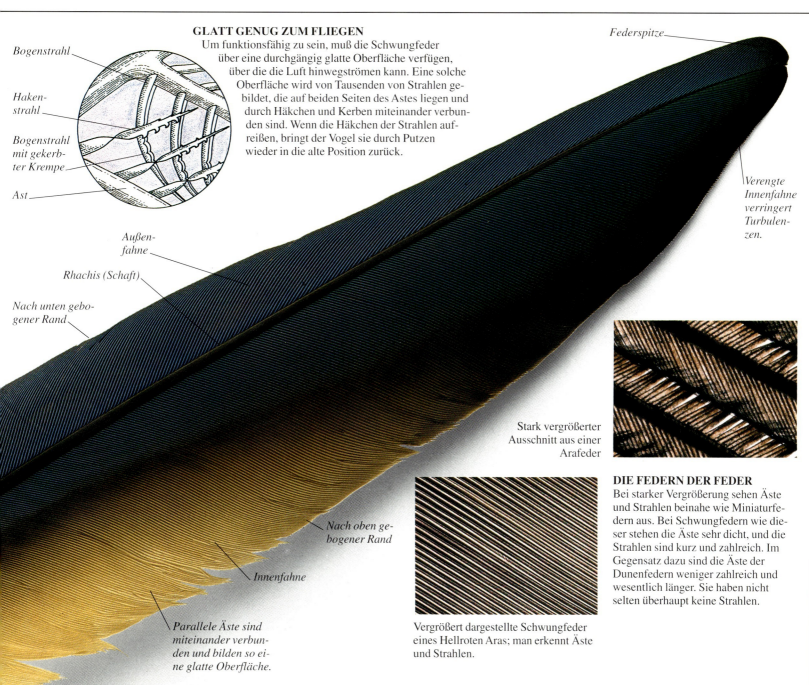

Bogenstrahl

Hakenstrahl

Bogenstrahl mit gekerbter Krempe

Ast

Außenfahne

Rhachis (Schaft)

Nach unten gebogener Rand

Federspitze

Verengte Innenfahne verringert Turbulenzen.

Nach oben gebogener Rand

Innenfahne

Parallele Äste sind miteinander verbunden und bilden so eine glatte Oberfläche.

Stark vergrößerter Ausschnitt aus einer Arafeder

DIE FEDERN DER FEDER
Bei starker Vergrößerung sehen Äste und Strahlen beinahe wie Miniaturfedern aus. Bei Schwungfedern wie dieser stehen die Äste sehr dicht, und die Strahlen sind kurz und zahlreich. Im Gegensatz dazu sind die Äste der Dunenfedern weniger zahlreich und wesentlich länger. Sie haben nicht selten überhaupt keine Strahlen.

Vergrößert dargestellte Schwungfeder eines Hellroten Aras; man erkennt Äste und Strahlen.

Gefiederpflege

Die tägliche Benutzung beansprucht die Federn stark. Außerdem verschmutzen sie schnell und werden von Parasiten befallen. Die meisten Federn werden alljährlich in der Mauser erneuert, trotzdem müssen die Vögel viel Zeit damit verbringen, ihr Gefieder gebrauchsfähig zu erhalten. Das tun sie, indem sie sich putzen: Sie benutzen den Schnabel wie einen Kamm, um die Äste und Strahlen ihrer Federn zusammenzuziehen. Spezielle Methoden der Gefiederpflege sind Einfetten, Pudern und Baden in Wasser oder Staub.

EINPUDERN
Reiher und einige andere Vögel haben besondere Federn, die zu Puder zerfallen: die Puderdunen. Das Bestäuben mit Puder hält das Gefieder in einem guten Zustand. Anders als andere Federn hören Puderdunen niemals auf zu wachsen.

EINEMSEN
Eichelhäher lassen manchmal Ameisen über ihre Federn laufen. Man vermutet, daß die giftige Ameisensäure Parasiten aus dem Gefider vertreibt.

STAUBBÄDER
Staub reibt Schmutz und Fett von den Federn und bindet diese Substanzen gleichzeitig.

Säugerskelette

Das Skelett von Säugetieren wie Hunden, Katzen, Affen und uns Menschen hat den gleichen Grundbauplan wie das der Vögel, Reptilien und Amphibien. Bei allen Wirbeltieren stützt das Skelett den Körper und dient als Widerlager für die Muskulatur. Die Wirbelsäule ist biegsam und stabil zugleich. Der Schädel beherbergt und schützt das Gehirn und die empfindlichen Sinnesorgane zum Sehen, Hören, Riechen und Schmecken. Die Rippen schützen Herz und Lungen. Auch die Gliedmaßen sind bei den genannten Wirbeltiergruppen ähnlich aufgebaut: Sie sind mit der Wirbelsäule verbunden; dann folgen ein längerer oberer Knochen (Oberarm/Oberschenkel) und zwei dünnere untere (Unterarm/Unterschenkel mit Elle und Speiche bzw. Schienbein und Wadenbein), gefolgt von Hand- bzw. Fußgelenk und fünf Fingern bzw. Zehen. In Anpassung an verschiedene Umwelt- und Lebensbedingungen ist dieser Grundbauplan bei den einzelnen Säugerarten mehr oder weniger abgewandelt.

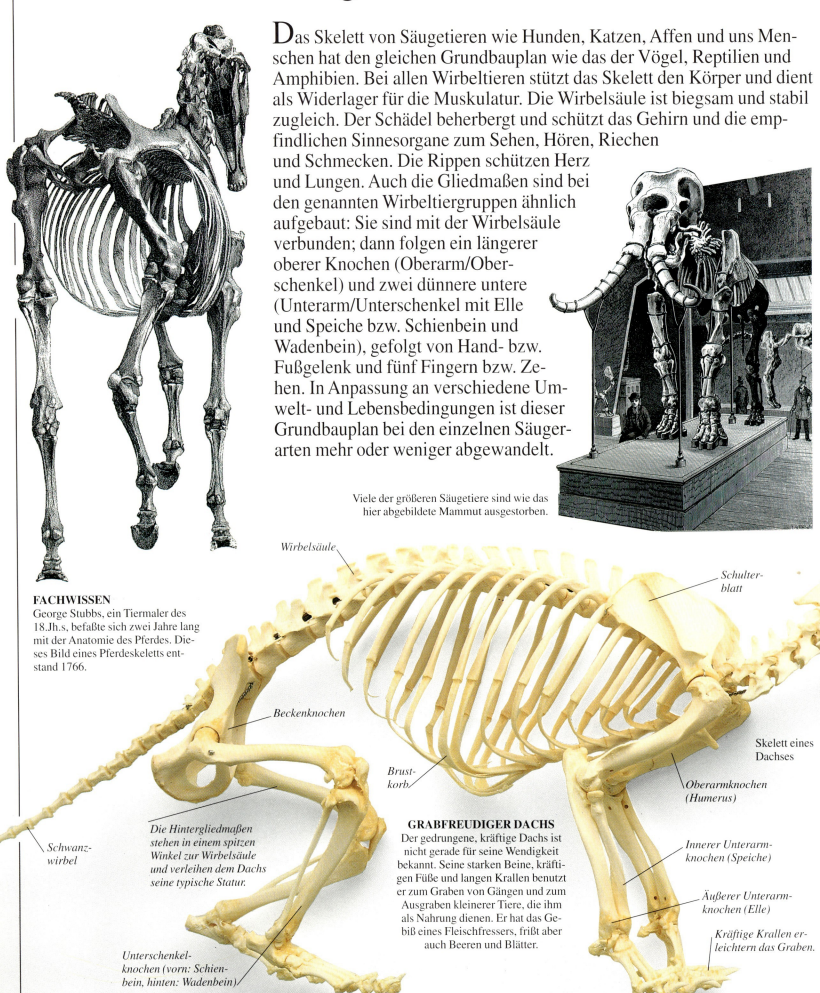

Viele der größeren Säugetiere sind wie das hier abgebildete Mammut ausgestorben.

FACHWISSEN
George Stubbs, ein Tiermaler des 18.Jh.s, befaßte sich zwei Jahre lang mit der Anatomie des Pferdes. Dieses Bild eines Pferdeskeletts entstand 1766.

Wirbelsäule

Schulterblatt

Beckenknochen

Brustkorb

Skelett eines Dachses

Oberarmknochen (Humerus)

GRABFREUDIGER DACHS
Der gedrungene, kräftige Dachs ist nicht gerade für seine Wendigkeit bekannt. Seine starken Beine, kräftigen Füße und langen Krallen benutzt er zum Graben von Gängen und zum Ausgraben kleinerer Tiere, die ihm als Nahrung dienen. Er hat das Gebiß eines Fleischfressers, frißt aber auch Beeren und Blätter.

Innerer Unterarmknochen (Speiche)

Äußerer Unterarmknochen (Elle)

Kräftige Krallen erleichtern das Graben.

Schwanzwirbel

Die Hintergliedmaßen stehen in einem spitzen Winkel zur Wirbelsäule und verleihen dem Dachs seine typische Statur.

Unterschenkelknochen (vorn: Schienbein, hinten: Wadenbein)

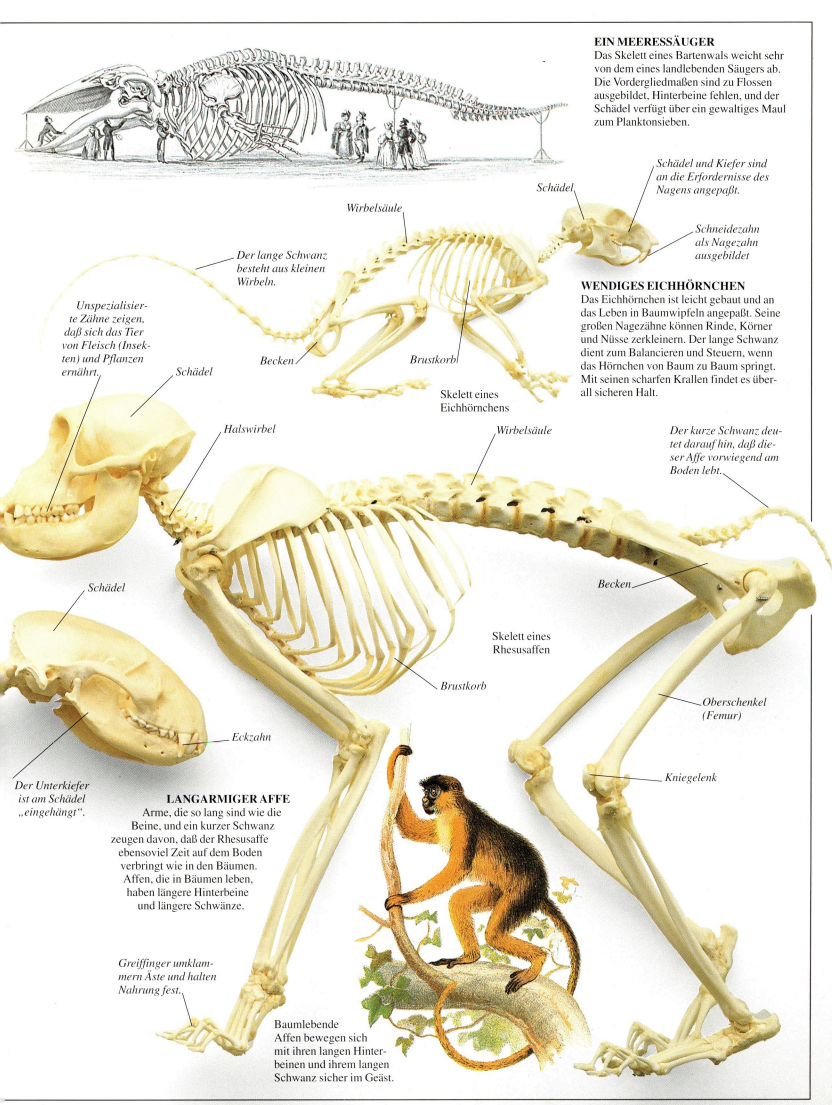

Das größte Landtier

Der Elefant ist das größte heute lebende Landtier. Im Laufe der Entwicklungsgeschichte hat sein Skelett einige starke Abwandlungen vom Grundbauplan erfahren. So mußte der Schädel besonders massiv werden, damit er das Gewicht der großen Kau- und Stoßzähne tragen kann, und das Skelett muß die gewaltige Masse des Tieres stützen. Elefanten haben Muskeln, Nerven, Lungen, ein Herz und ein Verdauungssystem wie andere Säuger auch, aber alles ist viel größer als bei anderen Landsäugern. So wiegt allein das Herz soviel wie ein neunjähriges Kind. Das Skelett eines Elefanten erinnert an eine stabile, von Säulen getragene Brücke. In Ruhestellung sitzen die einzelnen Beinknochen so fest in- und übereinander, daß der Elefant im Stehen schlafen kann, ohne umzufallen. Die beiden heute noch lebenden Elefantenarten, der Asiatische Elefant (am bekanntesten ist die als Arbeitselefant gezüchtete Unterart Indischer Elefant) und der Afrikanische Elefant, unterscheiden sich in einigen Details, die hier dargestellt werden.

WULSTIGE STIRN
Beim Schädel des Asiatischen Elefanten fallen die beiden Stirnwülste über den Augen auf. Bei Bullen (Bild) tritt der Oberkiefer stärker vor als der Unterkiefer, da in ihm die Wurzeln der großen Stoßzähne verankert sind.

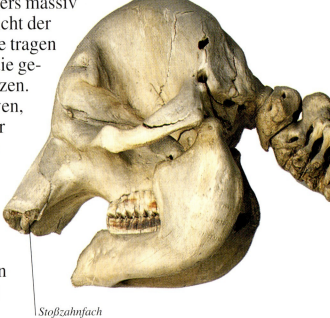

Stoßzahnfach

Der Asiatische Elefant hat eine leicht nach innen gewölbte Stirn.

ASIATISCHER ELEFANT
Beim Asiatischen Elefanten zeigt der Hals normalerweise in einem 45-Grad-Winkel nach oben, so daß der Kopf den höchsten Punkt des Körpers bildet. Die Muskeln, die den Kopf oben halten, setzen am Hinterhaupt und an den langen Wirbelfortsätzen des Rückens an. Die Stoßzähne weisen diesen jungen Elefanten als Männchen aus: Weibliche Asiatische Elefanten haben selbst im hohen Alter selten so lange Stoßzähne.

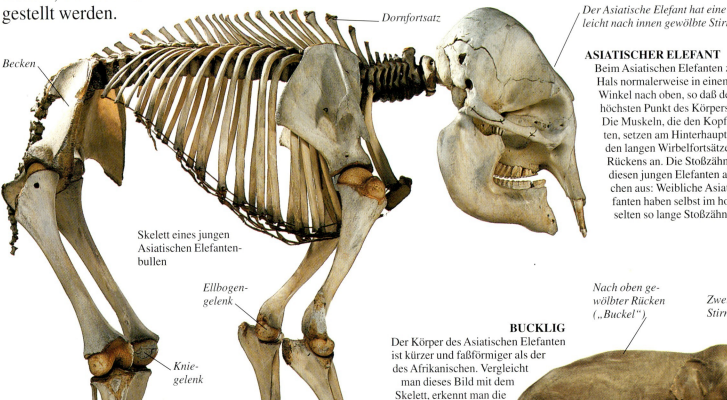

Becken

Dornfortsatz

Skelett eines jungen Asiatischen Elefantenbullen

Ellbogengelenk

Kniegelenk

Das Gewicht eines Elefanten ruht auf den flachen Zehenspitzen und einem Bindegewebskissen.

Nach oben gewölbter Rücken („Buckel")

Zwei Stirnhöcker

BUCKLIG
Der Körper des Asiatischen Elefanten ist kürzer und faßförmiger als der des Afrikanischen. Vergleicht man dieses Bild mit dem Skelett, erkennt man die Bedeutung der langen Wirbelfortsätze für die äußere Gestalt.

Asiatischer Elefant

44

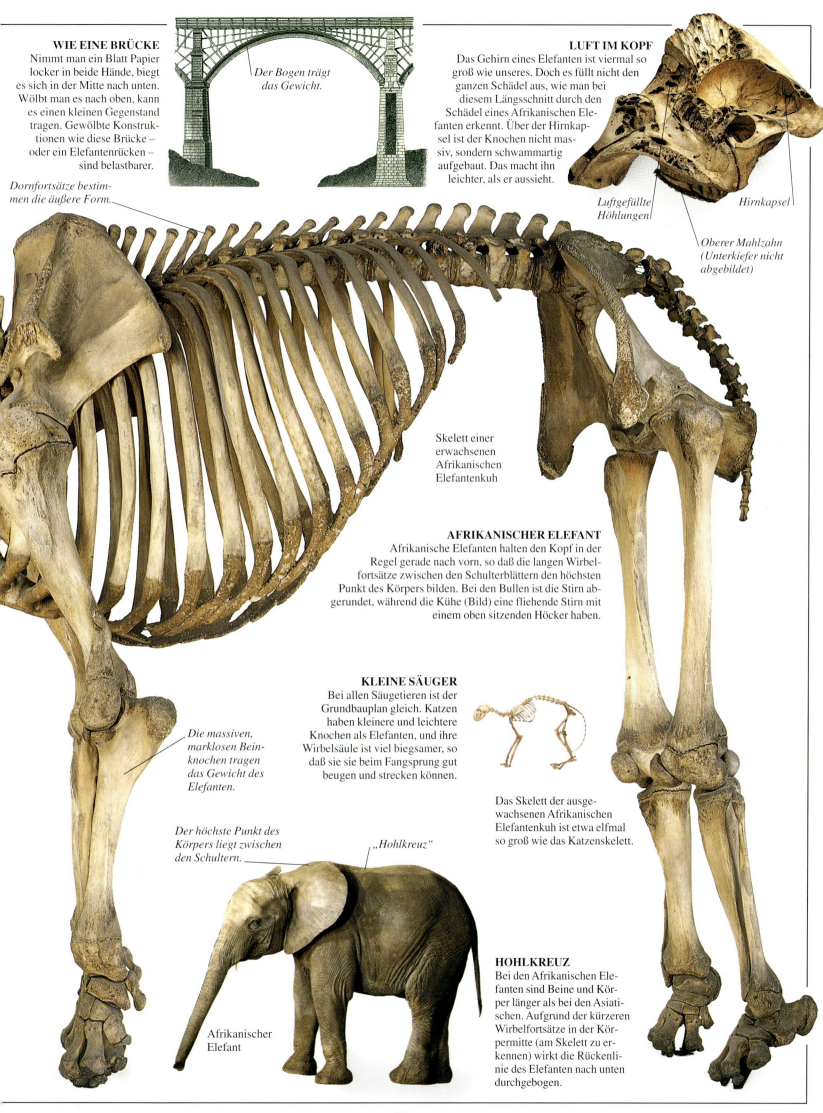

WIE EINE BRÜCKE
Nimmt man ein Blatt Papier locker in beide Hände, biegt es sich in der Mitte nach unten. Wölbt man es nach oben, kann es einen kleinen Gegenstand tragen. Gewölbte Konstruktionen wie diese Brücke – oder ein Elefantenrücken – sind belastbarer.

Der Bogen trägt das Gewicht.

Dornfortsätze bestimmen die äußere Form.

LUFT IM KOPF
Das Gehirn eines Elefanten ist viermal so groß wie unseres. Doch es füllt nicht den ganzen Schädel aus, wie man bei diesem Längsschnitt durch den Schädel eines Afrikanischen Elefanten erkennt. Über der Hirnkapsel ist der Knochen nicht massiv, sondern schwammartig aufgebaut. Das macht ihn leichter, als er aussieht.

Luftgefüllte Höhlungen

Hirnkapsel

Oberer Mahlzahn (Unterkiefer nicht abgebildet)

Skelett einer erwachsenen Afrikanischen Elefantenkuh

AFRIKANISCHER ELEFANT
Afrikanische Elefanten halten den Kopf in der Regel gerade nach vorn, so daß die langen Wirbelfortsätze zwischen den Schulterblättern den höchsten Punkt des Körpers bilden. Bei den Bullen ist die Stirn abgerundet, während die Kühe (Bild) eine fliehende Stirn mit einem oben sitzenden Höcker haben.

KLEINE SÄUGER
Bei allen Säugetieren ist der Grundbauplan gleich. Katzen haben kleinere und leichtere Knochen als Elefanten, und ihre Wirbelsäule ist viel biegsamer, so daß sie sie beim Fangsprung gut beugen und strecken können.

Die massiven, marklosen Beinknochen tragen das Gewicht des Elefanten.

Das Skelett der ausgewachsenen Afrikanischen Elefantenkuh ist etwa elfmal so groß wie das Katzenskelett.

Der höchste Punkt des Körpers liegt zwischen den Schultern.

„Hohlkreuz"

Afrikanischer Elefant

HOHLKREUZ
Bei den Afrikanischen Elefanten sind Beine und Körper länger als bei den Asiatischen. Aufgrund der kürzeren Wirbelfortsätze in der Körpermitte (am Skelett zu erkennen) wirkt die Rückenlinie des Elefanten nach unten durchgebogen.

Pelze und Pranken

Die Welt ist voll haariger Kreaturen, von Bärenspinnerraupen bis zu Vogelspinnen. Doch echte Haare, ein richtiges Fell, haben nur die Säugetiere. Die Haare bestehen aus dem Eiweiß Keratin („Horn") – wie auch die äußere Hautschicht und die Finger- und Zehennägel. Das Haarkleid aber ist von Art zu Art ganz verschieden und sehr vielseitig. Je nachdem, wo und wie ein Säugetier lebt, ist das Haar lang oder kurz, dick oder dünn, hell oder dunkel. Es wärmt und schützt, tarnt das Tier in seiner Umwelt, dient als Erkennungszeichen bei der Partnerwahl, drückt Stimmungen aus und kann (z.B. beim Stinktier) auch Warnsignal sein.

GLATT ODER LOCKIG
Das lockige Fell dieser Rexkatze ist eigentlich ein Erbfehler, heute aber Rassestandard. Das Fell wilder Tiere ist in der Regel glatter, so daß das Wasser gut ablaufen kann und Parasiten und Schmutz sich nicht so leicht festsetzen. Das „Fell" der Menschen, am ausgeprägtesten das Kopfhaar, kann glatt, wellig oder kraus sein.

Fellbetrachtung

Aus der Nähe betrachtet zeigt das Fell vieler Säugetiere Muster und Farbschattierungen. Bei dieser jungen Löwin sind noch die Flecken ihres Jugendkleides zu erkennen, doch sie verblassen langsam.

KATZENFLECKEN UND LICHTFLECKEN
Die Farben und Muster vieler Säugetierpelze sind in der natürlichen Umwelt der Tiere eine gute Tarnung. So ist dieser Leopard im Licht- und Schattenspiel des Steppengebüsches schwer zu erkennen. Im hellen Sonnenlicht in einem Zoo ist das Fleckenmuster dagegen auffällig.

PELZPARADE
Die vielen Farben und Muster des Tierfells werden von Melanin hervorgerufen, einem dunkelbraunen Hautfarbstoff. In winzigkleinen Körnchen liegt dieser Farbstoff in den Haut- und Haarzellen vor. Je nachdem, wieviel Melanin sich in einem Haar befindet und wie es verteilt ist, entstehen unterschiedliche Farben und Muster. Hier sieht man die charakteristischen Fellmuster von fünf Katzenarten. Der Schwarze Panther ist keine eigene Art, sondern eine Farbvariante des Leoparden, deren Fell besonders viel Melanin enthält.

Tiger | Leopard | Panther

Jaguar | Ozelot | Serval

Katzenkrallen

Katzen können ihre Krallen bei Bedarf ausfahren. Dazu zieht sich ein besonderer Muskel zusammen und schiebt die Kralle nach vorn und unten. Bei entspanntem Muskel ruhen die Krallen in Krallenscheiden.

Entspannt:
Kralle eingezogen

Muskel und Sehne straff:
Kralle ausgefahren

KRATZIGE KATZE
Viele Säuger schärfen ihre Krallen regelmäßig, damit sie immer gut einsetzbar sind. Eine Katze kann mit ihren scharfen Krallen auch im Spiel schmerzhafte Kratzwunden verursachen.

ANPASSUNGSFÄHIG
Ein winziger Muskel an der Basis eines jeden Haars, das in die Haut eingebettet ist, kann sich zusammenziehen und so das Haar aufrichten. In aufgestellten Haaren fängt sich mehr Luft, die als Isolierschicht gegen Wärmeverlust dient. Mit aufgestellten Haaren wirkt ein Tier auch größer. Deswegen sträubt es oft bei Gefahr die Haare. Diesen Katzen ist warm, und sie fühlen sich wohl: ihre Haare liegen am Körper an.

HUFE
Das Horneiweiß Keratin ist leicht, aber haltbar und belastbar. Aus ihm bestehen auch die Hufe der Huftiere. Pferde haben nur einen großen Zeh an jedem Fuß und laufen auf der Zehenspitze. Mit anderen Worten: ein Zebra läuft auf dem Zehennagel seiner Mittelfinger und Mittelzehen.

KRALLEN
Aus Keratin bestehen auch die scharfen Krallen, die viele Säugetiere haben. Katzenkrallen sind einziehbar bzw. ausfahrbar (siehe oben). Die Krallen der Löwen (das Bild zeigt ein Weibchen) sind beim Laufen fast vollständig in den Krallenscheiden, den fleischigen Falten und dem Fell der Zehen verborgen. Doch auch die ledrigen Polster, auf denen Katzen laufen, bestehen aus dem vielseitigen Keratin. Die Hornpolster geben festen Halt, laufen sich nicht so schnell ab und erlauben das Schleichen auf leisen Pfoten.

VERBORGENE KURVEN
Das flauschige Fell verbirgt die tatsächliche Gestalt eines Tieres. Ohne Fell und Haut wirkt die Katze dünn, der Hals ist lang, der Kopf klein.

GROSSER RÄUBER
Der Weißhai (Menschenhai) ist ein vollendet angepaßtes Raubtier im Meer. Mit einem hochentwickelten Geruchssinn, einem Maul voll spitzer, messerscharfer Zähne und einem kräftigen Schlagschwanz ist der Hai der perfekte Jäger.

KAPITEL 2
NAHRUNGS-ERWERB

Nahrung liefert Energie und Baumaterial für den Körper. Deshalb muß jedes Tier fressen, um zu leben. Mit unglaublich vielfältigen Ernährungsstrategien nutzen die Tiere alle denkbaren Nahrungsquellen.

KLEINE RÄUBER
Piranhas gelten als blutrünstige Räuber des Süßwassers. Gefährlich werden diese Fische jedoch nur in der Trockenzeit, wenn der Wasserspiegel sinkt und sie sich zu Schwärmen zusammenschließen. Gemeinsam können sie auch größere Beutetiere überwältigen und mit ihren rasiermesserscharfen Zähnen blitzschnell bis auf die Knochen abnagen. Ansonsten leben sie von kleineren Fischen, Weichtieren, Früchten und Samen.

Fliege auf einem Blatt

Fangbeine mit Haken und Spitzen

Mit den beiden hinteren Beinpaaren hält sich die Gottesanbeterin am Zweig fest.

Geschmackssache

Viele Tiere bevorzugen entweder Fleisch- oder Pflanzenkost und sind an den Erwerb und die Aufbereitung der jeweiligen Nahrung angepaßt. Bei Fleischfressern unterscheiden wir Aasfresser, die tote Tiere verwerten, und Räuber, die selbst Beute machen. Unter den Pflanzenfressern gibt es Tiere, die Früchte, Samen oder Blätter bevorzugen. Manche Tiere – und auch der Mensch – leben als Allesfresser von unterschiedlichen Nahrungsmitteln. Selbst der Wolf, der normalerweise Karibus und andere Säuger jagt, greift in Notzeiten auf Aas, Insekten oder gar Beeren zurück.

FLIEGENFÄNGERIN
Die Gottesanbeterin ernährt sich von Insekten. Sie verharrt bewegungslos auf einem Zweig und hält mit ihren großen Augen nach Beute Ausschau. Sobald eine Fliege in Reichweite ist, schnellen die zu Fangorganen ausgebildeten Vorderbeine blitzschnell vor und packen das Opfer. Mit den Mundwerkzeugen nimmt die Gottesanbeterin dann das weiche Fleisch und die Körperflüssigkeit der Fliege auf. Zurück bleiben die harten Flügel und Beine.

Der Tukanschnabel ist hohl und daher leicht.

Mit den gesägten Rändern des Schnabels kann der Tukan wie mit einem Obstmesser Fruchtstücke abschneiden.

Die äußere Umhüllung des Schnabels besteht wie unsere Fingernägel aus Keratin.

FRÜCHTEFREUND
Der Schnabel des Tukans wirkt wie eine furchterregende Waffe, mit der der Vogel einen Feind töten kann. Tatsächlich ist er jedoch hohl und sehr leicht: ein Werkzeug zum Obstschneiden. Der Tukan ernährt sich nämlich von Früchten und Samen. Seine besondere Vorliebe gilt Passionsfrüchten, Beeren und anderem weichem Obst, aber auch fetten Samen. Daß der Schnabel so groß ist, hat einen anderen Grund. Der Schnabel eines jeden Tukans unterscheidet sich etwas in Größe, Farbe und Form. So dient er als weithin sichtbare „Flagge", an der sich die Vögel im Urwald erkennen können.

Tukane können sehr gut sehen. Mit ihren scharfen Augen erkennen sie in ihrer Heimat, dem tropischen Regenwald, Nahrung, Freund und Feind.

VORLIEBE FÜR FISCHE
Der Kaiman, ein naher Verwandter der Alligatoren und der afrikanischen Krokodile, lebt in Südamerika. Er ist ein typischer Räuber und frißt nur frisches Fleisch – Frösche und Fische, aber auch Pekaris, die südamerikanischen Wildschweine.

Kräftige, scharfe Zähne zum Fleischreißen

Jagdwaffen

In den Jahrmillionen der Evolution paßte sich praktisch jeder Körperteil eines Räubers an den Nahrungserwerb durch Beutefang an. Bei vielen Räubern, von Katzen und Hunden bis zu Krokodilen und Dinosauriern, sind oder waren die Zähne (und zu einem gewissen Grad auch die Klauen) die Hauptjagdwaffen. Alle Spinnen und Hundertfüßer sowie einige Schlangen haben mechanische und chemische Waffen – giftspritzende Fangklauen oder -zähne. Bei räuberischen Insekten wie der Gottesanbeterin sind die Vorderbeine zu Fangorganen umgebildet, die blitzschnell vorschnellen und ihr Opfer packen. Einige Fledermäuse fangen fliegende Beute mit einem „Fangnetz", das ihre Schwanz- und Beinhäute bilden. Selbst scheinbar träge, einfach gebaute Tiere wie der Seestern können erfolgreiche Jäger sein. Letzterer knackt mit seinen muskulösen Armen Muscheln und Schnecken.

DOLCHKLAUEN
Diese handgroßen gebogenen Klauen sind über 100 Mio. Jahre alte Fossilien. Die linke ist die Fußkralle eines *Albertosaurus*, eines dem *Tyrannosaurus* ähnlichen furchterregenden Raubdinosauriers. Rechts ist die Handkralle eines *Chirostenotes*, eines kleineren Raubsauriers, abgebildet.

ECHO-ORTUNG
Die meisten Fledermäuse benutzen zur Beuteortung ein Radarsystem. Sie stoßen Ultraschalltöne (sehr hohe Töne) aus und erkennen am Echo Gestalt und Entfernung von Beutetieren in der näheren Umgebung. Diese Hufeisennase hat einen Großen Eichenspanner entdeckt (ganz rechts).

Zwischen den Schuppen ist die Haut der Schlange bläulich.

NEUORIENTIERUNG
Die Hufeisennase fliegt in Richtung Beute. Die außergewöhnlich geformte Nase dient als Richtstrahler und bündelt die ausgesandten Schallwellen. Die großen Ohren fangen das Echo auf, nach dem die Fledermaus gegebenenfalls ihre Richtung korrigiert.

Mit den Finger- und Armknochen im Flügel kann die Fledermaus die Flügelform für akrobatische Flugmanöver verändern.

ENDSPURT
Wenn die Fledermaus näher an die Beute herankommt, kann sie sie auch sehen. Doch die Augen sind klein, und die Sicht wird durch die Nasenblätter beeinträchtigt. Das wichtigste Sinnesorgan ist der Echosinn – er ist hochentwickelt und sehr effektiv.

Die Ohren werden zur Echoortung hin und her bewegt.

Großer Eichenspanner

GEFANGEN
Dieser Falter ist ein Beispiel für ein größeres Beutetier, das die Hufeisennase fängt und dann zum Fressen zu ihrem Schlafplatz bringt. Kleinere Beute, z.B. eine Mücke, wird im Flug in einem Stück verschlungen. Die Hufeisennase ergreift ihre Opfer in der Regel mit der Schnauze. Andere Fledermäuse fangen sie mit dem Schwanz, wieder andere packen sie mit den Fußklauen.

Die Schlange hält den Vorderkörper ganz steif und still. So sieht er wie ein alter Zweig aus.

Die Augen können sehr gut Bewegungen erkennen, aber keine unbewegten Objekte.

BEINLOSER RÄUBER
Die Spitzkopfnatter ist eine geschickte Jägerin. Sie ist schnell und wendig und kann Eidechsen und kleine Säuger verfolgen. Meist aber liegt sie bewegungslos auf der Lauer. Nur die Zunge züngelt, um den Duft eines möglichen Beutetieres aufzunehmen. Manchmal lauert die Spitzkopfnatter ganz still an einem Fledermausschlafplatz. Wenn dann eine ahnungslose Fledermaus dem scheinbaren Zweig zu nahe kommt, verschlingt die Schlange sie mit Haut und Haar. Da Schlangen keine Hände zum Festhalten der Nahrung haben, packen die Zähne zu. Das Maul läßt sich weit aufreißen, und die Kiefer sind aushakbar, so daß Schlangen auch eine große Beute in einem Stück hinunterschlingen können.

Mit der Zunge werden Duftstoffe aufgenommen und zur Überprüfung zum Jacobsonschen Organ (Riechgruben im Gaumendach) befördert.

Fangarme und Nesseln

Graue Wachsrose

Es gibt etwa 9400 Arten von Hohltieren (Quallen, Seeanemonen und Korallen), die meisten leben im Meer. Hohltiere sind relativ einfach gebaut und haben keine hochentwickelten Sinnesorgane wie Augen oder Ohren. Sie können sich – wenn überhaupt – nur langsam fortbewegen, also nicht vor Feinden fliehen oder Beute verfolgen. Dennoch sind sie tödliche Räuber. Ihre besten Waffen sind die Nesselzellen in ihren Tentakeln. In jeder Nesselzelle befindet sich eine Nesselkapsel (Nematocyste) mit einem langen aufgerollten Faden. Bei manchen Arten sind diese Fäden stachelig, bei anderen enthalten sie Gift. Berührung oder bestimmte Chemikalien bewirken, daß die Fäden herausgeschleudert werden. Die Stacheln halten die Beute fest, oder ihr wird Gift eingespritzt. Dann zieht das Nesseltier sein Opfer in die Verdauungshöhle im Körperinneren. Manche Quallen verfügen über ein sehr starkes Gift, das heftige Schmerzen verursacht und allergische Reaktionen auslösen kann, wenn man sie beim Baden streift. Die Nesselkapseln bleiben auch beim an den Strand gespülten toten Tier noch eine Zeitlang aktiv.

KRAKE, AHOI!
Der Krake der nordischen Sagen war ein Seeungeheuer, das nicht viel Federlesens mit Schiffen und deren Mannschaft machte. Die Sagen haben ihren realen Hintergrund: Das Sagenungeheuer ähnelt dem Riesenkalmar (im Norwegischen „Krake"). Aus dem Atlantik sind Riesenkalmare von 15 m Länge (einschließlich der Fangarme) und 2 t Gewicht bekannt. Die Kalmare fangen Beute mit ihren meterlangen Fangarmen, die aber im Gegensatz zu den Tentakeln der Nesseltiere keine Nesselkapseln haben. Das Tier auf diesem alten Stich erinnert an einen im Deutschen „Krake" genannten *Octopus*. Doch der erreicht höchstens 3 m Länge.

Gewöhnliche Felsgarnele

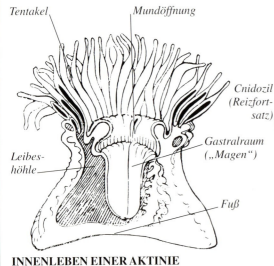

INNENLEBEN EINER AKTINIE
Seeanemonen sind ebenso wie die anderen Hohltiere einfach gebaute Tiere. Ein Tentakelkranz umgibt die Mundöffnung. Sie führt zum Gastralraum, der Verdauungshöhle im Körperinneren. Beute wird in den Gastralraum gedrückt und verdaut, die Nährstoffe werden vom Körper aufgenommen und die Ausscheidungen „ausgespuckt".

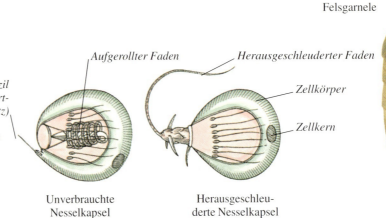

STACHELFADEN
Unter dem Mikroskop kann man die Nesselkapseln in den Nesselzellen der Tentakel von Hohltieren erkennen. Berührung oder die chemische Reizung eines Fortsatzes am Zellrand (Cnidozil) löst eine Erhöhung des Flüssigkeitsdrucks in der Zelle aus. Dadurch wird der Nesselfaden herausgeschleudert. Manche Fäden haben stacheldrahtartige Widerhaken, andere enthalten Gift.

KRABBENSCHMAUS
Diese Wachsrose hat eine Garnele gefangen und führt sie zum Mund. Die stachelbewehrten Nesselzellen in den Tentakeln lähmen die Beute. Wenn die Garnele in den Gastralraum gezogen wird, geben ihr weitere Nesselzellen den Rest.

MINIATUR-NESSELTIERE
Hydrozoen wie diese *Obelia* sind kleine koloniebildende Nesseltiere. Sie überziehen unter Wasser liegende Algen, Felsen und Holzteile mit einem filzigen Belag. Die Stiele der einzelnen Tiere sind nur zwirndick. Mit ihren Nesselzellen fangen die Tierchen winzige Pflanzen und Tiere (Plankton).

Grüne Wachsrose

Die Wachsrose schleudert zur Verteidigung Akontien (Nesselfäden aus dem Gastralraum) heraus.

Eine Freßmaschine

HEUPFERD
Dieses Heupferd hält ein Stück Blüte mit den Vorderbeinen fest und zerkleinert es mit den kräftigen sägeartigen Kiefern. Häufig fressen Laubheuschrecken wie das Heupferd aber auch andere Insekten.

Angesichts der gewaltigen Artenfülle der Insekten verwundert es nicht, daß man bei ihnen auch die verschiedensten Methoden des Nahrungserwerbs findet. Der „Insektengrundtyp" hat drei Arten von Mundwerkzeugen: große Oberkiefer (Mandibeln) zum Beißen und Kauen, kleinere, bewegliche Unterkiefer (Maxillen) und die Oberlippe (Labium). Je nach Nahrung ist dieser Grundtyp abgewandelt. So gibt es injektionsspritzenartige Nadeln, lange Strohhalme, saugfähige Schwämmchen und nußknackerartige Zangen. Die Larven vieler Insekten, vor allem Raupen und Engerlinge, sind fast nur mit Fressen beschäftigt.

FLOHBISSE
Diese alte Zeichnung zeigt die Mundwerkzeuge eines Flohs (q = Lippentaster; p = Oberkiefer; o = Oberlippe; r = Unterlippentaster). Der Stechrüssel wird von Oberkiefer und Oberlippe gebildet.

1 BEGINN DER MAHLZEIT
Große Raupen wie die des Ritterfalters *Papilio polytes* nagen Blätter von den Rändern her ab. Sie halten das Blatt mit den Beinen fest, strecken ihren Kopf nach vorn und nagen mit ihren Kiefern von außen nach innen. So entstehen oft halbkreisförmige Kerben am Blattrand.

2 DIE RAUPE FRISST UND FRISST...
Außer den drei Brustbeinen, die alle Insekten besitzen, hat die Raupe vier Bauchfußpaare (keine echten Beine!) am Hinterleib und ein Paar Afterklauen. Wenngleich der von diesen Beinen getragene lange Körper recht weich ist, hat die Raupe ein Außenskelett, das von Zeit zu Zeit ersetzt werden muß.

Afterklaue

12.00

Glänzendes grünes Zitronenbaumblatt

Kopf

14.00

Kopf
Brustbeine

Afterklaue
Bauchfüße

Die stachelbesetzten gelb-schwarzen Warzen schrecken Feinde ab.

MONDSPINNER-RAUPE
Die großen Raupen des Indischen Mondspinners sind beim Fressen auf Blättern relativ gut zu erkennen. Wird eine solche Raupe von einem Vogel gefangen, dreht und windet sie sich und versucht, dem Räuber mit ihren stacheligen Warzen den Appetit zu verderben.

HIRT UND HERDE
Kleine Pflanzensauger werden oft von Ameisen gehütet, die ihren Nutztieren teilweise sogar „Regenschirme" bauen und sie vor Feinden schützen. Dafür „melken" die Ameisen die Blattläuse. Sie fressen den „Honigtau", eine Zuckerlösung, die von den Blattläusen ausgeschieden wird. Man kann Blattläuse schon dadurch bekämpfen, daß man Ameisen daran hindert, sie zu beschützen.

BLUTSAUGERIN
Diese Bremse hat lange stechende Kiefer, die wie feine Nadeln in die Haut eindringen können. Die Lippen bilden einen Saugrüssel zum Aufsaugen des Blutes. Das Insekt ernährt sich von Affenblut, sticht aber auch Menschen. Der Stich einer solchen großen Bremse ist wesentlich schlimmer als ein Mückenstich, er hinterläßt eine schmerzhafte Wunde.

Komplexauge

Taster prüfen die Nahrung.

Eine von der Unterlippe gebildete Scheide umgibt die speerartigen Mundwerkzeuge.

Oberkiefer und Unterkiefer sind zu stechend-saugenden Mundwerkzeugen umgebildet.

3 NOCH EINE HALBE PORTION
Die Raupe arbeitet sich durch das Blatt. Die saftigeren Teile frißt sie zuerst.

18.00

4 ENDE IN SICHT
Raupen fressen zum Schutz vor Feinden meist nachts. Bis zur Verpuppung häuten sie sich etwa fünfmal.

20.00 – weiter zum nächsten Blatt

5 MAHLZEIT BEENDET
Nach acht Stunden ist das Blatt aufgefressen, die Raupe macht sich auf den Weg zum nächsten. Nach einigen weiteren Blättern verpuppt sie sich. Aus der Puppe schlüpft dann der Schmetterling.

Bauchfuß

Kopf

Schwarz-Gelb-Zeichnung schreckt Feinde ab.

Jetzt wird die Nahrung im Darm verdaut.

Brustbeine: echte Beine

16.00

Komplexauge

Schwammartige Tupflippe zum Aufnehmen von Flüssigkeiten

SCHMETTERLINGSKOPF
Diese Zeichnung zeigt den unter dem Kopf zusammengerollten Saugrüssel (Proboscis) eines Schmetterlings. Im Gegensatz zu den Raupen haben die Schmetterlinge keine Mandibeln mehr. Den Saugrüssel bilden die fest aneinanderschließenden Maxillen.

FLIEGENKOPF
Stuben- und Schmeißfliegen haben bemerkenswerte Mundwerkzeuge: Mandibeln und Maxillen sind nicht entwickelt. Die Lippe (Labium) bildet einen Tupf- und Saugrüssel, mit dem die Fliegen Flüssigkeiten aufnehmen können.

Wenn sich die Kiefer schließen, überlappen die Zähne und zerschneiden Käfer und Maden.

SCHNEIDIG
Die Zähne in den Kiefern des ostafrikanischen Laufkäfers *Ochyropus gigas* überlappen sich bei geschlossenen Mandibeln. Diese wirken wie Scheren, mit denen der Käfer Maden und sogar große Käfer angreifen und fressen kann.

Fischfutter

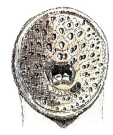

BLUTSAUGER
Das kieferlose Neunauge saugt sich mit seinem Rundmaul an Fischen fest, raspelt deren Fleisch mit den Zähnen ab und saugt ihr Blut.

Vor fast 500 Mio. Jahren entstanden die Fische als erste Wirbeltiere. Sie waren kieferlos und hatten Saugmünder. Fische mit echten Kiefern entwickelten sich vor etwa 440 Mio. Jahren. Die „Kiefer" von Wirbellosen arbeiten wie die Mandibeln der Insekten in Seitwärtsbewegungen. Die Kiefer der Wirbeltiere haben dagegen ein Kiefergelenk und werden von kräftigen Muskeln an den Kopfseiten in einer Auf-Ab-Bewegung geöffnet und geschlossen. Bei den heutigen Fischen findet man eine unglaubliche Nahrungsvielfalt. Große Mahlzähne weisen auf Muschel-, Korallen- oder harte Pflanzennahrung hin; scharfe, spitze Zähne zeichnen den Jäger aus; ein großes, weit aufreißbares Maul zeigt an, daß der betreffende Fisch seine Beute in einem Stück verschlingt.

SCHWERTFISCH
Daß Schwertfische ihre Opfer mit dem Schwert aufspießen, ist wohl eine Sage. Sie teilen mit der Schnauzenwaffe seitliche Schläge aus – die aber nicht minder tödlich sind.

Schädel eines Langnasen-Nilhechts

Kleine Kiefer am Ende des Rüssels

DIE NASE HINEINSTECKEN
Der Langnasen-Nilhecht hat einen langen Rüssel mit kleinen Kiefern am Ende. Damit sucht er zwischen Steinen, in Felsspalten und im Schlamm nach kleinen Beutetieren.

Spitzer Mund zum Aufsaugen der Nahrung

Brassenschädel

BÖSE ÜBERRASCHUNG
Der Petersfisch hat für seine Beute eine böse Überraschung parat. Mit geschlossenem Maul nähert er sich Garnelen und kleinen Fischen. Dann schieben sich seine Kiefer plötzlich vor und schnappen zu.

Petersfischschädel

SCHLUNDZÄHNE
Die Brasse oder Brachse hat einen spitzen, zahnlosen Mund, mit dem sie im Schlamm nach kleinen Würmern, Muscheln, Schnecken und Insektenlarven sucht. Die Nahrung wird eingesaugt und im Schlund mit sog. Schlundzähnen zerkleinert.

Schlundzähne einer Brasse

Igelfischschädel

Hebelmechanismus läßt Kiefer vorschnellen.

STACHELN SIND KEIN PROBLEM
Igelfische sind bekannt dafür, daß sie sich zu einer Stachelkugel aufpumpen können. Weniger weiß man über ihre Ernährung. Als Riffbewohner fressen sie harte Korallen, Schnecken und Muscheln wie die unten abgebildete Miesmuschel, aber auch stachelige Seeigel. Die Zähne sind an jedem Kiefer zu einer harten Leiste verschmolzen, die vorne scharfkantig (zum Beißen) und hinten breit (zum Kauen) ist.

NUSSKNACKERFISCH
Der Pacu vom Amazonas ernährt sich von Früchten und Nüssen, die ins Wasser fallen. Vorn im Kiefer sitzen kräftige Mahlzähne.

Garnele

Trompetenfischschädel

Der Igelfisch kann Muschelschalen knacken.

Kräftige Mahlzähne

Paranüsse

Same des Piranhabaums

TROMPETENFISCH-PIPETTE
Die lange Schnauze des Trompetenfisches funktioniert wie eine Pipette – ein Saugröhrchen, mit dem der Fisch kleine Wassertiere durch Erzeugen von Unterdruck einsaugt.

Hungrige Haie

Bei allen Fischen, so auch bei den Haien, fallen die abgenutzten Zähne aus und werden ständig durch neue ersetzt. Bei den Knochenfischen entwickeln sich die neuen Zähne im Zahnfleisch unter den alten. Bei den Haien aber werden die abgenutzten Zähne vorn im Maul durch neue ersetzt, die in „Wartestellung" in Reihen hinter den alten bereitstehen und die größer sind als die alten, weil sie mit dem Hai gewachsen sind. Ein Hai verbraucht in seinem Leben Tausende von Zähnen. Die Zähne unterscheiden sich je nach Art der Nahrung: Kleine nagelartige Zähne ergreifen kleine Beute. Gesägte Zähne sind Schneidewerkzeuge. Lange, krumme Dolchzähne eignen sich zum Festhalten schlüpfriger Fische, stumpfe Plattenzähne zum Knacken von Muscheln und Schnecken. Der Riesen- und der Walhai haben im Verhältnis zu ihrer Körpergröße winzige Zähne. Sie jagen nicht, sondern filtern mit Hilfe der Kiemen Plankton aus dem Wasser.

Die winzigen Zähne eines Riesenhais

Kiemenreusen

MIT OFFENEM MAUL
Riesenhaie schwimmen mit geöffnetem Maul durchs Meer und sieben dabei kleine Krebse und andere Planktontiere aus dem Wasser. Diese werden von Reusendornen vor den Kiemen zurückgehalten, wenn das Wasser durch die Kiemen wieder austritt. Jedes Jahr im Winter, wenn es wenig Nahrung gibt, lösen sich die alten Kiemenreusen auf. Bis zum nächsten Frühjahr wachsen neue nach.

STAUBSAUGER
Hemiscyllium ocellatum lebt in Korallenriffen vor Australien und Neuguinea. Er wird etwa 1 m lang und kann mit Hilfe seiner Brustflossen über den Boden kriechen. In seichtem Wasser sucht der Hai nach kleinen Fischen, Krabben und Garnelen.

Hemiscyllium beim Fressen

KNACKIG
Die kleinen spitzen Zähne im Vorderkiefer des Hornhais dienen zum Ergreifen der Nahrung, die flachen Mahlzähne können Krebspanzer, Muschelschalen (rechts) und Seeigel (unten rechts) knacken.

Hornhai-Kiefer (Schnitt)

HAIGRINSEN
Die höchstens 1 m langen Schwellhaie (rechts) haben erstaunlich große Mäuler mit einer ganzen Batterie von Zähnen. Damit machen sie Jagd auf am Meeresgrund schlafende Knochenfische. Beim Hornhai (unten rechts) sieht man im geöffneten Maul nur die vorderen Reihen kleiner Zähne. Weiter hinten liegen flache Mahlzähne, mit denen der Hornhai Muscheln knackt.

Maul eines Schwellhais

Maul eines Port-Jackson-Hornhais

TIGERMAUL
Tigerhaie leben in warmen Küstengewässern. Nachts kommen sie zum Fressen oft nah an den Strand.

ALLZWECKWERKZEUG
Tigerhaie haben Mehrzweckzähne. Mit der Spitze wird die Beute geschlagen, mit den gesägten Rändern das Fleisch geschnitten. Die Zähne sind so kräftig, daß sie selbst den Panzer einer Schildkröte durchbeißen können. Wie bei allen Haien sind diese Zähne größere Versionen der Hautzähnchen.

GIERIG
Es gibt kaum etwas, das ein Tigerhai nicht frißt. Weder die Nesselkapseln der Quallen noch die Panzer der Schildkröten oder das Gift der Seeschlangen machen ihm etwas aus. Er zieht Seevögel ins Wasser und macht sich über Kadaver von Landtieren her, die ins Meer gespült wurden. In Tigerhaimägen hat man schon Blechbüchsen, Plastikdosen und Kohle gefunden. Der Tigerhai greift auch Menschen an. Er gilt als der gefährlichste Hai der Karibik.

KIEFER
Die Kiefer des Tigerhais sind nur locker durch Muskeln und Sehnen mit dem übrigen Schädel verbunden, so daß der Hai große Brocken verschlingen kann. In sehr großer Beute beißt er sich fest.

Meeresschildkröte

Qualle

Meerbarbe

À LA CARTE
Der Sandtiger frißt Knochenfische (links) sowie Hummer, kleine Haie und Rochen.

Hummer

EIN MAUL VOLL ZÄHNE
Sandtiger (Echte Sandhaie) werden bis zu 3 m lang. Ihre langen, krummen Zähne werden nach hinten immer kleiner und sind bestens zum Fisch- und Tintenfischfang geeignet. Sandtiger sehen grimmig aus, greifen Menschen aber nur an, wenn sie provoziert werden.

Beutefang nach Lurchart

RÄUBER UND BEUTE
Viele Amphibien sind die Leibspeise von Vögeln, Fischen, Reptilien, Säugern – und auch anderen Amphibien. Dieser Teller aus Frankreich (um 1560) zeigt einen Frosch und eine Ringelnatter, die ihn fressen will.

Fast alle Lurche leben räuberisch und haben eine Vielzahl trickreicher Beutefangmethoden entwickelt. Gefressen wird fast alles, was sich bewegt und nicht zu groß zum Hinunterschlucken ist. Denn gekaut wird nicht. Das Spektrum der Beutetiere ausgewachsener Lurche reicht von Insekten über Spinnen, Schnecken und Würmer bis zu Mäusen oder gar Ratten bei größeren Arten wie dem Schmuckhornfrosch. Einige Arten sind Kannibalen: ein Frosch frißt den anderen. Es gibt allerdings auch einige Nahrungsspezialisten. So fressen einige kleinere Froschlurche nur Ameisen oder Termiten, und eine brasilianische Laubfroschart ernährt sich vegetarisch – nur von Beeren. Alle Amphibien fressen bei gutem Nahrungsangebot soviel wie möglich. So überstehen sie schlechte Zeiten.

Der Frosch schnellt auf die Beute zu.

1 FANGSPRUNG
Im Gegensatz zu den meist auf Beute lauernden Kröten gehen Grasfrösche auf die Pirsch. Sie streifen durch ihr Revier, bis sie ein Opfer entdecken. Dieser hier hat eine Assel entdeckt und springt sie nun an. Dabei schätzt er genau ab, wie weit er hüpfen muß.

Assel

2 MAUL AUF
Im Sprung öffnet der Frosch das Maul, um die Assel mit seiner langen, klebrigen Zunge zu fangen. Der Frosch hat nur eine Chance. Das Ziel zu verfehlen bedeutet Energieverschwendung. Denn wenn der Frosch sie nicht erwischt, läßt die Assel sich fallen. Normalerweise fängt er schnelle Insekten wie Fliegen und Heuschrecken. Da ist schnelles, genaues Zielen besonders wichtig.

Ein Grasfrosch beim Beutefang

Augen geöffnet

Beine und Körper ganz gestreckt

GROSSMAUL
Mit seiner Tarnfärbung ist der still auf Beute lauernde Schmuckhornfrosch im Laub kaum zu entdecken. Im riesigen Maul verschwinden große Insekten, Mäuse und andere Amphibien. Reißt der Frosch das Maul auf, meint man, der halbe Körper sei aufgeklappt.

LANGSAM, LANGSAM, SCHNELL
Schwanzlurche und Blindwühlen fressen meist langsame Tiere mit weichem Körper wie z.B. Regenwürmer (Bild). Sie schleichen sich langsam an ihre Beute an und packen dann schnell zu, wobei sie den Kopf oft schräg halten. Schwanzlurche schnappen mit Ober- und Unterkiefer zu.

Das Augenlid schließt sich.

Assel

Klebrige Zungenspitze

Die Zunge schnellt aus dem Maul.

Ein Krokodilmolch frißt einen Regenwurm.

3 JAGDERFOLG
Millimetergenau und blitzschnell schießt die Zunge aus dem aufgerissenen Froschmaul und packt die Assel.

Ein Mehlwurm wird als Mahlzeit auserkoren.

Auf die Plätze!

ZUNGENSCHLAG
Wie eine Tröte wird die Froschzunge nach vorn aufgerollt – allerdings nicht durch Pusten, sondern durch die Arbeit von Muskeln am Zungengrund.

SEHEN, SCHAUEN, FRESSEN
Kröten wählen ihre Nahrung in aller Ruhe aus. Die Erdkröte (rechts) hat einen Mehlwurm entdeckt und beobachtet ihn genau. Manche Kröten schleichen sich wie eine Katze an. Diese Kröte beugt sich über den Mehlwurm, und mit einem Zungenschlag verschwindet er im Maul. Beim Schlucken werden die Augen kurz geschlossen, so daß der Augapfel die Nahrung mit hinunterdrückt.

Fertig!

Zunge los!

Beim Schlucken sind die Augen fest geschlossen.

MIT EINEM BLINZELN
Das Schließen der Augen drückt den Augapfel nach unten. Das hilft beim Herunterschlucken der Beute.

Der Mehlwurm verschwindet.

Nur der Mäuseschwanz schaut noch heraus.

Augen zu und runterschlucken!

Reptilienkost

Die meisten Reptilien sind Fleischfresser. Krokodile und Schlangen sind ausnahmslos Räuber und beherrschen z.T. ausgefallene Jagdmethoden. Einige Schlangen sind Nahrungsspezialisten. So frißt die Eierschlange Vogeleier, und einige Seeschlangen suchen Fischeier (Rogen). Auch viele Echsen ernähren sich räuberisch von Insekten, Säugern, Vögeln und anderen Tieren. Der Komodowaran kann mit seinen haiähnlichen, gesägten Zähnen Fleisch von Beutetieren bis zur Größe eines Wasserbüffels abschneiden. Einige große Eidechsen wie die Leguane und manche Skinke ernähren sich vorwiegend vegetarisch. Die meisten Landschildkröten sind Pflanzenfresser, Süßwasserschildkröten fressen dagegen oft Würmer, Schnecken, kleine Fische und andere kleine Tiere. Die Meeresschildkröten ernähren sich in der Regel von Quallen, kleinen Krebsen, Weichtieren und Fischen, fressen aber auch Pflanzen.

LANGSAM, ABER SICHER
Die wenigsten Schildkröten sind flink genug, um schnelle Beutetiere zu fangen. So fressen sie Pflanzen oder langsame Tiere wie Schnecken, Würmer und Insektenlarven. Sie fressen, was sie bekommen können. Die Maurische Landschildkröte z.B. liebt nicht nur saftige Pflanzen, sondern verschmäht auch ein totes Tier am Wegrand nicht.

ENDE EINES BÖSEWICHTS
Captain Hook in J.M. Barries *Peter Pan* fürchtet nichts – außer dem großen Krokodil, das seine Hand gefressen hat. Eine Zeitlang kann er ihm entkommen, weil das Tier eine Uhr verschluckt hat, deren Ticken weithin zu hören ist. Doch schließlich springt der Seeräuberkapitän auf der Flucht genau in den Rachen des Reptils.

RESTE VON GESTERN
Nilkrokodile teilen sich gelegentlich eine große Beute wie z.B. einen Büffel. Ein Krokodilmagen ist nur etwa fußballgroß und kann große Beute nicht auf einmal fassen. Oft bleibt der angefressene Kadaver liegen, bis das Krokodil wieder Hunger hat. So kam das Gerücht auf, Krokodile bevorzugten verwesendes Fleisch und versteckten ein frisch getötetes Tier, bis es „verdorben" ist. Doch das stimmt nicht.

Armreifen

Stücke eines Schildkrötenpanzers

Steine

Armband

Stachelschweinstacheln

MAGENINHALT
Krokodile verschlingen oft Steine und Metallteile. Manche Forscher vermuten, daß die harten Gegenstände zum Zermahlen der Nahrung dienen (wie Steinchen im Hühnermagen). Andere halten sie für Ballast, der aufgenommen wird, um besser tauchen zu können.

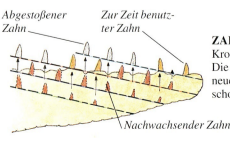

Abgestoßener Zahn *Zur Zeit benutzter Zahn*

Nachwachsender Zahn

ZAHNFOLGE
Krokodile haben einen lebenslangen Zahnwechsel. Die alten, abgenutzten Zähne werden ständig durch neue ersetzt. Die neuen Zähne wachsen unter den schon benutzten nach.

Perleidechsen leben überwiegend am Boden, können aber auch sehr gut klettern. Sie fressen mit Vorliebe Heuschrecken.

DURCHGESCHÜTTELTE GRILLE
Nach einer schnellen Verfolgungsjagd ergreift die Perleidechse eine Grille und betäubt sie durch heftiges Schütteln. Dann transportiert sie die Beute durch eine Folge von Schnappbewegungen weiter nach hinten ins Maul. Die Zähne fassen dabei immer wieder zu und lassen wieder los. Das muß schnell gehen, weil die Grille sonst aus ihrer Ohnmacht erwacht und die Flucht ergreift. Die meisten Eidechsen sind Insektenfresser und damit nützliche Schädlingsvertilger.

SCHARFSCHÜTZEN
Mit einer Zunge, die so lang ist wie das ganze Tier einschließlich Schwanz, sind die Chamäleons die Scharfschützen unter den Echsen. Die Zunge ist hohl und ungespalten, hat eine dicke, klebrige Spitze und kann durch Zusammenziehen eines Muskels blitzschnell und zielgenau vorgeschnellt werden. Andere Muskelpakete ziehen die Zunge wieder ins Maul, wo sie aufgeknäuelt bleibt, bis sie wieder gebraucht wird.

Die Eierschlange

In fast allen Tierfamilien gibt es Nahrungsspezialisten, d.h. Arten, die an eine ganz bestimmte Kost angepaßt sind. Die eigenartigste Anpassung bei den Reptilien zeigt die Afrikanische Eierschlange. Viele Schlangen fressen gern einmal ein Ei. Kleine Eier, vor allem weichschalige Reptilieneier, lassen sich leicht verspeisen. Die Hülle wird aufgeschlitzt und der Inhalt ausgeschlürft, oder die Eier werden mit der Schale verdaut. Doch die Eierschlange ist auf recht große Vogeleier spezialisiert. Sie würgt das Ei bis zum Halsansatz hinunter. Dabei dehnt sich die Halshaut so stark, daß die Schuppen auseinanderweichen. Verlängerte Fortsätze der Halswirbelsäule bilden eine Art Säge, die das Ei aufbricht, wenn es die Speiseröhre hinunter in den Magen gleitet. Die Schale wird wieder ausgewürgt.

Eiernahrung

Eierspezialisten haben das Problem, daß Vögel ihre Eier in weiten Teilen der Erde nur zu bestimmten Jahreszeiten legen. So muß eine Schlange, die sich ausschließlich von Vogeleiern ernährt, u.U. lange Zeit ohne Nahrung auskommen. Wenn es genügend Eier gibt, kann sie sich dagegen regelrecht „vollstopfen". Die Schale wird ausgewürgt; so wird Platz für neue Nahrung geschaffen und keine Energie darauf verschwendet, die unverdaulichen Reste durch den Darm zu befördern.

2 KRÄFTIG SCHLUCKEN
Die Kiefer werden ausgehakt, so daß das Ei die Speiseröhre hinabgleiten kann. Die Haut an den Seiten des Halses ist sehr elastisch. Das Ei ist noch heil.

Durch Herabbeugen des Kopfes wird das Ei gegen die Knochenzähne gedrückt und aufgebrochen.

Die übereinandergreifenden Schuppen weichen beim Hinabgleiten des Eies auseinander.

3 KNOCHENZÄHNE
Die zahnähnlichen Fortsätze der Halswirbel-Unterseite verhindern das Weggleiten des Eies. Sie ragen in den Schlund und knacken oder schlitzen die Schale auf.

Die Ausbeulung ist deutlich kleiner geworden.

Eine Ventilklappe am Mageneingang läßt die flüssigen Bestandteile Dotter und Eiweiß durch, nicht aber die Schalenbruchstücke.

4 ERST RUNTERSCHLUCKEN...
Sobald das Ei angeritzt ist, pressen die Muskeln in Wellenbewegungen den Inhalt aus, der dann in den Magen gelangt. Die Schlange verbiegt sich nun S-förmig und drückt so die zusammengepreßte Schale zurück ins Maul.

5 ...UND DANN WIEDER AUSSPUCKEN
Je nach Eigröße dauert der Schluckvorgang fünf Minuten bis eine Stunde. Dann reißt die Schlange das Maul weit auf und würgt die zigarrenförmig zusammengepreßte Eischale wieder aus. Die Schalenteile werden noch von der dicken Eihaut zusammengehalten.

Die gezackten Bruchstücke kleben aneinander. Der nahrhafte Inhalt ist ausgepreßt.

Ausgewürgte Eischale

1 AUGEN GRÖSSER ALS DER MAGEN?

Eine Afrikanische Eierschlange verschlingt ein Ei. Es scheint viel zu groß für sie zu sein – doppelt so dick wie sie. Doch das ist für die Eierschlange kein Problem.

Klebrige Maulleisten halten das Ei beim Hinabgleiten fest.

Aufgrund seiner Form ist ein Ei sehr stabil, bevor es angeritzt ist.

HALTET DEN DIEB!

Die Warane, zu denen die größten heute lebenden Echsen zählen, sind für ihre Gier berüchtigt. Viele fressen Aas oder jagen Tiere, doch auch Gelege sind vor ihnen nicht sicher.

Vogelschnäbel

Vor Millionen von Jahren verloren die Vögel ihre Zähne, deren Gewicht beim Fliegen hinderlich war. Statt dessen haben die Vögel nun leichtgewichtige Schnäbel aus dem beanspruchbaren Eiweißstoff Keratin („Horn"). Der Hornschnabel bedeckt die Kieferknochen. Es gibt unzählige Varianten des Vogelschnabels. Meist stellen sie eine Anpassung an eine bestimmte Nahrung dar, doch oft sind sie auch an anderes wie Gefiederpflege, Balzverhalten oder Verteidigung angepaßt.

Drossel

Pflanzen- und Samenkost

Vögel, die Pflanzen und Sämereien fressen, müssen ihr Futter zerkleinern, damit sie es verdauen können. Da sie keine Zähne haben, tun sie das mit ihren kräftigen Schnäbeln und auch mit einem Muskelmagen.

Finkenschädel

Samenkörner mit harten Schalen

Gänseschädel

KÖRNERFRESSER
Die Finken (weltweit über 150 Arten) haben kurze, scharfe Schnäbel, mit denen sie Samen oder Nüsse aufknacken. Es erscheint unglaublich, aber die Schnäbel mancher Finken können mehr Druck ausüben als die menschliche Hand.

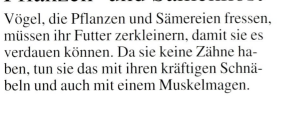

Kohlblattstücke

Getreidekörner

Taubenschädel

FELDFRÜCHTE
Tauben ernährten sich ursprünglich von Wildpflanzenblättern und -samen. Mittlerweile haben sie Kulturpflanzen schätzen gelernt. Beim Trinken können Tauben ihren spitzen Schnabel als Trinkhalm benutzen. Das kann sonst kein Vogel.

GRASFUTTER
Gänse gehören zu den wenigen Vögeln, die von Gras leben können. Aber der Weg des Grünfutters durch den Gänsekörper dauert nur zwei Stunden. Weil sie ihre Nahrung so schlecht verwerten, müssen die Gänse viel davon fressen. Deshalb tun sie fast nichts anderes.

Kräftiger Hakenschnabel zum Blätterabzupfen und Samenknacken

Auerhuhnschädel

Breiter Schnabel zum Grasrupfen

Samen

VIELSEITIGE VEGETARIER
Hühnervögel wie die Fasanen und das Auerhuhn (Schädel oben) nehmen pflanzliche Nahrung jeder Art zu sich, bevorzugt Samen. Im Winter rupft das Auerhuhn mit seinem kräftigen Schnabel die Nadelblätter von Koniferen. Diese Nahrungsquelle können nur wenige andere Tiere nutzen. Zur Verdauung der harten Nadeln hat das Auerhuhn große Blinddärme.

Das Gras der Küstenmarschen ist die Hauptnahrung der Gänse.

Nadelblätter (hier einer Eibe)

Wirbellosenfresser

In jedem Frühjahr steigt die Zahl der Insekten und anderen wirbellosen Tiere explosionsartig an. Diese Tiere bilden die Nahrung für viele unserer Zugvögel. Im Winter ist das Angebot viel geringer, und es ist schwerer, Nahrung zu finden. Sie besteht dann hauptsächlich aus holz- oder bodenlebenden Larven, die von spezialisierten Insektenfressern aufgespürt werden.

Mönchsgrasmücken-Schädel

Blattläuse

Raupe

SCHNECKENSCHMIEDE
Drosseln nutzen ein breites pflanzliches und tierisches Nahrungsspektrum. Manche schlagen Schneckenhäuser an Steinambossen auf.

Drosselschädel

PFRIEMENSCHNABEL
Laubsänger benutzen ihre sondenartigen Schnäbel, um Insekten von Blättern und aus Ritzen in Baumrinde zu picken. Wenn ihre Nahrung im Herbst knapp wird, ziehen sie nach Süden.

Hundertfüßer

Spechtschädel

Von einer Drossel aufgeschlagene Schneckenhäuser

Käferlarven

Käfer

INSEKTENFRESSER
Vögel wie Spechte und der hauptsächlich am Boden nach Nahrung suchende Wiedehopf picken mit ihren Schnäbeln Insekten aus Baumspalten. Spechte meißeln auch Löcher ins Holz, um darin verborgene Larven zu finden. Ihre extrem langen Zungen haben an der Spitze Widerhaken zum Festhalten der Beute.

REGENWÜRMER
werden nicht nur von vielen Gartenvögeln, sondern auch von einigen Eulen und Greifvögeln gefressen.

Angepickter Apfel

Wiedehopfschädel

Säbelschnäbler auf Nahrungssuche

Seeringelwurm

Wattwurm

Nahrung an der Küste

Im Salzwasser leben zwar nur wenige Insekten, wohl aber liefert das Meer eine Vielzahl anderer Wirbelloser: Krebse, Muscheln, Schnecken und Wattwürmer.

Säbelschnäblerschädel

SCHLEPPNETZ-SCHNABEL
Der Säbelschnäbler fängt Würmer und andere Kleintiere, indem er vorwärtsschreitet und den Schnabel von einer Seite zur anderen durchs Wasser zieht. Er ist einer der ganz wenigen Vögel mit aufwärts gebogenem Schnabel.

Meereswürmer

Die Krabben werden aufgebrochen, das Fleisch verspeist. Der Panzer bleibt gewöhnlich übrig.

Austernfischerschädel

Herzmuschel

EINGEBAUTER HAMMER
Der Austernfischer ernährt sich hauptsächlich von Muscheln. Er hat einen langen Schnabel wie der Säbelschnäbler. Die Schnabelspitze aber ist stumpf. Mit diesem „Hammer" kann der Austernfischer die Schalen seiner Beutetiere aufschlagen. Manche Austernfischer haben sich darauf spezialisiert, die Schalen statt dessen aufzustemmen. Ein erfahrener Vogel weiß genau, wo die Schale einer Muschel angreifbar ist. Wenn das Aufschlagen auf dem Sand nicht gelingt, versucht er es auf einem Stein.

Tellmuscheln

Miesmuschel

Jägerschnäbel

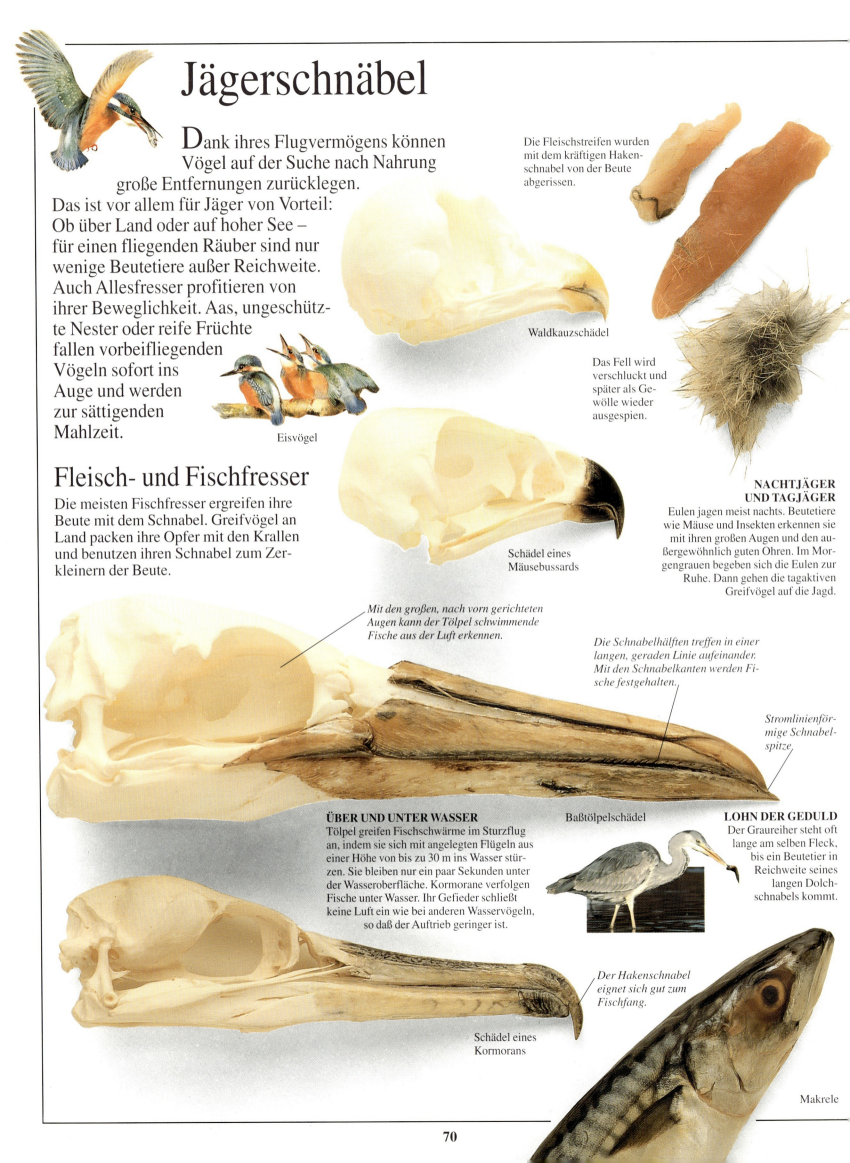

Dank ihres Flugvermögens können Vögel auf der Suche nach Nahrung große Entfernungen zurücklegen. Das ist vor allem für Jäger von Vorteil: Ob über Land oder auf hoher See – für einen fliegenden Räuber sind nur wenige Beutetiere außer Reichweite. Auch Allesfresser profitieren von ihrer Beweglichkeit. Aas, ungeschützte Nester oder reife Früchte fallen vorbeifliegenden Vögeln sofort ins Auge und werden zur sättigenden Mahlzeit.

Eisvögel

Fleisch- und Fischfresser

Die meisten Fischfresser ergreifen ihre Beute mit dem Schnabel. Greifvögel an Land packen ihre Opfer mit den Krallen und benutzen ihren Schnabel zum Zerkleinern der Beute.

Die Fleischstreifen wurden mit dem kräftigen Hakenschnabel von der Beute abgerissen.

Waldkauzschädel

Das Fell wird verschluckt und später als Gewölle wieder ausgespien.

NACHTJÄGER UND TAGJÄGER
Eulen jagen meist nachts. Beutetiere wie Mäuse und Insekten erkennen sie mit ihren großen Augen und den außergewöhnlich guten Ohren. Im Morgengrauen begeben sich die Eulen zur Ruhe. Dann gehen die tagaktiven Greifvögel auf die Jagd.

Schädel eines Mäusebussards

Mit den großen, nach vorn gerichteten Augen kann der Tölpel schwimmende Fische aus der Luft erkennen.

Die Schnabelhälften treffen in einer langen, geraden Linie aufeinander. Mit den Schnabelkanten werden Fische festgehalten.

Stromlinienförmige Schnabelspitze

ÜBER UND UNTER WASSER
Tölpel greifen Fischschwärme im Sturzflug an, indem sie sich mit angelegten Flügeln aus einer Höhe von bis zu 30 m ins Wasser stürzen. Sie bleiben nur ein paar Sekunden unter der Wasseroberfläche. Kormorane verfolgen Fische unter Wasser. Ihr Gefieder schließt keine Luft ein wie bei anderen Wasservögeln, so daß der Auftrieb geringer ist.

Baßtölpelschädel

LOHN DER GEDULD
Der Graureiher steht oft lange am selben Fleck, bis ein Beutetier in Reichweite seines langen Dolchschnabels kommt.

Der Hakenschnabel eignet sich gut zum Fischfang.

Schädel eines Kormorans

Makrele

Gemischte Kost

Körnerfresser finden verhältnismäßig leicht etwas für den Magen, andere Vögel müssen sich schon etwas einfallen lassen, um satt zu werden. Abfallverwerter und Aasfresser nutzen rasch jede Chance, die ihnen vielleicht eine Mahlzeit einbringt. Sie ernähren sich von Lebensmittelabfällen und Hausmüll sowie von natürlicher Kost.

EISENFRESSER
Strauße sind wenig wählerisch. Oft verschlucken sie auch Metallteile – mit manchmal schlimmen Folgen.

Eichelhäherschädel

Krähenschädel

Das Gelenk verbindet Ober- und Unterkiefer.

Elsternschädel

KRÄHEN PASSEN SICH AN
Die Krähen und ihre Verwandten gehören zu den erfolgreichsten Allesfressern der Vogelwelt. Es gibt nur wenige Gebiete, in denen man diese Vögel nicht findet. Ein Grund für ihren Erfolg sind ihre Neugier und ihr Wagemut. Außerdem ist ihr kräftiger Allzweckschnabel ein vielseitiges Werkzeug. Auf der Speisekarte der Krähenvögel stehen Insekten, tote Vögel, lebende Säugetiere, Würmer und Körner. Alles, was nicht gefressen werden kann, wird zur näheren Untersuchung in ein Versteck gebracht.

Krähen fressen u.a. Aas. Sie sind besonders geschickt darin, überfahrene Tiere auf Straßen aufzufinden.

Samenkörner von Feldern und Bauernhöfen

Laufkäfer

Hundertfüßer

Insekten und andere wirbellose Tiere werden ganz verschluckt und harte Teile als Gewölle ausgespien.

Dieses Ei hat eine Elster aufgebrochen.

Regenwurm

Von Vögeln bearbeitete Nüsse haben Löcher mit schartigen Rändern; von Nagetieren geöffnete weisen feine Zahnmarken auf.

Bläßhuhnschädel

JEDE GELEGENHEIT NUTZEN
Das Bläßhuhn ist ein angriffslustiger Vogel, der auf Seen und Flüssen lebt. Es frißt alles, was im und am Wasser lebt: Wasserpflanzen, Schnecken, Fische und auch Jungvögel. Vor allem Entenküken sind in Gefahr, vom Bläßhuhn angegriffen zu werden.

Posthornschnecke

Große Schlammschnecke

Algen

Süßwasserschnecken

Plattbauchlibellen-Larve

Kaulquappe

Nahrungspflanzen und -tiere von Bläßhühnern in seichten Tümpeln

Säugerzähne

In allen Tiergruppen findet man verschiedene Zahn- und Kieferformen in Anpassung an unterschiedliche Nahrung und Ernährungsweisen. Die vielfältigsten Zahntypen aber haben die Säuger. Die Zähne aller Säuger bestehen aus hartem Schmelz. Lange schmale Kiefer mit kleinen Zähnen im vorderen Bereich eignen sich besonders gut zum Stochern und zum Knabbern von Insekten und Beeren. Kurze breite Kiefer mit großen, flachen Mahlzähnen dienen zum Zerkauen grober Pflanzen oder zum Zermalmen von Knochen. Lange, dolchartige Eckzähne und eine Brechschere, die vom ersten Unterkieferbackenzahn und dem letzten Vorbackenzahn im Oberkiefer gebildet wird, zeichnen die Raubtiere aus.

NAGETIERE
Mäuse, Ratten, Eichhörnchen und Nutrias sind Nagetiere. Sie sind Pflanzenfresser mit langen, zum Nagen besonders geeigneten Schneidezähnen.

Nutriaschädel

Nutria

NIMMERMÜDER NAGER
Die Schneidezähne eines Nagetieres wachsen immer weiter, werden aber durch ständiges Nagen abgenutzt. Eck- und Vorbackenzähne fehlen, so daß zwischen Nagezähnen und Mahlzähnen eine große Lücke klafft.

Der Oberkiefer bewegt sich auf und ab.

HUFTIERE
Die ausnahmslos pflanzenfressenden Huftiere haben große Unterkiefer, die von kräftigen Kaumuskeln bewegt werden. Das Kiefergelenk ermöglicht Beißbewegungen und Rundum-Mahlbewegungen.

Ziegenschädel

Am ausladenden Unterkiefer sitzen kräftige Kaumuskeln an.

Hier sitzt beim lebenden Tier ein Hornpolster

Alle Backenzähne als Mahlzähne ausgebildet

Die Lücke ermöglicht Zupfen und Nahrungstransport mit der Zunge.

Hier sitzen normalerweise die unteren Schneidezähne.

Der Unterkiefer wird seitwärts und vor und zurück bewegt.

Ziege

RUPFEN
Einige Huftiere haben keine oberen Schneidezähne. Die Ziege rupft Pflanzen mit der Zunge und den Lippen, dem hornigen Gaumen und den kleinen unteren Schneidezähnen. Die Kiefer lassen sich auch von vorn nach hinten schieben und ermöglichen so eine gute Zerkleinerung grober Pflanzennahrung mit den Backenzähnen.

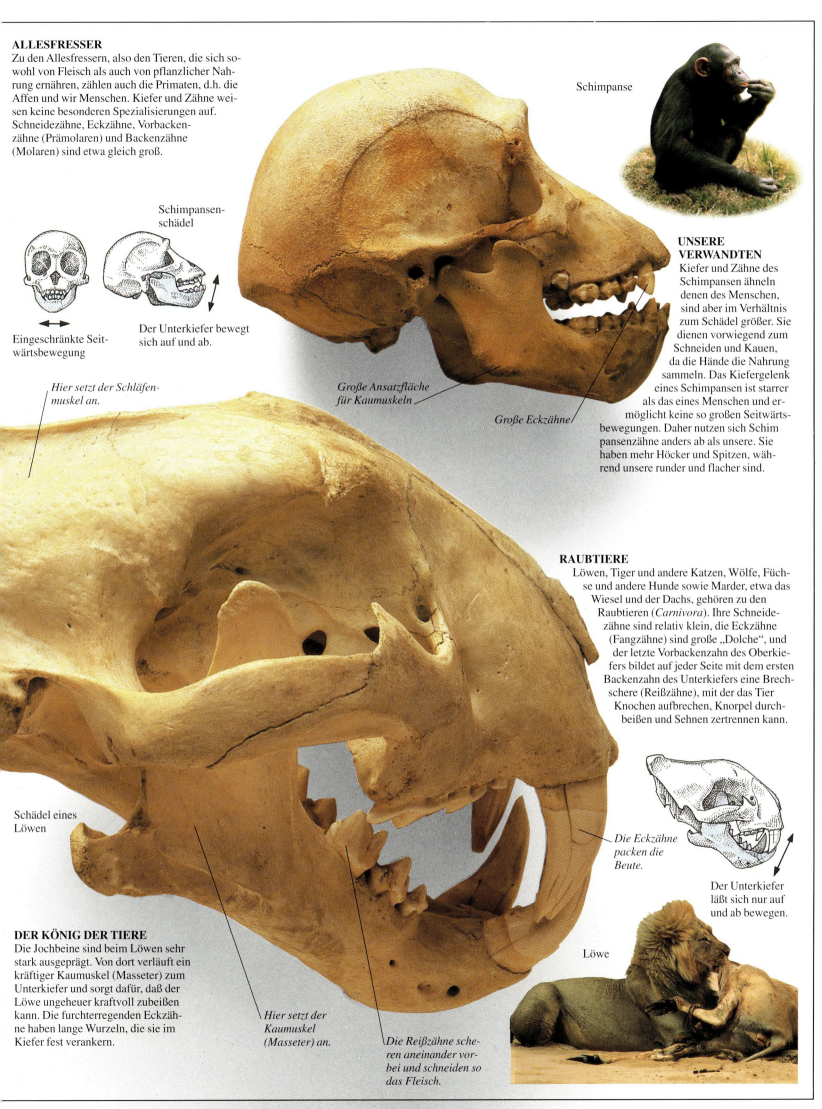

ALLESFRESSER

Zu den Allesfressern, also den Tieren, die sich sowohl von Fleisch als auch von pflanzlicher Nahrung ernähren, zählen auch die Primaten, d.h. die Affen und wir Menschen. Kiefer und Zähne weisen keine besonderen Spezialisierungen auf. Schneidezähne, Eckzähne, Vorbackenzähne (Prämolaren) und Backenzähne (Molaren) sind etwa gleich groß.

Schimpanse

Schimpansenschädel

Eingeschränkte Seitwärtsbewegung

Der Unterkiefer bewegt sich auf und ab.

UNSERE VERWANDTEN

Kiefer und Zähne des Schimpansen ähneln denen des Menschen, sind aber im Verhältnis zum Schädel größer. Sie dienen vorwiegend zum Schneiden und Kauen, da die Hände die Nahrung sammeln. Das Kiefergelenk eines Schimpansen ist starrer als das eines Menschen und ermöglicht keine so großen Seitwärtsbewegungen. Daher nutzen sich Schimpansenzähne anders ab als unsere. Sie haben mehr Höcker und Spitzen, während unsere runder und flacher sind.

Hier setzt der Schläfenmuskel an.

Große Ansatzfläche für Kaumuskeln

Große Eckzähne

RAUBTIERE

Löwen, Tiger und andere Katzen, Wölfe, Füchse und andere Hunde sowie Marder, etwa das Wiesel und der Dachs, gehören zu den Raubtieren (*Carnivora*). Ihre Schneidezähne sind relativ klein, die Eckzähne (Fangzähne) sind große „Dolche", und der letzte Vorbackenzahn des Oberkiefers bildet auf jeder Seite mit dem ersten Backenzahn des Unterkiefers eine Brechschere (Reißzähne), mit der das Tier Knochen aufbrechen, Knorpel durchbeißen und Sehnen zertrennen kann.

Schädel eines Löwen

Die Eckzähne packen die Beute.

Der Unterkiefer läßt sich nur auf und ab bewegen.

Löwe

DER KÖNIG DER TIERE

Die Jochbeine sind beim Löwen sehr stark ausgeprägt. Von dort verläuft ein kräftiger Kaumuskel (Masseter) zum Unterkiefer und sorgt dafür, daß der Löwe ungeheuer kraftvoll zubeißen kann. Die furchterregenden Eckzähne haben lange Wurzeln, die sie im Kiefer fest verankern.

Hier setzt der Kaumuskel (Masseter) an.

Die Reißzähne scheren aneinander vorbei und schneiden so das Fleisch.

Riesenhunger

DORNGESTRÜPP
Elefanten fressen Akazien trotz der fingerlangen, spitzen Stacheln. Ohne sich zu verletzen, hat diese Afrikanische Elefantenkuh einen Zweig abgerissen und kaut nun mit den Backenzähnen die Rinde ab.

Die meisten Säugetiere haben wie wir Menschen nur zwei Zahngenerationen. Wenn ein Mensch mit etwa 20 Jahren erwachsen ist, hat er einen vollständigen Satz zweiter Zähne, nur die letzten Backenzähne, die sog. Weisheitszähne, lassen manchmal noch länger auf sich warten. Ein 20jähriger Elefant hat dagegen schon seine vierte Backenzahngeneration. Er hat aber nur jeweils vier vollständige Backenzähne: zwei im Oberkiefer und zwei im Unterkiefer (auf jeder Seite je einen). Je größer der Elefant wird, desto größer werden die neuen Backenzähne. Diese wachsen nicht von unten aus dem Kiefer heraus, sondern werden von hinten nach vorn geschoben wie auf einem Förderband. Je weiter der Zahn im Kiefer nach vorn wandert, desto mehr wird er abgenutzt. Wenn der letzte Rest eines alten Zahns ausfällt, hat ihn der nachrückende Zahn der neuen Generation längst ersetzt. Mit diesen Mahlzähnen zerkleinert der Elefant mehr Nahrung als jedes andere Tier. Ein ausgewachsener Elefant benötigt täglich bis zu 200 kg Pflanzennahrung: Gras, Blätter, Zweige, Früchte und Wurzeln.

ELEFANTENKIEFER
Hier ist der linke Unterkiefer eines Elefanten aufgesägt, so daß die Zahnwurzeln erkennbar sind. Der große Zahn ist der Backenzahn der 5. Generation (Molar 5), von Molar 4 ist nur noch ein Rest in Gebrauch. Molar 6 steckt noch ganz hinten im Kiefer und wird gerade eben sichtbar.

Molar 6

Wurzeln tief in den Kieferknochen

Molar eines Menschen

Molar eines Afrikanischen Elefanten: rautenförmige Schmelzleisten

Molar eines Asiatischen Elefanten: parallele Leisten

ZAHNLEISTEN
Die Kaufläche weist eine Reihe von harten Schmelzleisten und -höckern auf, deren Zahl von Zahngeneration zu Zahngeneration wächst. Beim Afrikanischen Elefanten sind die Leisten rautenförmig, beim Asiatischen parallel angeordnet.

Molar 5 dient etwa 20 Jahre lang zum Kauen.

Molar 6

Molar 5

Molar 4

Molar 3

Molar 2

Molar 1

Wurzel des Mammutzahns

MAMMUTZAHN
Fossile Mammutzähne werden manchmal mit Netzen vom Grund der Nordsee gefischt. Die Kauleisten ähneln denen Asiatischer Elefanten.

Im Alter von 40 Jahren bricht der backsteingroße letzte Molar hervor.

ZAHNFOLGE
Bei toten Elefanten kann man von der Größe und Abnutzung der Zähne auf das Alter schließen. Diese sechs Zähne stammen von fünf Afrikanischen Elefanten. Der jüngste war gerade geboren, der älteste über 50 Jahre alt.

Nur die ersten fünf Leisten wurden ersetzt.

Molar 4 ist abgenutzt. Er stammt vom selben Tier wie Molar 5.

Molar 3 ist von etwa dreieinhalb bis neun Jahren in Gebrauch.

Molar 2 bricht vor dem 18. Monat durch.

Molar 1 haben schon neugeborene Kälber.

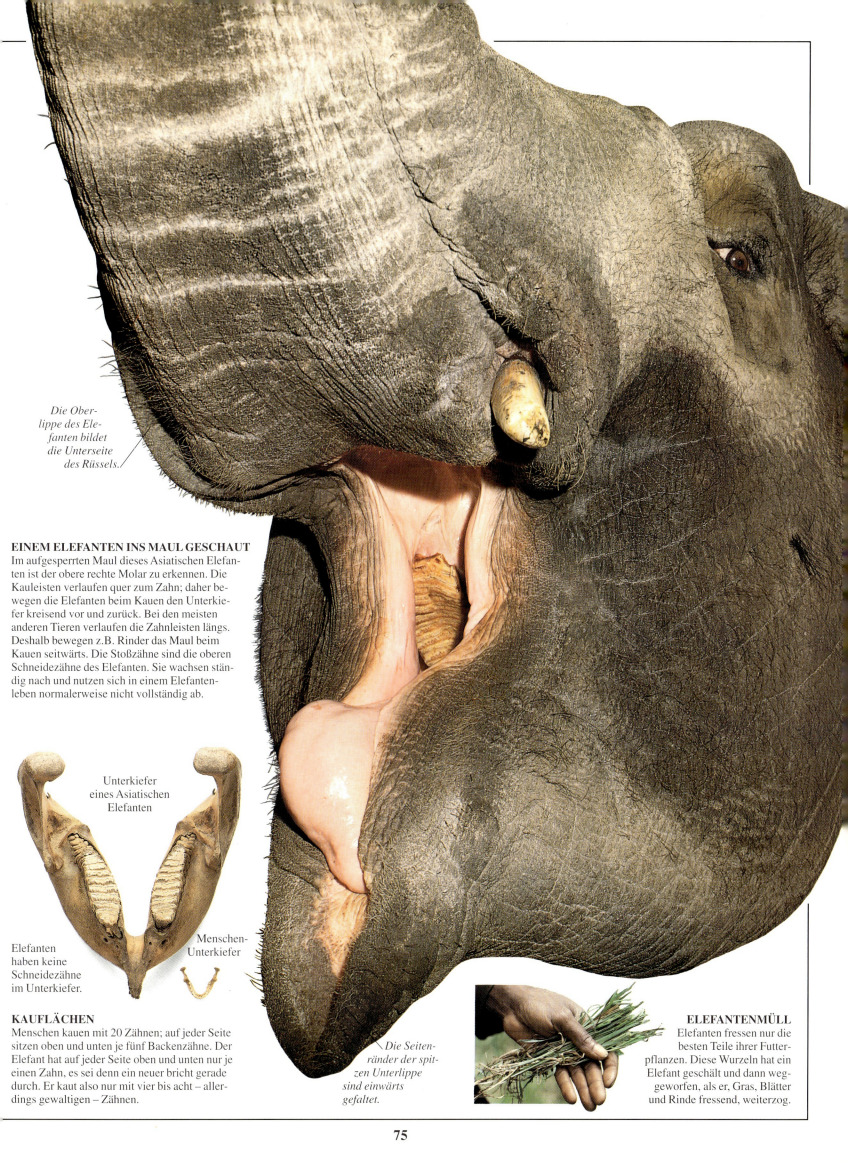

Die Oberlippe des Elefanten bildet die Unterseite des Rüssels.

EINEM ELEFANTEN INS MAUL GESCHAUT
Im aufgesperrten Maul dieses Asiatischen Elefanten ist der obere rechte Molar zu erkennen. Die Kauleisten verlaufen quer zum Zahn; daher bewegen die Elefanten beim Kauen den Unterkiefer kreisend vor und zurück. Bei den meisten anderen Tieren verlaufen die Zahnleisten längs. Deshalb bewegen z.B. Rinder das Maul beim Kauen seitwärts. Die Stoßzähne sind die oberen Schneidezähne des Elefanten. Sie wachsen ständig nach und nutzen sich in einem Elefantenleben normalerweise nicht vollständig ab.

Unterkiefer eines Asiatischen Elefanten

Menschen-Unterkiefer

Elefanten haben keine Schneidezähne im Unterkiefer.

KAUFLÄCHEN
Menschen kauen mit 20 Zähnen; auf jeder Seite sitzen oben und unten je fünf Backenzähne. Der Elefant hat auf jeder Seite oben und unten nur je einen Zahn, es sei denn ein neuer bricht gerade durch. Er kaut also nur mit vier bis acht – allerdings gewaltigen – Zähnen.

Die Seitenränder der spitzen Unterlippe sind einwärts gefaltet.

ELEFANTENMÜLL
Elefanten fressen nur die besten Teile ihrer Futterpflanzen. Diese Wurzeln hat ein Elefant geschält und dann weggeworfen, als er, Gras, Blätter und Rinde fressend, weiterzog.

Nahrungsbeschaffung

Manchen Säugern wächst das Futter fast in den Mund. Gräser und Blätter gilt es einfach abzubeißen, und Insektenlarven lassen sich leicht fangen. Schwieriger ist die Lagerhaltung für schlechte Zeiten. Dafür braucht man „Sammeltaschen". Es gibt auch eine Reihe von Nahrungsmitteln, die nicht so einfach zu handhaben sind. So sind Eicheln und Nüsse wahre Energiebomben, doch erst einmal muß die harte Schale geknackt werden, damit man an den nahrhaften Inhalt kommt. Das können nur Tiere mit einer Nußknackerausstattung. Nagetiere z.B. kommen mit ihren scharfen Nagezähnen problemlos an den energiereichen Kern von Nüssen; das hat sie zu einer erfolgreichen Tiergruppe gemacht: Nagetiere stellen ein Drittel aller Säugetierarten.

GIRAFFENZUNGE
Giraffen gehören zu den Huftieren. Mit ihrem langen Hals und ihren langen Beinen kommen sie an Nahrung noch in 5 m Höhe heran. So können sie Futter nutzen, das für andere bodenlebende Pflanzenfresser nicht erreichbar ist. Die Reichweite der Giraffe, des sich am höchsten über den Boden erhebenden Landsäugetieres, wird durch die Zunge noch um 30 cm verlängert. Wie mit einer Greifhand packt die Giraffe Zweige und schiebt sie ins Maul. Die langen Eckzähne streifen die Blätter vom Zweig.

VON DER HAND IN DEN MUND
Im Herbst und Winter ernährt sich das Grauhörnchen (hier im braunen Sommerkleid) vor allem von nußartigen Baumsamen wie Nadelbaumsamen, Haselnüssen, Eicheln und Bucheckern. Das Hörnchen hält die Nuß mit den Vorderpfoten und rollt sie in die richtige Lage. Die meißelartigen Nagezähne setzen an einer Schwachstelle an und hebeln die Schale auf. Dieses Verhalten ist den Hörnchen im wesentlichen angeboren, aber durch Erfahrung werden sie immer geschickter.

Die Backentaschen sind leer.

HAMSTERBACKEN
Der Goldhamster ist ein beliebtes Haustier. Wie wilde Hamster und viele andere Nagetiere sammelt er in guten Zeiten Futter und hamstert es für schlechte Zeiten – er legt Lager an. Als Sammelbehälter dienen ihm seine Backentaschen.

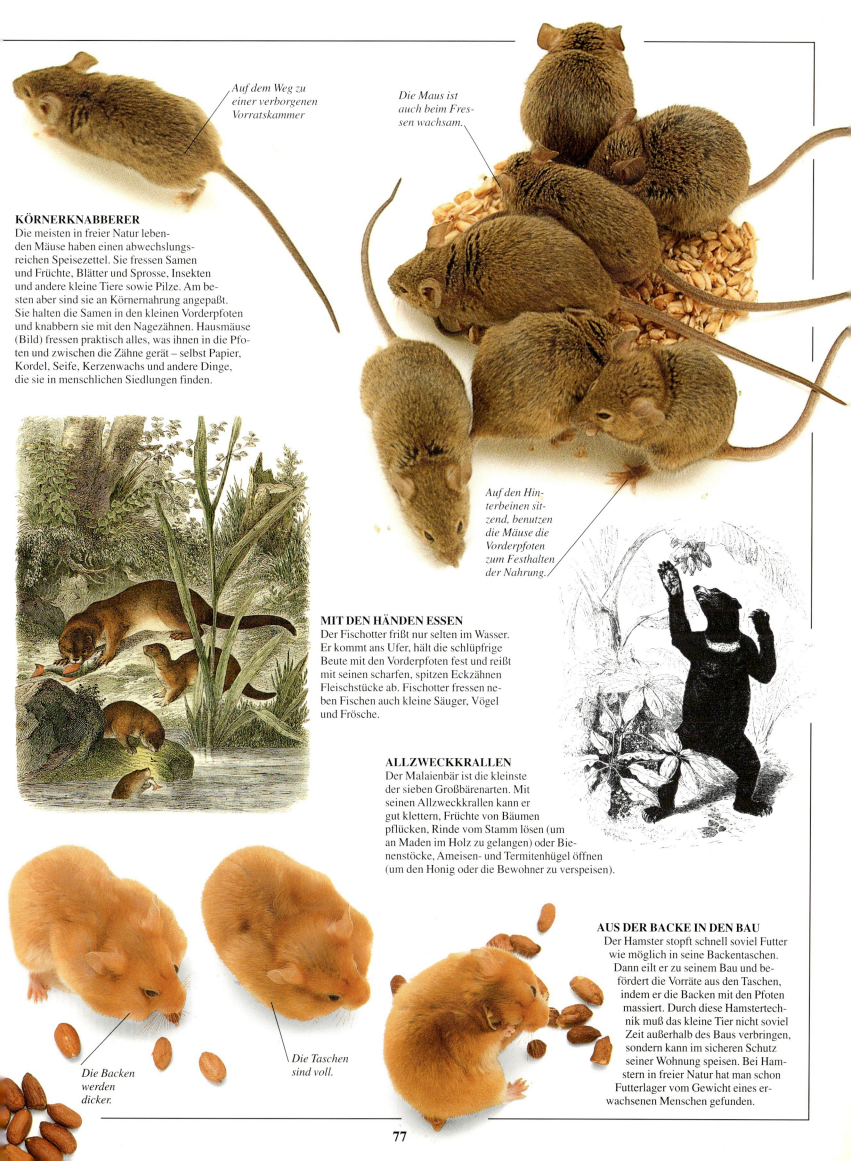

Auf dem Weg zu einer verborgenen Vorratskammer

Die Maus ist auch beim Fressen wachsam.

KÖRNERKNABBERER
Die meisten in freier Natur lebenden Mäuse haben einen abwechslungsreichen Speisezettel. Sie fressen Samen und Früchte, Blätter und Sprosse, Insekten und andere kleine Tiere sowie Pilze. Am besten aber sind sie an Körnernahrung angepaßt. Sie halten die Samen in den kleinen Vorderpfoten und knabbern sie mit den Nagezähnen. Hausmäuse (Bild) fressen praktisch alles, was ihnen in die Pfoten und zwischen die Zähne gerät – selbst Papier, Kordel, Seife, Kerzenwachs und andere Dinge, die sie in menschlichen Siedlungen finden.

Auf den Hinterbeinen sitzend, benutzen die Mäuse die Vorderpfoten zum Festhalten der Nahrung.

MIT DEN HÄNDEN ESSEN
Der Fischotter frißt nur selten im Wasser. Er kommt ans Ufer, hält die schlüpfrige Beute mit den Vorderpfoten fest und reißt mit seinen scharfen, spitzen Eckzähnen Fleischstücke ab. Fischotter fressen neben Fischen auch kleine Säuger, Vögel und Frösche.

ALLZWECKKRALLEN
Der Malaienbär ist die kleinste der sieben Großbärenarten. Mit seinen Allzweckkrallen kann er gut klettern, Früchte von Bäumen pflücken, Rinde vom Stamm lösen (um an Maden im Holz zu gelangen) oder Bienenstöcke, Ameisen- und Termitenhügel öffnen (um den Honig oder die Bewohner zu verspeisen).

Die Backen werden dicker.

Die Taschen sind voll.

AUS DER BACKE IN DEN BAU
Der Hamster stopft schnell soviel Futter wie möglich in seine Backentaschen. Dann eilt er zu seinem Bau und befördert die Vorräte aus den Taschen, indem er die Backen mit den Pfoten massiert. Durch diese Hamstertechnik muß das kleine Tier nicht soviel Zeit außerhalb des Baus verbringen, sondern kann im sicheren Schutz seiner Wohnung speisen. Bei Hamstern in freier Natur hat man schon Futterlager vom Gewicht eines erwachsenen Menschen gefunden.

Leise Jäger

Unter den Säugetieren sind die etwa 35 Arten aus der Raubtierfamilie der Katzen (*Felidae*) diejenigen, die am ausgeprägtesten an frische Fleischnahrung und ein Leben als Jäger angepaßt sind. Das Größenspektrum in der Katzenfamilie reicht vom großen Tiger mit über 350 kg Körpergewicht und einer Länge von an die 3 m bis zur Schwarzfußkatze aus Südafrika, die kleiner ist als die meisten Hauskatzen. Abgesehen vom Löwen, der im Familienverband Jagd auf Großwild macht, jagen alle Katzen allein und töten in der Regel Tiere, die kleiner sind als sie selbst. Wenn sich ein Tier ganz still verhält, kann es u.U. der Aufmerksamkeit einer Katze entgehen, doch erfahrene Katzen bemerken ein Beutetier sofort allein mit Nase und Ohren. Da Katzen ein ausgezeichnetes Ortsgedächtnis haben, kommen sie häufig an Stellen zurück, an denen sie schon einmal einen Jagderfolg hatten. Katzen schleichen sich in geduckter Haltung an ihr Opfer heran, dann stürzen sie sich auf ihre Beute und schlagen ihre langen Eckzähne in deren Hals. Kleinkatzen fangen hauptsächlich Mäuse, Vögel, Eidechsen und auch Insekten. Großkatzen wie der Leopard jagen Tiere etwa von der Größe einer Ziege und zerren ihre Beute oft auf einen Baum, um sie vor anderen Raubtieren in Sicherheit zu bringen.

TOM UND JERRY
In dem gleichnamigen Zeichentrickfilm führt die schlaue Maus den etwas dummen Muskelprotz Tom an der Nase herum – im Leben sieht das meist anders aus.

Beim Anschleichen drückt sich die Katze an den Boden.

SPRUNGBEREIT
Hier schleicht sich ein Schwarzer Panther (die schwarze Variante des Leoparden) an ein Beutetier heran, um es zu überwältigen und zu töten. Der ganze Körper ist angespannt. Alle Katzen schleichen sich immer erst lautlos an ihr Opfer heran, bis sie es sofort oder nach einem kurzen Spurt anspringen können. Ihrer Beute über lange Strecken nachjagen können Katzen (mit Ausnahme des Geparden) nicht.

Sohlenpolster ermöglichen ein lautloses Anschleichen.

MITTELALTERLICHE MÄUSEJÄGER
Dieses Bild aus dem *Harleianischen Bestiarium* (13.Jh.) ist eine der ersten Darstellungen von Katzen mit einer Ratte. Jahrhundertelang hielt man Katzen für Hexengesellen und verdächtigte sie, mit dem Teufel im Bunde zu stehen. Obwohl sie verfolgt wurden, konnten sie dank ihrer scharfen Sinne und ihrer Gewandtheit überleben und gedeihen.

ÜBERRASCHUNGSANGRIFF
Katzen sitzen oft an Stellen, wo sie einen guten Überblick haben, ohne selbst gesehen zu werden. Diese Katze saß völlig geräusch- und bewegungslos auf einem Zaun und beobachtete, was im Gras unter ihr vorging. Jetzt stürzt sie sich auf ein ahnungsloses Beutetier.

Schwarzer Panther

VON BERUF FISCHER
Die indische Fischkatze hat kleine Schwimmhäute zwischen den Zehen und ist eine ausgezeichnete Schwimmerin. Sie soll sogar nach Fischen tauchen. Außerdem frißt sie Säuger, Vögel, Frösche und Krebse.

STIMMUNGS-BAROMETER
Eine Katze, die mit dem Schwanz wedelt, ist zufrieden oder auf eine Sache konzentriert.

WETTRENNEN AUF LEBEN UND TOD
Der Gepard und die Springböcke beobachten einander mißtrauisch. Solange die Antilopen dicht beisammen bleiben, kann ihnen nichts passieren. Einzelne Tiere aber, die sich etwas zu weit von der Herde entfernt haben, sind dem Geparden ausgeliefert. Er verfolgt sie mit großer Geschwindigkeit und schlägt sie mit einem Prankenhieb nieder. Immer gelingt das allerdings nicht: in ein bis zwei von drei Fällen geht der Gepard leer aus.

GELERNTER MÄUSEFÄNGER
Viele Katzen spielen mit ihrer Beute, ehe sie sie töten. Katzenmütter zeigen ihren Kindern so die Fangtechnik. Bei Hauskatzen tritt dieses Spielverhalten bei erwachsenen Katzen oft auch dann auf, wenn sie keine Jungen haben. Warum das so ist, weiß man nicht genau; vielleicht vervollkommnen auch sie im Spiel ihre Jagdtechnik.

Eine Katze behandelt ein Spielzeug wie ein Beutetier.

Serval

HÄHNCHEN ZUM ABENDESSEN
Großkatzen legen sich zum Fressen hin und nehmen die Beute zwischen die Vorderbeine. Kleinkatzen wie der afrikanische Serval (Bild) hocken sich dagegen auf die Hinterbeine. Kleinkatzen beginnen ihre Mahlzeit mit dem Kopf des Beutetieres, den sie unzerkaut verschlingen.

FÜR DEN GROSSEN HUNGER
Mit seinem gewaltigen Gebiß kann der Tiger große Tiere zerlegen. Bei einer Mahlzeit verschlingt er oft ein Tier mit Haut und Haar.

WERBUNG MIT FARBEN
Beim Rosellasittich, einem Papagei aus Ostaustralien, wächst dem Männchen im Frühjahr ein neues, prachtvoll buntes Gefieder. Durch auffälliges Balzverhalten stellt der Sittichmann dieses Federkleid zur Schau, um die Aufmerksamkeit eines Weibchens zu erregen: Er flattert mit den Flügeln, plustert sein Brustgefieder auf und wackelt mit dem Fächerschwanz. Diese Art der optischen Werbung ist vor allem bei Vögeln weit verbreitet. Die Balz ist der erste Schritt auf dem Weg zur neuen Generation.

KAPITEL 3
ELTERN UND KINDER

Der biologische Erfolg eines Tieres bemißt sich nach der Zahl seiner Nachkommen, die sich wiederum fortpflanzen. Um einen geeigneten Geschlechtspartner zu finden, haben Tiere eine Vielzahl von Strategien entwickelt, und ebenso vielfältig sind die Methoden der Fortpflanzung und der Sorge für den Nachwuchs.

ZEIT ZUM VATERWERDEN
Außerhalb der Brutsaison ist das Stichlingsmännchen unauffällig schmutzig-gelb gefärbt (rechts oben) und somit zwischen Wasserpflanzen gut getarnt. In der Brutzeit jedoch färben sich Hals und Brust rot, die Augen werden blau, und auf dem Rücken leuchten silberne Schuppen (rechts unten). Mit diesen Farben macht er auf das Weibchen schon von weitem den Eindruck eines vor Kraft und Gesundheit strotzenden Fischmannes und zeigt diesem damit seine Eignung als Vater.

Eier

Alle Säugetiere, auch wir Menschen, werden als kleine Ebenbilder der Eltern geboren. Doch die Säuger sind mit ihrer Art, Kinder zur Welt zu bringen, eher die Ausnahme. Die meisten Tiermütter legen Eier. Einige kümmern sich um die Eier und später vielleicht auch um die geschlüpften Jungtiere. Die meisten Tierarten kennen jedoch weder Brutfürsorge noch Brutpflege. Sie legen ihre Eier und überlassen diese sich selbst. Als Schutz dient die Eischale, und manche Arten vergraben die Eier oder legen sie an versteckten Stellen ab, z.B. in Felsspalten. Wenn die Jungen schlüpfen, sind sie ganz auf sich gestellt und müssen allein ums Überleben kämpfen.

Eikapseln der Wellhornschnecke

SCHNECKENEIER
Die Wellhornschnecke ist eine Meeresschnecke, die Tausende von Eiern in verklebten, gummiartigen Eikapseln ablegt. Aus diesen Kapseln schlüpfen winzige, aber fertige Jungschnecken. Die leeren Eikapseln werden oft an den Strand gespült.

Gelege aus Tausenden von Eiern

Trottellummeneier

Wachtel

Rauchschwalbe

Star

Dreizehenmöwe

Ei einer Schlangenhalsschildkröte

Ei einer Afrikanischen Hausnatter

Ei einer Java-Schönechse

VOGELEIER
Die Schale von Vogeleiern ist hart und spröde. Farbe und Musterung sind für die Tarnung wichtig, wenn die Nester relativ offen liegen, wie es bei den meisten abgebildeten Beispielen der Fall ist. Eier, die in Nisthöhlen oder, wie die der Rauchschwalben, in gut geschützten Nestern z.B. in Ställen liegen, sind hell oder weiß.

REPTILIENEIER
Die meisten Reptilieneier haben eine verformbare leder- oder pergamentartige Schale. Schildkrötenweibchen graben für ihre Eier ein Nest. Die Afrikanische Hausnatter legt ihre Eier in Dunghaufen ab, deren Wärme die Entwicklung beschleunigt.

Rebhuhnküken können bereits wenige Stunden nach dem Schlüpfen laufen.

Rebhuhnküken

Die Scheren sind kampfbereit nach vorn gestreckt.

SCHLÜPFEN
Der Entwicklungsgrad, in dem junge Tiere aus dem Ei schlüpfen, hängt meist davon ab, ob und wieviel elterliche Fürsorge sich anschließt und wie gefährlich ihre Umwelt ist. Junge Rebhühner haben ein gestreiftes Tarnkleid. Das erhöht ihre Überlebenschancen in der offenen Feldlandschaft, in der sich die Rebhuhnnester befinden. Frischgeschlüpfte Reptilien sind, mit Ausnahme der Krokodile, auf sich gestellt und müssen sehr wachsam sein. Bei Vögeln, die in der relativen Sicherheit einer Höhle oder im Laubwerk eines Baums brüten, sind die Jungen dagegen oft blind und hilflos, wenn sie aus dem Ei schlüpfen.

KRABBENEIER
Die Samtkrabbe ist eine der angriffslustigsten Strandbewohnerinnen. Sie frißt fast alles, was sie findet. Das Weibchen ist besonders angriffslustig, wenn es seine Eier beschützt. Dieses hier hält seine Scheren u.a. deswegen in Abwehrstellung, weil es Tausende von Eiern unter dem Körper trägt. Der Hinterleib bildet eine besondere Bauchfalte aus, die die Eier festhält. Nach etwa drei Monaten schlüpfen aus den Eiern winzige Zoea-Larven, die der späteren Krabbe kaum ähneln. Sie schwimmen davon und treiben als Plankton im Meer.

Erwachsen werden

Im Tierreich gibt es viele Arten, erwachsen zu werden. Manche Tiere kommen als Miniaturversion ihrer Eltern auf die Welt und verändern sich, abgesehen davon, daß sie größer werden, kaum. Häufiger gleichen die Jungen den Erwachsenen, unterscheiden sich aber in einigen Körpermerkmalen oder -proportionen. Es gibt aber auch viele Jungtiere, die ihren Eltern gar nicht gleichen, z.B. Insektenlarven. Ihr Körper macht eine dramatische Umgestaltung durch, die man Metamorphose (Verwandlung) nennt. Bei einigen Insekten (z.B. bei Schmetterlingen) erfolgt im Puppenstadium der vollständige Umbau des Körpers, bei anderen kann man bei den Larvenstadien zunehmend Züge des erwachsenen Insekts erkennen (z.B. Libelle). Wenn ein Tier wächst, wird es nicht nur größer. Sein Innen- oder sein Außenskelett wird auch fester, die Muskeln werden kräftiger und die Bewegungen koordinierter, die Geschlechtsorgane entwickeln sich, und das Verhalten paßt sich den Anforderungen der Umwelt immer mehr an.

Die Beine umklammern den Stengel.

Erwachsenenkopf

Blut wird in die Brust gepumpt, so daß diese anschwillt.

Hinterleib (Abdomen)

Seejungfer- oder Blauflügel-Prachtlibelle

ADULTE LIBELLE
Die Seejungfer gehört wie die Azurjungfer zu den Kleinlibellen. Sie ist eine geschickte Jägerin und erbeutet über Teichen, Flüssen und feuchten Wiesen Mücken, Blattläuse und andere kleine Fluginsekten. Im Gegensatz zu Großlibellen wie den Mosaikjungfern und Heidelibellen, die mit ausgebreiteten Flügeln rasten, kann die Seejungfer als Kleinlibelle die Flügel auf dem Rücken zusammenlegen.

Weiche, krumme Vorderbeine

Vier Flügelscheiden – eine pro Flügel

Flügel noch nicht entfaltet

Nymphenhaut

Die Brust streckt sich zur Erwachsenenform.

Durch Einpumpen von Blut strecken sich die Flügel.

Die Brust wächst noch.

Die vier Flügel sind noch weich und verletzungsanfällig.

Großes Komplexauge zum Aufspüren von Beute

Die Flügel sind für einen kurzen Flug bereit.

Der Hinterleib hat sich gestreckt.

AUS DER HAUT FAHREN

Das Leben einer Azurjungfer beginnt im Ei, das an einem Pflanzenstengel oder einem Blatt im oder am Wasser abgelegt wird. Nach etwa drei Wochen schlüpft die Larve, die man bei den Libellen Nymphe nennt. Sie gleicht schon der erwachsenen Azurjungfer, hat aber einen kürzeren Hinterleib und keine Flügel. Die Nymphe lebt etwa ein Jahr unter Wasser. Sie atmet dort mit Kiemen und häutet sich mehrfach. Schließlich klettert sie auf einen aus dem Wasser ragenden Röhrichtstengel und hakt sich dort mit ihren Fußklauen ein. Die Haut platzt am Rücken auf, und die adulte Libelle zieht Kopf und Oberkörper aus der Hülle. Die zerknitterten Flügel erscheinen, das erwachsene Insekt ergreift den Stengel oberhalb der Nymphenhaut und zieht sich aus dieser heraus. Die Flügel entfalten sich, der Hinterleib streckt sich. Dann müssen die neue Haut und die neuen Flügel trocknen und hart werden. Eine solche schrittweise Entwicklung zum Vollkerf nennt man unvollständige Verwandlung (hemimetabole Metamorphose).

Die neuen Flügel sind nun trocken und hart.

Neugeboren — Zwei Wochen — Vier Wochen — Sechs Wochen — Zehn Wochen

KÖRPERLICHE VERÄNDERUNGEN

Ein typisches Säugetier – hier ein Fuchs – wird nicht nur größer, auch seine Proportionen verändern sich. Der Fuchswelpe hat zu Beginn seines Lebens einen großen Kopf, ein stupsnäsiges Gesicht, einen pummeligen Körper, einen kurzen Schwanz und kurze Beine. Mit der kurzen Schnauze kann das Junge besser Milch bei seiner Mutter saugen. Langsam wird die Schnauze länger, das Gesicht kantiger. Der Körper wächst schneller als der Kopf. Der Babyspeck, der in den ersten Wochen einen Nahrungsvorrat und ein Wärmepolster dargestellt hat, wird aufgebraucht. Jetzt sieht das Junge schon eher wie ein erwachsener Fuchs aus. Doch es dauert noch 20 bis 25 Wochen, bis es erwachsen ist.

Die leuchtenden Farben wirken auf Geschlechtspartnerinnen als Signal.

Der Hinterleib besteht aus mehreren Abschnitten (Segmenten) und ist dadurch sehr biegsam.

Eine männliche Seejungfer hat am Hinterleibsende zwei kräftige Zangen. Damit hält sich der Libellenmann bei der Paarung an seiner Partnerin fest.

Tiereltern

Je nach Art investieren Tiere Zeit und Energie in unterschiedliche Stadien des Brutgeschäfts. Manche Tiere, darunter die meisten Fische, legen Tausende oder gar Millionen von Eiern, kümmern sich aber später nicht mehr darum. Aufgrund der gewaltigen Eizahl ist die Wahrscheinlichkeit groß, daß ein paar Jungtiere groß werden. Andere Tiere haben immer nur wenige Nachkommen, die sie schützen und um die sie sich intensiv kümmern, damit möglichst viele überleben. Eine ausgeprägte Brutpflege findet man bei den meisten Vögeln und bei Säugern, vom Känguruh bis zum Menschen. Säuger kümmern sich monatelang, oft sogar jahrelang um ihre Kinder. Am längsten dauert das Erwachsenwerden beim Menschen.

VATER FISCH
Das Seepferdchen zeigt ein außergewöhnliches Brutverhalten: Das Weibchen legt seine Eier ins Wasser ab, dann sammelt das Männchen sie in seine Bauchtasche. Dort entwickeln sich die Jungfische und werden schließlich vom Vater „geboren". Er preßt sie in wehenartigen Schüben aus einem Loch in der Bruttasche.

BEUTELTIERMUTTER
Känguruhs gehören zu den Beuteltieren. Wenn das Junge geboren wird, ist es noch unterentwickelt und nicht größer als ein Gummibärchen. Es krabbelt von der Geburtsöffnung durch das Fell der Mutter in ihren Beutel. Dann saugt es sich an einer Zitze fest und trinkt die nahrhafte Milch seiner Mutter. Drei Monate später ist es dann groß genug, um den Beutel zu verlassen.

Erwachsenes Bennettkänguruh-Weibchen

Auf dem Grün des Birkenblatts sind die jungen Schildwanzen gut getarnt.

Vier Monate altes männliches Bennettkänguruh

Auf den kräftigen Hinterbeinen kann das Känguruh mit großen Sprüngen einer Gefahr entkommen.

BRUTPFLEGE BEI WANZEN
Die Schildwanze *Elasmucha grisea* ist ein ungewöhnliches Insekt, denn sie betreibt Brutpflege. Das Weibchen legt 30 bis 40 winzige Eier auf ein Blatt. Dann bewacht sie diese drei Wochen lang. Aus den Eiern schlüpfen kleine Nymphen, die der Mutter gleichen, aber noch keine Flügel haben. Die Larven bleiben dicht zusammen und bei der Mutter. Ihre Grünfärbung tarnt sie auf dem Blatt. Die Mutter beschützt die Kinder noch einige Wochen vor Feinden wie z.B. Vögeln, bis sie schließlich eigene Wege gehen.

Die winzigen Wanzennymphen gleichen der Mutter, haben aber keine Flügel.

Farben und Düfte

Bei Krebsen, Weichtieren, Stachelhäutern und anderen Wirbellosen betreiben nur wenige Arten Brutfürsorge oder Brutpflege. Doch viele Arten, vor allem Insekten, zeigen ein ausgeprägtes Partnerwerbungs- und Paarungsverhalten. Die auffälligen Farben und Formen von Schmetterlingen, Käfern und Wanzen sollen Geschlechtspartner anlocken. Viele Arten vollführen akrobatische Balzflüge und Tänze und betrillern einander mit Fühlern und Beinen, um einen paarungsbereiten Partner zu finden. Bei einigen Arten werden die Partner durch chemische Lockstoffe (Pheromone) angelockt, die durch die Luft verbreitet und vom entsprechenden Partner in geringster Konzentration wahrgenommen werden.

Bei Tagfaltern sind es meist die Männchen, die das Parfüm aussenden, bei Nachtfaltern die Weibchen. Sobald sich ein Männchen und ein Weibchen gefunden haben, landet das Weibchen und hält die Flügel etwas geöffnet. Das Männchen landet neben ihm, und die Partner tauschen weiter stimulierende Duftstoffe aus. Dabei betrillert sich das Paar immer wieder mit den Antennen. Die Paarung selbst dauert zwischen 20 Minuten und mehreren Stunden. Während dieser Zeit verharren die Partner meist ganz still.

Darstellung der Schmetterlingsbalz aus dem 19. Jh.

Ringelspinnerweibchen

KEIN SPEZIALIST
Die haarige Raupe des europäischen Ringelspinners ist in Bezug auf ihre Nahrung nicht sehr wählerisch. Sie frißt die Blätter einer ganzen Reihe von Laubbäumen.

Männchen

Weiblicher Falter

RISKANTES GESCHÄFT
Wie diese Falter (*Mechanitis polymnia*) aus Südamerika paaren sich die meisten Schmetterlinge auf einer Pflanze. Während der Paarung bleiben sie, um weniger aufzufallen, ruhig sitzen. Bei Gefahr können sie zusammen wegfliegen, wobei sie allerdings nicht so schnell sind wie ein Falter allein. Nach der Paarung sucht das Männchen ein neues Weibchen, und das Weibchen macht sich auf die Suche nach einer meist ganz speziellen Futterpflanze für die Raupen. Nur wenige Schmetterlinge, deren Raupen Gras fressen, streuen ihre Eier im Flug aus.

ZWEIKÖPFIGER SCHMETTERLING?
Dieses asiatische Ritterfalterpaar sieht aus wie ein zweiköpfiger Schmetterling. In dieser Stellung sind männliche und weibliche Geschlechtsorgane gekoppelt. Das Männchen hat einen komplizierten Genitalapparat mit Greiforganen, die den Hinterleib des Weibchens festhalten.

Ritterfalterweibchen

Ritterfaltermännchen

SEXUALDIMORPHISMUS
Bei einigen Schmetterlingsarten sehen die Geschlechter recht unterschiedlich aus. So ist bei manchen Arten das Weibchen größer als das Männchen, bei anderen ist das Weibchen flügellos. Der Schmetterling rechts und der darunter sind beide Aurorafalter, ein Männchen und ein Weibchen.

Das Männchen hat leuchtendorangefarbene Flügelspitzen.

Dunkle Muster der Flügelunterseite scheinen durch.

Das Weibchen hat schwarze Flügelspitzen.

Der Fleck auf dem Flügel ist beim Weibchen größer.

Eiablage
Hat das Weibchen die richtige Futterpflanze für die Raupen gefunden, untersucht es sorgfältig ein Blatt, wahrscheinlich um sich zu vergewissern, daß es zur richtigen Pflanzenart gehört. Von vielen Arten weiß man, daß sie die Arten anhand von deren chemischer Zusammensetzung unterscheiden. So konnte man Kohlweißlinge durch Aufstreichen von Kohlextrakt auf Blätter dazu veranlassen, ihre Eier auf Pflanzen zu legen, die die Raupen gar nicht fressen.

SEIDENLIEFERANT
Das Seidenspinnerweibchen (links) hat seine Eier auf einem Maulbeerblatt abgelegt. Seit Jahrtausenden werden diese Schmetterlinge auf Seidenfarmen zu Millionen gezüchtet, denn aus der Kokonseide ihrer Raupen wird die begehrte Seide gesponnen. In freier Natur findet man Seidenspinner heute nicht mehr.

SCHWIERIGES UNTERFANGEN
Der mittelamerikanische Weißling *Perrhybris pyrra* legt seine Eier auf der Blattoberseite ab. Dabei ist das Weibchen sehr störungsanfällig; bei heftigem Regen z.B. unterbricht es die Eiablage.

Einige Heliconius-Arten legen ihre Eier auf Passionsblumenranken.

EIABLAGE
Der Ringelspinner legt seine Eier in Ringen um einen Zweig, so daß sie wie Pflanzenteile aussehen.

Eier

VOR DEM SCHLÜPFEN
Die Eier des asiatischen Blauen Ritterfalters sind dunkel geworden. Bald schlüpfen die kleinen Raupen. Dieser Schmetterling legt seine Eier verteilt, nicht in einem Paket. Dadurch erhöht sich die Chance, daß einige Eier von Raubwanzen übersehen werden.

Die Eier sitzen versteckt an der Unterseite des Blatts.

Das eigene Nest

Der Bau von Nestern, in denen der Nachwuchs geschützt ist, kennzeichnet hauptsächlich drei Tiergruppen: zum einen bestimmte Insekten wie Wespen, Bienen, Ameisen und Termiten; zum zweiten Vögel, bei denen man die unterschiedlichsten Nester findet; schließlich Säugetiere, die Höhlen aufsuchen oder eigene Baue graben. Aber auch einige Fische, z.B. der Stichling, bauen Nester und bewachen die Brut. Das Stichlingsmännchen (hier im Brutkleid) verwendet große Mühe auf den Bau eines Nestes, zu dem er mit einem aufwendigen Balzritual ein zur Eiablage bereites Weibchen lockt. Nach der Eiablage wird das Weibchen vertrieben, das Männchen bewacht die Eier und später auch die Jungfische. Dieser Schutz erhöht die Überlebenschancen der Jungfische. Er ist einer der Gründe für den weltweiten Erfolg der Stichlinge.

Eine Schwarzgrundel, ein häufiger Fisch der Gezeitentümpel, bewacht ihre Jungen. Sie lenkt Räuber wie Möwen und Krabben ab.

HOCHZEIT IM FRÜHLING
Jedes Jahr im Frühling, wenn es warm wird und die Tage länger werden, beginnt in Teichen, Seen und Flüssen der nördlichen Breiten die Brutzeit des Dreistacheligen Stichlings. Brust und Hals der Männchen färben sich leuchtend rot, die Augen blau. Ein Männchen im Brutkleid vertreibt jeden rotbrüstigen Eindringling aus seinem Revier, denn dort liegt sein Nest, und dort duldet er nur Weibchen zur Eiablage.

Wasserpflanzenstück für den Nestbau

Leuchtendblaue Augen

Rote Kehle

1 SAMMELN DES BAUMATERIALS
Das Stichlingsmännchen beginnt, kleine Pflanzenstücke für das Nest zu sammeln.

Eine für ein Nest geeignete Stelle unter einem Stein

Der Stichling schaufelt mit der Schnauze Kies zur Seite

2 AUSSCHACHTUNG
Mit der Schnauze schaufelt der Stichling Schlamm und Kies beiseite und gräbt so eine flache Mulde. Meist liegt das Nest im Schutz von Wasserpflanzen oder Steinen.

VATERINSTINKT
Der männliche Amerikanische Schlammfisch baut im Frühling in schlammigem Gewässergrund ein tellerartiges Nest und bedeckt dessen Boden mit feinem Wurzelwerk. Dann „verführt" er ein oder mehrere Weibchen zur Eiablage, besamt die Eier und bewacht sie, bis die Larven schlüpfen. Diese haben an der Schnauze eine mit Klebewarzen ausgestattete Haftscheibe, mit der sie sich am Nest festsaugen, bis die Nahrung im Dottersack aufgebraucht ist.

3 FESTER GRUND
Der Fisch klopft die ersten Pflanzenstücke in der Grube zu einem „Fundament" fest. Dabei kann er seine Bewegungen mit den großen fächerigen Brustflossen exakt steuern.

Der Stichling drückt Algen mit der Schnauze zu einer festen Unterlage zusammen.

4 KLEBEARBEIT
Wenn das Nest höher wird, verleimt der Stichling die Pflanzenstücke mit einer klebrigen Absonderung seiner Nieren. So wächst das Nest Schicht für Schicht.

Die fächerförmigen Brustflossen erzeugen einen Wasserstrom, der die Eier mit Sauerstoff versorgt.

Katzenhai-Embryonen in ihrer Eihülle

HAI AUS DER TASCHE
Hai-Eier werden im Körper des Weibchens befruchtet. Einige Arten bringen dann lebende Junge zur Welt. Andere, z.B. die Katzenhaie, umgeben ihre Eier einzeln mit einer ledrigen Hülle. Diese Täschchen legt das Haiweibchen paarweise an Algen ab, wo sie mit den langen Rankenfortsätzen an den vier Ecken verankert werden. In der Hülle entwickeln sich die Hai-Embryonen und ernähren sich von Dottersackreserven. Nach sechs bis neun Monaten schlüpfen die dann etwa 10 cm langen Junghaie. Die leeren Eihüllen werden oft als „Nixentäschchen" an den Strand gespült.

5 VATER ALS VENTILATOR
Durch die verklebten Pflanzenteile gelangt nur wenig frisches Wasser mit Sauerstoff für die Eier ins Nest. Deshalb fächelt der Fischvater mit seinen großen Flossen den Eiern frisches Wasser zu.

Maul weit geöffnet

„Gähnen"

BAUHERR
Der Stichling unterbricht den Nestbau gelegentlich durch „Gähnen" oder „Kurvenschwimmen". Diese Verhaltensweisen zeigen Rivalen, daß er ein Nest baut und sie sich fernhalten sollen.

„Kurvenschwimmen"

HOCHZEITSSCHWIMMEN
Junge entstehen, wenn Eier von Spermien befruchtet werden. Bei Landtieren übertragen die Männchen bei der Paarung ihr Sperma auf die Weibchen. Im Wasser ist eine Kopulation nicht unbedingt nötig. Viele Tiere geben Eier und Spermien einfach ins Wasser ab und überlassen deren Zusammentreffen dem Zufall. Die Leierfische aber haben ein kompliziertes Ritual entwickelt, das die Befruchtungschance erhöht. Das Weibchen liegt schräg unter dem Männchen, und die beiden legen ihre Afterflossen aneinander. Dadurch entsteht eine Rinne, in die Eier und Samen entleert werden. Danach überlassen die Eltern die befruchteten Eier sich selbst.

Das Leierfischpaar ist zur Ei- bzw. Spermienabgabe bereit.

Die Balz

Raggis Großer Paradiesvogel

Die spektakulärsten Partnerwerbungs- und Paarungsrituale im Tierreich findet man bei den Vögeln. Bei den meisten Arten ist der Hauptakteur das Männchen. Es fliegt, tanzt, singt, entfaltet sein prächtiges Gefieder und bläst vielleicht auch seinen auffälligen Kehlsack auf, um ein oder mehrere Weibchen auf sich aufmerksam zu machen. Nach der Eiablage übernimmt in den meisten Fällen das Weibchen das Brutgeschäft. Es hat ein unauffälliges Federkleid, so daß es Feinden nicht so leicht ins Auge fällt, wenn es auf den Eiern sitzt. Wenn sich beide Partner beim Brüten abwechseln, sind die Gefiederunterschiede nicht so auffällig, und die Männchen sind nicht so bunt. In der Vogelwelt gibt es praktisch jede denkbare Form des Zusammenlebens. Bei manchen Arten bleiben die Partner sich ein Leben lang treu, bei anderen nutzen die Männchen ihr Prachtgefieder dazu, eine ganze Reihe von Partnerinnen anzulocken und jede zugunsten der nächsten zu verlassen, sobald die Paarung stattgefunden hat.

ROLLENTAUSCH
Anders, als es bei Vögeln sonst üblich ist, umwirbt das weibliche Odinshühnchen sein Männchen. Es trägt das sonst bei Männchen übliche Prachtkleid.

PFAUENRAD
Der Pfau gehört zur Familie der Fasanen, einer Vogelgruppe, die für ihr besonders aufsehenerregendes Prachtkleid bekannt ist.

HINTER DEN KULISSEN
Von hinten kann man die aufgerichteten Federn des wirklichen Pfauenschwanzes sehen. Sie stützen die prachtvollen langen Oberschwanzdecken.

GALAVORSTELLUNG
Leierschwanzmännchen legen Arenen an, in denen sie umherstolzieren und sich zur Schau stellen. Ihr auffälliges Gehabe zieht mehrere Partnerinnen an, von denen jede nach der Paarung ein großes Nest baut und sich um die Eier kümmert.

Federn ohne Strahlen verhaken sich nicht und wirken deshalb weich und seidig.

GEHEIMNIS GELÜFTET
Erst im letzten Jahrhundert drangen Naturforscher in die Wälder Neuguineas vor und beobachteten, wie Paradiesvogelmännchen ihre langen Schmuckfedern einsetzen. Bei der Balz hängen die Vögel kopfunter und lassen die Federn aufgefächert herabhängen.

Körperfedern

Gestreifte Mittelfeder

Haarartige goldene Federn

Weichere Schmuckfedern am Rand

In der Balz werden diese Federn entfaltet und erzeugen eine Farbkaskade. Das Männchen hängt dabei kopfunter an einem Ast.

Viele Vögel verlieren nach der Paarung ihr Prachtgefieder und haben dann für den Rest des Jahres ein unauffälligeres Tarnkleid.

AUFBLASBARE ATTRAKTION
Das Fregattvogelmännchen lockt eine Partnerin mit seinem leuchtendroten Kehlsack an. Es läßt den Hautsack viele Stunden lang aufgebläht, bis sich ein Weibchen zu ihm gesellt.

SPANNUNGSABBAU
Obwohl Tölpel in dicht gedrängten Kolonien nisten, hacken die Vögel auf jeden Nachbarn ein, der es wagt, in ihr kleines privates „Fleckchen" einzudringen. Bei der Paarbildung sorgen ausgedehnte Rituale dafür, den Aggressionstrieb zu besänftigen. Hier zeigen Blaufußtölpel die „Pelikanpose", bei der sie ihre Schnäbel jeweils vom Partner wegdrehen.

SOMMERFARBEN
Am leuchtendsten sind die Farben der Papageitaucher während der Brutzeit im Frühsommer. Was so prächtig aussieht, ist die Hornscheide, die den Schnabel umgibt. Wenn die Papageitaucher ihre Erdhöhlen in den Klippen verlassen, um den Winter auf offener See zu verbringen, fällt diese Scheide ab. Der Schnabel hat dann bis zum nächsten Frühjahr eine mattere Farbe.

TANZ AUF DEM WASSER
Haubentaucher führen während der Balz eine Reihe merkwürdiger Tänze auf. Die Balz beginnt oft mit einer Kopfschüttelbewegung, bei der die Vögel einander gegenüberstehen. Dann tauchen sie und erscheinen mit Schnäbeln voller Wasserpflanzen wieder an der Oberfläche. Beim „Pinguintanz" richten sich beide Tiere auf und treten Wasser, wobei sie einander die Pflanzen anbieten. Nach vielen Wiederholungen des Rituals erfolgt die Paarung.

KLEIN, ABER WILD
Ein Nahrungs- und Brutrevier ist für viele Vögel wichtig. Diese kleinen Kolibris verteidigen daher kampflustig ihre Reviere.

Schalenwachstum

Die meisten Weichtiere haben Schwimmlarven. Doch irgendwann entwickelt sich aus der Larve eine Muschel oder Schnecke, die eine Schale ausbildet und kontinuierlich weiterwächst. Auch die Schale wird dabei ständig größer. Die harte Schale entsteht durch fortgesetzte Einlagerung von Kalziumkarbonatkristallen in ein Gerüst aus dem Eiweiß Conchiolin. Für die Schalenbildung verantwortlich ist der Mantel – die Rückenhaut, die die inneren Organe umschließt. Am Gehäuserand einer lebenden Schnecke kann man meist einen schmalen Saum weicher, sich entwickelnder Schale erkennen. Hinter dieser verwundbaren Stelle liegt bei vielen Schnecken eine „Falltür", das Operculum, hinter die das Tier die sonst außerhalb des Gehäuses befindlichen Körperteile bei Gefahr zurückziehen kann. Viele Weichtiere legen zwischen den Wachstumsperioden Pausen ein, so daß die Schalen unterschiedlich dicke Ringe aufweisen. Diese Wachstumsringe sind bei Austern so regelmäßig, daß sie als Artbestimmungsmerkmal herangezogen werden.

Europäische Auster

WACHSTUMSRINGE
Austern entwickeln sich aus nur 2 mm großen Eiern. Der Laich setzt sich nach etwa zweiwöchigem Schweben im Meer auf hartem Untergrund fest, und die Schalenentwicklung beginnt. Die meisten Austern zeigen auf der oberen Schalenhälfte charakteristische Wachstumsringe – ähnlich wie ein Baum im Querschnitt.

Schildkrötenpanzer

LANGSAM, ABER STETIG
Der Knochenpanzer als erweitertes Skelett der Schildkröte wächst im gleichen Maße wie der übrige Körper.

SCHALENENTWICKLUNG
Wie viele Weichtiere entwickelt sich auch das Tritonshorn aus einer mikroskopisch kleinen Veligerlarve. Diese schwebt einige Zeit im Plankton. Wenn sie sich niederläßt, beginnt die Umformung zur Jungschnecke und die Schalenentwicklung. Wie bei Austern kann man auch bei manchen Schnecken arttypische Wachstumsmarken erkennen; sie äußern sich in Verdickungen der Lippe, sog. Randwülsten (Varizen).

Junge Schale

Struktur und Farbe werden „erwachsener".

Zarte Mündung bei jungen Schnecken

Gehäuse eines Tritonshorns

IMMER BLASSER
Mit zunehmendem Alter verblassen die leuchtend gefärbten Jugendwindungen.

BRÜCHIG
Die ersten zarten Gehäusewindungen enthalten kein lebendes Gewebe mehr und brechen im Laufe der Jahre ab oder werden abgewetzt.

Bei jeder neuen Windung legt das Tier eine Wachstumspause zur Verdickung des Mündungsrandes ein.

WOHNUNG EINES EINSIEDLERS
Anders als bei den meisten Weichtieren wächst bei Krebsen die „Schale" nicht mit. Sie müssen sich in ihrem Leben mehrfach häuten. Einsiedlerkrebse sind relativ weichhäutig und verwenden ein leeres Schneckenhaus als tragbaren Schutz. Wird das Haus zu klein, zieht der Einsiedler um.

Haken zur Verankerung in der fremden Schale

Einsiedlerkrebs in einem alten Neapolitanischen Tritonshorn

Die Jugendwindungen sind nun verblaßt und abgenutzt.

ALTER
Eine alternde Schnecke legt keine neuen Windungen mehr an, verstärkt das Gehäuse aber durch Einlagerung von Kalziumsalzen.

Die typischen Randwülste früherer Wachstumsstadien nennt man Varizen.

Altes Schalenmaterial wird brüchig und schuppt ab.

Je größer die Windungen werden, desto stärker treten die spiraligen Leisten hervor.

FAST ERWACHSEN
Eine fast ausgewachsene Schnecke beginnt, typische Mündungszähne und die typische Färbung der Apertur (Mündung) auszubilden.

Das voll entwickelte Gehäuse ist kräftig gefärbt und sehr schwer.

Große Apertur mit gezähnter Lippe

Aus dem Ei

Mit Ausnahme der Amphibien kommen junge Wirbeltiere als kleine Abbilder ihrer Eltern auf die Welt. Alle Vögel und die meisten Reptilien schlüpfen aus Eiern mit einer festen Schale, einige Schlangen und Echsen bringen allerdings lebende Junge zur Welt, statt Eier zu legen. Die Säugetiere sind, abgesehen vom Schnabeltier und den Schnabeligeln, alle lebendgebärend. Die neugeborenen oder frischgeschlüpften jungen Wirbeltiere wachsen dann bis zu einem bestimmten Zeitpunkt immer weiter. Dabei ändern sich oft die Körperproportionen. Meist wechselt mit zunehmender Größe und zunehmendem Alter auch die Art der Nahrung, die ein Tier zu sich nimmt. So genügen einem kleinen Krokodil z.B. Insekten, während es, wenn es größer wird, mehr Fleisch braucht und deshalb auch größere Beutetiere jagt, u.a. Säuger, Vögel und Fische.

Junger Krokodilkaiman

MUTTER UND TOCHTER
Dieses kleine Kaimanmädchen ist durchaus in der Lage, für sich selbst zu sorgen. Doch junge Kaimane und Alligatoren bleiben meist noch einige Zeit nach dem Schlüpfen bei der Mutter und nutzen z.B. deren Rücken als Sonnenliege. Trotz der für Reptilien ungewöhnlichen Fürsorge der Mutter achtet schon das kleine Krokodil auf Gefahren.

SCHLANGENBRUT
Schlangeneier werden nach dem Legen meist schwerer, weil sie Feuchtigkeit aus ihrer Umgebung aufnehmen. Die Zeit bis zum Schlüpfen ist nicht nur von der Art, sondern auch von der Temperatur abhängig. Bei höheren Temperaturen entwickeln sich die Embryonen schneller. Daher suchen Schlangenmütter, besonders in kühleren Regionen, warme Stellen zur Eiablage auf. Geeignete Orte sind z.B. Komposthaufen, weil bei der Verwesung des organischen Materials Wärme frei wird. Wenn die Schlange schlüpft, ist sie in der Regel viel länger als das Ei, weil der Embryo in engen Windungen im Ei aufgerollt ist.

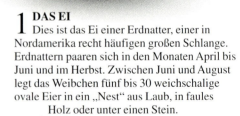

1 DAS EI
Dies ist das Ei einer Erdnatter, einer in Nordamerika recht häufigen großen Schlange. Erdnattern paaren sich in den Monaten April bis Juni und im Herbst. Zwischen Juni und August legt das Weibchen fünf bis 30 weichschalige ovale Eier in ein „Nest" aus Laub, in faules Holz oder unter einen Stein.

4 AUF UND DAVON
Die Schlange windet sich schnell aus der Eischale und bewegt sich sofort nach Schlangenart. Holt man eine kleine Schlange nur kurze Zeit vor dem natürlichen Schlüpftermin aus dem Ei, windet sie sich dagegen orientierungslos hin und her, wenngleich sie sonst einen ganz normalen Eindruck macht. Anscheinend ist die Koordinationsfähigkeit erst kurz vor dem Schlüpfen voll ausgebildet.

GROSSE KINDER
Die Kreuzotter, die einzige heimische Giftschlange, bringt lebende Junge zur Welt. Diese haben mit 15 bis 20 cm schon ein Drittel der Erwachsenengröße.

KEINE TRAUTE FAMILIE
Die meisten Geckos legen ihre Eier unter Rinde oder kleben sie an Mauern. Dieses *Gekko-petrocollis*-Weibchen hatte seine Eier in einer Felsspalte abgelegt. Die derbschaligen Eier widerstanden Wind und Wetter. Viele Echsen, Schlangen und Schildkröten legen Eier mit einer ledrigen Schale, die von Wasserschildkröten und Krokodilen haben eine sprödere Schale. Oft legen Geckos ihre Eier an bestimmten gemeinsamen Eiablageplätzen ab, doch Brutfürsorge wird nicht betrieben. Es ist eher ungewöhnlich, wenn man Mutter und Kinder zusammen antrifft.

Weibchen

Jungtiere

GEFAHRVOLLES SCHLÜPFEN
Die meisten Eier unter den Reptilien legen die Schildkröten. Das ist auch nötig, denn sie werden einfach in den Sand abgelegt und dann sich selbst überlassen, so daß die Überlebenschancen für junge Schildkröten schlecht stehen.

Die junge Schlange prüft mit der Zunge, ob die Luft rein ist.

Vom Eizahn geritzter Schlitz

Die Schlange hat es nicht eilig, die schützende Eischale zu verlassen.

2 AUFBRECHEN DER SCHALE
Während der Entwicklung im Ei wird der Schlangenembryo vom Dottersack mit Nährstoffen versorgt. Ein bis zwei Tage vor dem Schlüpfen wird der Dottersack in den Körper eingezogen und der verbleibende Dotter vom Darm aufgenommen. Eine kleine Narbe, ähnlich unserem Bauchnabel, zeigt die Stelle an, an der der Embryo mit dem Dottersack verbunden war. Gegen Ende der Entwicklungszeit bildet das Junge im Ei am Oberkiefer einen scharfen Eizahn aus, mit dem es die Eischale öffnet. Durch einen Schlitz, den die Schlange in die Hülle geschnitten hat, begutachtet sie ihre Umgebung.

3 ERST RIECHEN – DANN KRIECHEN
Zuerst prüft die Schlange züngelnd ihre Umgebung. Dann erst schlüpft sie vorsichtig aus der Eischale. Bis zu zwei Tage lang bleiben die kleinen Schlangen manchmal noch im Ei, nur der Kopf schaut heraus. Bei Gefahr können sie sich schnell wieder in den Schutz der Eischale zurückziehen. Erdnattern schlüpfen etwa sieben bis 15 Wochen nach der Eiablage.

Die Schuppen zeigen schon Färbung und Muster der erwachsenen Schlange.

5 KLEINES WUNDER
Es scheint unglaublich, daß diese Schlange jemals in dem kleinen Ei Platz gefunden haben soll. Die frischgeschlüpften Schlangen können mit 28 bis 40 cm über siebenmal länger als das Ei sein.

Fürsorgliche Eltern

Bei einigen Tiergruppen, etwa bei den Amphibien und den Insekten, vollzieht sich bei der Entwicklung zum erwachsenen Tier ein erstaunlicher Wandel. Sie machen eine Metamorphose durch, d.h. eine Umwandlung des Körpers. Aus Amphibieneiern schlüpfen Kaulquappen, die sich später in erwachsene Lurche verwandeln. Die meisten Amphibien kehren zur Eiablage ins Wasser zurück oder suchen zumindest einen feuchten Ort auf. Das Weibchen legt in Gallerte eingebettete Eier (Laich), und das Männchen befruchtet die Eier mit seinen Spermien. Bei den meisten Arten sind die Eier dann sich selbst überlassen. Einige Lurche aber sind fürsorgliche Eltern. Die Fürsorge reicht von der Suche nach einem geschützten Eiablageplatz über das Umhüllen der Eier mit einem Schaummantel bis zum Bewachen der Eier. Manche Amphibien tragen ihre Eier oder Kaulquappen auf dem Rücken, andere brüten die Eier in einer Hauttasche aus, wieder andere in einem Kehlsack oder gar im Magen.

FROSCH IM HALS?
Diese Märchenfigur spuckt Frösche aus. Bei den australischen Magenbrüterfröschen kann man das tatsächlich beobachten. Die Weibchen dieser erst 1972 entdeckten Art verschlukken die befruchteten Eier und brüten sie im Magen aus.

BRUTBEUTEL
Der Rücken dieses weiblichen Beutelfrosches wirkt angeschwollen. Das Weibchen hat am Rücken eine Tasche mit Rückenschlitz, in die das Männchen über 200 befruchtete Eier schiebt. Nach einigen Wochen sind die Eier ausgebrütet. Das Weibchen sucht ein Gewässer auf, öffnet den Beutel mit den Zehen der Hinterbeine und entläßt die Kaulquappen ins Wasser.

„EIERFROSCH"
Die Rückenzeichnung dieser Glasfrösche aus dem Regenwald von Costa Rica gleicht den Eigelegen, die sie bewachen. Diese Tarnfärbung ermöglicht es dem Männchen, die Eier den ganzen Tag im Auge zu behalten. Unauffällig, wie sie sind, werden die Frösche und ihre Eier weder von Feinden noch von Beutetieren (Insekten) entdeckt.

LANGE WARTEZEIT
Pygmäensalamander aus Mittelamerika bewachen ihre Eier vier bis fünf Monate lang. Die Wache kann vom Männchen oder vom Weibchen übernommen werden. Der Salamander rollt sich um das Gelege und wendet die Eier hin und wieder. So sind sie vor Fraßfeinden und vor Pilzinfektionen geschützt.

Geburtshelferkröte (Männchen, 3–5 cm) mit Eischnüren

SICHERES VERSTECK
Das Wabenkrötenweibchen (nördliches Südamerika) sieht am Grund trüber Gewässer wie ein totes Blatt aus. Die Eier werden auf ihrem Rücken befruchtet. Die Rückenhaut schwillt dann an, bis sie die Eier fest umschließt.

WABEN VOLLER KAULQUAPPEN
Die etwa 50 Eier der Wabenkröte gelangen mittels einer mehrfach wiederholten „Paarungsrolle" in die Waben. Das Paar schwebt eine Sekunde mit dem Rücken nach unten im Wasser. Das Weibchen gibt drei bis zehn Eier ab. Sie fallen auf den Bauch das Männchens, das sie besamt. Dann macht das Paar eine halbe Drehung, und die Eier gelangen auf den Rücken des Weibchens. Nach vier Wochen schlüpfen fertige Kröten.

Die Haut des Wabenkrötenweibchens schwillt an, bis die Eier fast ganz bedeckt sind.

Manche Männchen nehmen zwei oder gar drei Eipakete auf.

HUCKEPACK INS WASSER
Bei diesem kleinen, ausnahmsweise ungiftigen Baumsteiger aus Trinidad bewacht das Männchen die Eier, die unter Steinen oder im Laub abgelegt werden. Wenn die Kaulquappen geschlüpft sind, nimmt der Frosch die Kinder huckepack und trägt sie zu einem Gewässer, wo sie sich weiter zum Frosch entwickeln können. Bei anderen, verwandten Arten übernimmt das Weibchen diese Aufgabe.

KINDER IM KEHLSACK
Der männliche Darwin-Nasenfrosch aus Chile bewacht die Eier, bis die Kaulquappen fast schlupfreif sind. Dann nimmt er sie mit dem Maul in seine Schallblase auf. Dort entwickeln sich die Kaulquappen zu Fröschen. Diese hüpfen dann voll entwickelt aus Vaters Maul.

GEBURTSHELFER
Das unscheinbare Geburtshelferkröten-Männchen veranlaßt das Weibchen durch Streicheln zur Eiablage. Es befruchtet die Eier und wickelt sich dann die Laichschnüre um die Hinterbeine. So trägt es die Eier etwa drei Wochen mit sich herum. Dann streift es sie in einem Gewässer ab, wo die Kaulquappen schlüpfen und die weitere Entwicklung stattfindet.

Metamorphose

FRÖSCHLEIN
Mit zwölf Wochen ist der Schwanz rückgebildet. Bald wird er ganz verschwinden. Dann verlassen die Fröschlein das Wasser. Jede Froschgeneration vollzieht erneut den Landgang, den die Amphibien vor Jahrmillionen erstmals schafften.

Ganz kurzer Schwanz

Als Metamorphose bezeichnet man die Umwandlung der Larve in ein erwachsenes Tier. Amphibien sind die einzigen Landwirbeltiere, die solch eine Entwicklung durchmachen. Bei Froschlurchen kann man die Entwicklung am besten beobachten, weil sich bei ihnen Larve (Kaulquappe) und erwachsenes Tier besonders stark unterscheiden. Die auffälligsten Kennzeichen einer Kaulquappe sind der nahtlose Übergang von Kopf und Rumpf und ein langer Schwanz. Anfangs ist die Kaulquappe noch beinlos und kann außerhalb des Wassers nicht überleben. Die Entwicklung vom Schlüpfen aus dem Ei bis zum fertigen Fröschlein dauert zwölf bis 16 Wochen. Je nach Wassertemperatur und Nahrungsangebot kann die Entwicklungszeit jedoch stark schwanken. In kälteren Regionen und in größeren Höhen kann es bis zum nächsten Frühling dauern, ehe aus den Kaulquappen kleine Frösche oder Kröten geworden sind. Hier abgebildet ist der Lebenszyklus des europäischen Grasfrosches, der sich von einer beinlosen Kaulquappe mit Kiemen und Schwanz in einen schwanzlosen Frosch mit Beinen und Lungen verwandelt.

2 ERSTE LEBENSZEICHEN
Die ersten Entwicklungsschritte bestehen aus der Teilung der befruchteten Eizelle – einmal, zweimal usw., bis sie wie eine Maulbeere im Gelatinemantel aussieht. Bald ist die Kaulquappe zu erkennen. Etwa sechs Tage nach der Befruchtung des Eies schlüpft sie.

Zappelnder Embryo

Froschei

Grasfroschweibchen

Ein Grasfroschpärchen beim Laichen

Grasfroschmännchen

1 UMKLAMMERT
Das Männchen faßt das Weibchen mit festem Klammergriff hinter den Vorderbeinen um den Körper (bei anderen Arten vor den Hinterbeinen oder am Kopf). In dieser Umklammerung verbringt das Froschpaar oft Tage. Das Männchen befruchtet die Eier, die das Weibchen abgibt – je nach Art ein einziges bis 20.000, beim Grasfrosch etwa 2000. Manche Arten legen die Eier einzeln, andere in Laichklumpen oder Laichschnüren ab.

Vier frischgeschlüpfte Kaulquappen

Der Schwanz ist länger als der übrige Körper der Kaulquappe.

Schwanz

Kiemen nehmen Sauerstoff aus dem Wasser auf.

Maul

3 FRISCH GESCHLÜPFT
Frischgeschlüpfte Kaulquappen leben vom Dotterrest in ihrem Darm. Schwanz, Maul und Kiemen sind erst schwach entwickelt. Mit ihren zwei Haftorganen zwischen Maul und Bauch heftet sich die Larve an Wasserpflanzen fest. Nach einer Woche frißt sie Algen und schwimmt eigenständig.

Der Schwanz ist noch sehr lang.

Die Kaulquappe schwimmt mit schnellen Schwanzschlägen.

Bauchseite einer vier Wochen alten Kaulquappe

5 SECHS BIS NEUN WOCHEN
Mit sechs bis neun Wochen kommen die Hinterbeine als winzige Knospen zum Vorschein. Der Körper streckt sich, und eine deutlich erkennbare Kopfregion bildet sich heraus. Sobald die Hinterbeine entwickelt sind (Bild), werden sie zum Schwimmen benutzt. Die Nahrung besteht nun aus Insekten, aber auch aus toten Kaulquappen und Pflanzen. Unter den Höckern am Vorderkörper entwickeln sich die Vorderbeine. Ellbogen voran werden sie durch Öffnungen in der Körperwand geschoben.

Aufgerollter Darm

Halb Kaulquappe, halb Frosch (6–9 Wochen)

Winzige Zähne

6 ÄLTER ALS NEUN WOCHEN
Jetzt trägt die Kaulquappe schon Froschzüge. Nur der Schwanz stört noch das Bild. Die Narben hinter den Vorderbeinen zeigen, wo die Beine aus dem Körper getreten sind. Der Schwanz wird nun zurückgebildet, und die Fröschlein sammeln sich am Ufer. Mit den nun voll entwickelten Lungen können sie Luft atmen.

Die Hinterbeine geben Schub beim Schwimmen.

An den Höckern entstehen die Vorderbeine.

Der Kopf nimmt Form an.

4 MIT VIER WOCHEN
Die äußeren Kiemen werden von Haut überwachsen und durch innere Kiemen ersetzt. Mit den Zähnen raspeln die Kaulquappen Algen ab. Zusammen mit den Nahrungsteilchen nehmen sie auch sauerstoffreiches Wasser auf. Die Nahrung gelangt in den Magen, der Sauerstoff wird durch die Kiemen aufgenommen, das Wasser durch das Spritzloch ausgeschieden. Bei den vier Wochen alten Kaulquappen ist der Darm sehr lang, so daß die Nahrung gut verwertet wird. Die Kaulquappen tun sich oft wie kleine Fische in Schwärmen zusammen: die Masse bietet Schutz.

In der Brust sind die Lungen schon voll entwickelt.

Arme voll ausgebildet

Neun bis zwölf Wochen alte Kaulquappe

Der Schwanz wird langsam kürzer.

Von der Raupe zur Puppe

Die Raupe wird oft lediglich als Freßstadium des Schmetterlings angesehen, aber sie ist schon für sich genommen ein kompliziertes Lebewesen. Sie muß in einer feindlichen Welt überleben und den wichtigen Schritt zum nächsten Entwicklungsstadium, der weitgehend bewegungsunfähigen Puppe, vorbereiten. Bei den Insekten gibt es zwei Arten der Verwandlung: Bei der unvollständigen Verwandlung der Libellen, Heuschrecken, Wanzen und Schaben vollzieht sich die Umwandlung von der Larve zum Vollkerf allmählich, wobei die Larve (Nymphe) dem erwachsenen Tier mit jeder Häutung ähnlicher wird. Bei der vollständigen Verwandlung, wie wir sie bei Schmetterlingen, Ameisen, Bienen, Wespen und Käfern finden, formt sich die Larve zur Puppe um und erfolgt der vollständige Umbau zum Vollkerf im Puppenstadium. Die folgenden Seiten zeigen die Umwandlung einer Raupe zur Puppe und einer Puppe zum Falter.

KOPFUNTER
Manche Raupen und Puppen hängen ohne Unterstützung durch einen Gürtel gerade nach unten (Stürzpuppen). Die Raupenhaut platzt am Rücken auf, und darunter kommt die Puppe zum Vorschein.

Manche Arten wickeln Blätter mit Seidenfäden zu einer Schutzhülle zusammen.

BLATTROLLER
Bei manchen Schmetterlingsarten ist die Puppe in einem aufgerollten Blatt versteckt. Bei Störung läßt sich die Raupe an einem Seidenfaden herab und klettert daran wieder aufs Blatt zurück, wenn die Gefahr vorüber ist.

Die bewegungslose Puppe gleicht einem toten Blatt.

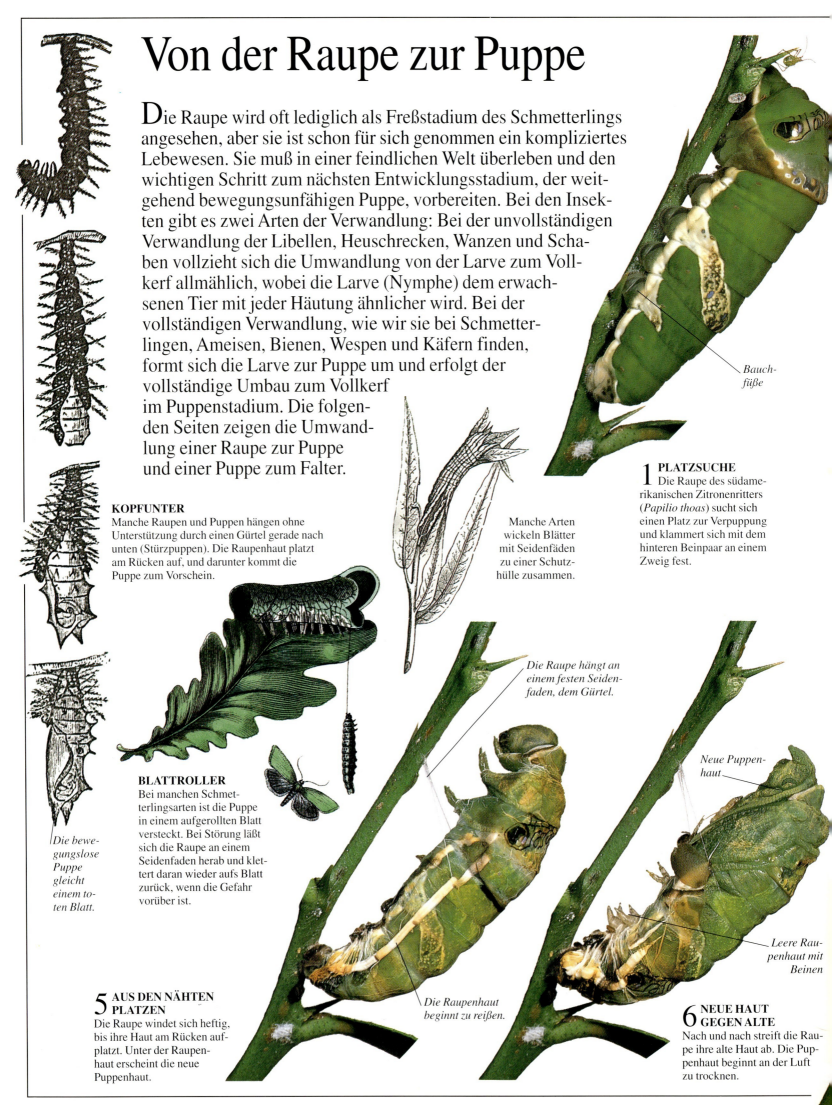

Bauchfüße

1 PLATZSUCHE
Die Raupe des südamerikanischen Zitronenritters (*Papilio thoas*) sucht sich einen Platz zur Verpuppung und klammert sich mit dem hinteren Beinpaar an einem Zweig fest.

Die Raupe hängt an einem festen Seidenfaden, dem Gürtel.

Neue Puppenhaut

Leere Raupenhaut mit Beinen

5 AUS DEN NÄHTEN PLATZEN
Die Raupe windet sich heftig, bis ihre Haut am Rücken aufplatzt. Unter der Raupenhaut erscheint die neue Puppenhaut.

Die Raupenhaut beginnt zu reißen.

6 NEUE HAUT GEGEN ALTE
Nach und nach streift die Raupe ihre alte Haut ab. Die Puppenhaut beginnt an der Luft zu trocknen.

Von der Puppe zum Falter

Eine Schmetterlingspuppe hängt wochenlang, bei einigen Arten sogar den ganzen Winter über still an einem Zweig. Sie wirkt völlig leblos, doch in der starren Hülle vollziehen sich gewaltige Veränderungen. Die Körpergewebe werden vollständig abgebaut und ganz neu zu einem Schmetterling mit Flügeln, Fühlern und anderen zarten Körperteilen zusammengebaut. Hier sehen wir, wie ein Blauer Morphofalter aus der Puppenhülle schlüpft. Der Blaue Morpho lebt in Mittel- und Südamerika.

FLUCHT NACH ÄGYPTEN
In der Randverzierung dieser Illustration aus einem Manuskript der *Hastings-Stundenbücher* (um 1480) ist auch ein Schmetterling zu sehen.

Fühler, Beine und blauer Flügel des Falters scheinen durch die Puppenhülle.

Die Puppenhülle reißt hinter dem Kopf des Schmetterlings auf.

Das typische schillernde Blau der Flügeloberseite ist schon erkennbar.

Taster

Der Kopf mit Fühlern und Tastern wird sichtbar.

Die Flügel sind noch zusammengefaltet, der größte erkennbare Teil des Falters ist der dicke Hinterleib.

1 FERTIG ZUM SCHLÜPFEN
Noch bis wenige Stunden vor dem Schlüpfen entwickelt sich der Schmetterling. Jetzt sind einige Umrisse des Morphofalters durch die Puppenhaut erkennbar. Die dunkle Region ist der Flügel, nach unten hin scheinen Kopf und Fühler durch. Von der Eiablage bis zum fertigen Schmetterling vergehen beim Blauen Morphofalter etwa 85 Tage.

2 DER ERSTE SCHRITT
Sobald die Verwandlung abgeschlossen und der Schmetterling schlupfbereit ist, pumpt er Körperflüssigkeit in Kopf und Brust. Dadurch wird die Puppenhülle an bestimmten Sollbruchstellen aufgesprengt, und der Falter kann sich mit Hilfe seiner Beine nach außen schieben.

3 KOPF UND BRUST
Sobald die Puppenhaut geplatzt ist, geht die Entfaltung schneller voran. Durch Einpumpen von Körperflüssigkeit und Aufnahme von Luft in Kopf und Brust bläht sich der Schmetterling auf. Jetzt sind Fühler, Kopf und Taster zu sehen. Die Flügel sind nicht so gut erkennbar, weil sie noch weich und zusammengefaltet sind.

4 GANZ FREI
Der Schmetterling hat sich aus der Puppenhülle geschoben und hängt nun völlig frei. In diesem Stadium ist das Außenskelett aus Chitin weich und kann sich noch dehnen. Wird der Schmetterling zu diesem Zeitpunkt beschädigt oder in seiner Bewegungsfreiheit eingeschränkt, kann er sich nicht vollständig entfalten: die Chitinhülle wird hart, der Schmetterling bleibt verkrüppelt.

Nesthocker

Vögel und Säuger mit ihrem relativ großen Gehirn und ihrer ausgeprägten Lernfähigkeit sind die beiden Tiergruppen, in denen die Eltern sich am meisten um die Kinder kümmern. Bei bodenbrütenden Vögeln sind die Jungen, wenn sie schlüpfen, bereits gut entwickelt. Sie haben kräftige Beine, können sehen und sind gut befiedert, also fähig, vor Feinden davonzulaufen. Frischgeschlüpfte Höhlen- und Baumbrüter dagegen sind viel unreifer, wenn sie aus dem Ei kommen: Sie sind nackt und blind, Flügel und Beine sind nur Stummel. Schließlich sind sie in ihrem versteckten Nest ja auch nicht so gefährdet. Außerdem geht ihre Entwicklung sehr rasch vor sich, wie man hier bei jungen Blaumeisen sehen kann.

Fütterung der Jungen

Flügel *Bein*

Die hellen Schnabelwülste dienen als Signal.

Dunenbüschel

Geschlossene Augenlider

Federrain *Federscheiden*

1 NACH EINEM TAG
Vierundzwanzig Stunden nach dem Schlüpfen sind die jungen Blaumeisen noch unbefiedert, und ihre Augen sind geschlossen. Tagsüber verlassen beide Eltern die Nestlinge, um Futter zu suchen. Die Jungen bleiben jedoch nie lange allein, denn die Eltern kehren alle paar Minuten mit Futter zum Nest zurück – zusammen bis zu tausendmal pro Tag.

KLAPPERSTORCH
In vielen Ländern ist der Storch das Symbol für die Geburt eines Kindes.

2 DREI TAGE ALT
Das Sperren (Schnabelaufsperren, um Futter zu erbetteln) ist ein Kennzeichen der größten Vogelordnung, der Sperlingsvögel. Es wird durch die Ankunft der Eltern am Nest ausgelöst, manchmal auch durch deren Rufe. Am dritten Tag sind bereits die Nestlingsdunen zu erkennen, und die Jungvögel wiegen jetzt fünfmal soviel wie am Anfang.

3 FÜNF TAGE ALT
Inzwischen sind auf dem Rücken und den Flügeln der Jungen dunkelgraue Federraine erkennbar. Das sind Hautbereiche, deren Aufgabe die Produktion von Federn ist. Auf den Flügeln hat bereits die Entwicklung der röhrenförmigen Scheiden eingesetzt, aus denen später die Schwungfedern hervorbrechen.

Federscheiden
Federspitzen

FLUCHT AUS DER GEFAHR

Die meisten Vögel verteidigen ihre Nachkommen bei Gefahr durch Verleiten (Ablenkungsmanöver) oder aggressives Verhalten. Einige können ihre Jungen notfalls auch wegtragen. Dazu benutzen sie den Schnabel, die Läufe oder die Krallen.

Die Waldschnepfe soll ein Küken im Flug zwischen ihren Beinen tragen können. Bewiesen ist das allerdings nicht.

Die scheue Wasserralle trägt ihre Küken in ihrem langen Schnabel.

Es heißt, daß manche Greifvögel ihre Jungen in den Krallen aus einer Gefahrenzone bringen können.

4 NEUN TAGE

Die Federscheiden werden länger, die Spitzen der Schwungfedern sind zu sehen. Auf den nackten Hautbereichen zwischen den Federrainen bilden sich allmählich Federn. Im Nest wird es langsam eng, obwohl fünf Nestlinge nach Blaumeisenmaßstäben eine kleine Familie darstellen.

5 DREIZEHN TAGE

Im Alter von fast zwei Wochen sind die Blaumeisen ganz befiedert, und ihre Augen sind offen. In den nächsten fünf Tagen werden sie das Nest verlassen, aber auch dann folgen die Jungvögel ihren Eltern noch einige Zeit und betteln um Futter. Völlig selbständig werden sie oft erst dann, wenn die Eltern mit den Vorbereitungen für die nächste Brut beginnen.

Typisch Säuger

STUTE MIT FOHLEN
Eine Stute stubst ihr Fohlen zu den beiden Zitzen zwischen ihren Hinterbeinen. Das Kleine trinkt durchschnittlich viermal pro Stunde.

Bei den Säugetieren säugen die Mütter ihre Jungen. Milchdrüsen produzieren als Säuglingsnahrung Milch, die die Kinder mit Flüssigkeit und allen notwendigen Nährstoffen versorgt. Das gibt es sonst bei keiner Tiergruppe. Die Milchdrüsen sind umgewandelte Schweißdrüsen, die in Zitzen münden. Diese sind bei vielen Säugetieren, u.a. auch bei Katzen und Hunden, in zwei Reihen auf dem Bauch angeordnet. Bei den Huftieren (z.B. Pferden) befinden sich die Zitzen bei den Hinterbeinen. Primaten (Affen und Menschen) haben nur zwei „Zitzen", die Brustwarzen – vielleicht in Anpassung an ein Baumleben und die Notwendigkeit, die Säuglinge mit den Armen festzuhalten. Weitere Besonderheiten der Säugetiere sind die Gebärmutter, in der die Embryonen bis zur Geburt geschützt heranwachsen, und bei den höheren Säugern die Entwicklung eines Mutterkuchens (Plazenta), über den die Kinder bis zur Geburt mit Sauerstoff und Nährstoffen versorgt werden.

Die Mutter beobachtet wachsam die Umgebung.

Die Mutter hält still, wenn die Jungen trinken.

PASSENDE ZITZE
Anders als kleine Katzen trinken Hundewelpen von jeder Zitze, die sie zu fassen bekommen. Die Zitzen, kegelförmige Erhebungen aus gummiartigem Gewebe, passen genau in den Mund des kleinen Säugers, so daß beim Saugen kaum Milch verlorengeht. Nach dem Trinken verschließen sie sich wie ein Ventil.

KATZENSÄUGLINGE
Innerhalb einer Stunde nach der Geburt trinkt das Katzenkind zum erstenmal Milch bei seiner Mutter. Da zwischen der Geburt der einzelnen Kätzchen in einem Wurf etwa 20 Minuten liegen und jeder Wurf vier bis fünf Junge umfaßt, trinkt das erste Neugeborene schon, wenn das letzte auf die Welt kommt. Das neugeborene Katzenkind ist zwar noch blind und taub, doch es riecht die Milch und fühlt mit Schnurrhaaren, Fellhaaren und Pfoten. Tapsig sucht es den warmen Bauch seiner Mutter, tastet sich dann bis zu einer Zitze vor und knetet diese mit Kopf und Pfoten, um den Milchfluß anzuregen. Den ersten Schluck nehmen die Jungen an irgendeiner Zitze, danach sucht sich jedes Kind seine eigene. Hat ein Wurf viele Junge, trinken die Kleinen in mehreren „Schichten".

Die Zitzen liegen in zwei Reihen am Bauch. Diese Zitze wird bei dem kleinen Wurf nicht benötigt.

Neugeborene Katzen beim Milchtrinken

Jedes Kätzchen hat seine eigene Zitze.

MANATIMUTTER
Beim Manati, einer Seekuh, sitzen die Zitzen in den „Achseln", direkt hinter den Vorderflossen. Die Jungen werden, neben ihrer Mutter im ruhigen Wasser treibend, unter Wasser gesäugt. Manchmal hält die Mutter das Kleine „im Arm", d.h. sie hält es mit ihrer Flosse fest, damit es nicht von Strömungen weggerissen wird.

SAGENHAFTE ZWILLINGE
Die legendären Gründer Roms, Romulus und Remus, wurden der Sage nach von einer Wölfin gesäugt, bis ein Schäfer sie entdeckte und aufzog. Die Zusammensetzung der Wolfsmilch entspricht jedoch kaum den Bedürfnissen eines menschlichen Säuglings.

STILLEN
Anders als andere Säuger verliert ein Menschenkind nach der Geburt zuerst an Gewicht. Doch nach einer Woche ist wieder das Geburtsgewicht erreicht. Der angeborene Saugreflex bewirkt, daß der Säugling, wird er an der Wange gestreichelt, den Kopf zur Seite dreht und nach der Brustwarze sucht. Die Milch versorgt das Baby mit allen Vitaminen, Mineralien und Nährstoffen, die es braucht, und auch mit Abwehrstoffen gegen Krankheiten.

Leben im Rudel

LEITWOLF VORAN
Dieses Wolfsrudel folgt seinem Leitwolf auf der Suche nach Beute durch den Wald. Europäische Wölfe jagen, was sie finden, vom Elch bis zur Maus. Wenn Nahrung knapp ist, fressen sie auch Insekten und Beeren. Wölfe durchstreifen große Reviere von bis zu 1000 km² und erreichen bei Verfolgung einer Beute 65 km/h. In einem Rudel leben maximal 20 Tiere.

Bei Hunderten von Säugerarten, vom Lemming bis zum Leoparden, verlassen die Eltern ihre Jungen, wenn diese alt genug sind, um für sich selbst zu sorgen. Andere Arten aber leben in Gruppen zusammen. Die Jungen bleiben oft jahrelang bei ihren Eltern, wie es bei Wölfen und Orkas der Fall ist, oder die jungen Männchen schließen sich zu Junggesellengruppen zusammen wie bei Elefanten und Pferden. Das Leben im Rudel oder in der Herde hat viele Vorteile; so sind Jagd und Verteidigung in der Gruppe einfacher. In einem Wolfsrudel gibt es strenge Regeln des Zusammenlebens. Jedes Mitglied des Rudels kennt seinen Platz in der sozialen Rangordnung. Es paaren sich immer nur die ranghöchste Wölfin und der ranghöchste Wolf. Nach der Geburt der Jungen versorgt der Vater die Mutter mit Fleisch. Diese säugt die Welpen etwa zehn Wochen lang, dann füttern Mutter und jüngere Rudelmitglieder die Kleinen mit ausgewürgtem Fleisch, bis diese in der Lage sind, mit dem Rudel zu jagen. Anfangs machen die jungen Wölfe, was sie wollen, und das Rudel ist sehr nachsichtig mit ihnen. Doch mit zunehmendem Alter werden sie in ihre Schranken gewiesen und nehmen ihren Platz in der Rangordnung des Rudels ein.

Mit gespitzten Ohren lauscht der Wolf nach Feinden oder Beute.

EUROPÄISCHER WOLF
Früher gab es überall in Europa Wölfe, doch sie wurden von Bauern und Jägern über Jahrhunderte hinweg verfolgt und getötet. Heute findet man in Europa Wölfe nur noch in wenigen abgelegenen Gegenden im Süden und Osten.

Mit den spitzen Zähnen kann der Wolf seine Beute schnell töten.

IN EIS UND SCHNEE
Im Norden Kanadas haben die Wölfe im Winter, wie die meisten Tiere dort, ein weißes Winterfell, das sie in Eis und Schnee tarnt. Im Sommer sind die Wölfe grau oder auch schwarz. Die Ohren sind – typisch für die Tiere kalter Gebiete – kurz, der Schwanz ist kurz und buschig. Arktische Wölfe ernähren sich von Hasen und Vögeln; mit etwas Glück gelingt es dem Rudel gelegentlich, einen Moschusochsen oder ein Karibu zu erlegen.

ROTKÄPPCHEN
Als es noch Wölfe gab, erzählte man Kindern gern das Märchen von Rotkäppchen und dem bösen Wolf, weil die Kinder nicht allein in den Wald gehen sollten.

ROTE RARITÄT
Der Rotwolf, die kleinste Unterart des Wolfs, kommt im warmen Südosten der USA vor. Nachdem er in freier Wildbahn ausgerottet war, hat man 1988 in Zoos gezüchtete Tiere in North Carolina ausgebürgert.

WER IST STÄRKER?
Wölfe geraten schnell aneinander. Doch bei ihren Rangordnungskämpfen gibt es kaum ernsthafte Verletzungen. Drohen oder Ducken ist wichtiger als Zubeißen.

TAPFERER WOLF
Viele Sagen der Nootka-Indianer aus dem Nordwesten Amerikas handeln von jungen Kriegern, die von Wölfen verschleppt wurden. Diese Keule aus Seeohrschalen, Knochen und Menschenhaar mit einem Wolfskopf am einen Ende ist ein Zeichen für die Kraft und Macht, die die Krieger während ihrer Gefangenschaft annahmen.

WERWOLF-HORROR
Ein Werwolf ist ein Mensch, der sich angeblich in einen Wolf verwandeln kann. Solche Schauergeschichten, die eine lange Tradition haben, fanden in vielen Filmen ihren Niederschlag.

Als Langstreckenläufer benötigt der Wolf lange, kräftige Beine.

Ein Wolfsrudel bei der Moschusochsenjagd auf der arktischen Ellesmere-Insel (bei Grönland)

Der abwärts gerichtete Schwanz zeigt, daß dieser Wolf sehr wachsam ist.

111

Familienleben

PERSISCHER LÖWE
Dieser Teller aus dem Iran zeigt einen Löwen vor der aufgehenden Sonne – das Wahrzeichen der persischen Könige.

Im Gegensatz zu Wölfen und anderen Hunden sind die meisten Katzen Einzeljäger. Die einzige Ausnahme bilden die Löwen. Die zweitgrößte Katze (nach dem Tiger) lebt in Familienverbänden von bis zu zwölf Tieren zusammen. Das Leben in der Gruppe ermöglicht es den Löwen, Tiere zu jagen, die größer sind als sie selbst. Die Aufgabe der Männchen ist die Revierverteidigung. Sie patrouillieren an den Reviergrenzen und markieren Bäume und andere Landmarken mit ihrem Urin. Auch ihr Brüllen dient der Revierabgrenzung. Die Jagd ist Sache der Frauen des Clans. Etwa alle zwei Jahre bekommt eine Löwin zwei bis drei Junge. Diese bleiben bei der Mutter, bis der nächste Wurf geboren ist. Wenn ein Weibchen zu einem neuen Rudel stößt, tötet der Löwenmann ihre Jungen, falls sie welche mitbringt. Ebenso töten Löwen, die einem alten und vom Alter geschwächten Löwenmann im Kampf das Rudel abgenommen haben, die Babys. So stellen sie sicher, daß während ihrer kurzen Herrschaft nur ihre eigenen Kinder aufgezogen werden.

DER KÖNIG DER TIERE
Körperhaltung, Gesichtsausdruck und Schwanzhaltung zeigen Feinden und Rudelmitgliedern die Stimmung des Löwen an. Ein Löwe, der droht, fletscht die Zähne. Erregung, Interesse und Ärger drückt er durch Schwanzwedeln aus.

Berberlöwe mit Löwin

Das Weibchen hat keine Mähne; sie wäre bei der Jagd nur hinderlich.

DAS RUDEL
Ein Löwenrudel besteht immer aus mehr Weibchen (meist fünf bis neun) als Männchen. Die Weibchen bleiben in der Regel beim Rudel. Die jungen Löwenmänner hingegen verlassen die Familie, wenn sie erwachsen werden. Sie vagabundieren dann umher, bis sie ein Rudel erobern können. Löwen teilen ihr Revier mit vielen anderen Fleischfressern wie Hyänen oder Geiern, die sich über alles hermachen, was ein Löwenrudel übrigläßt.

KÖNIGIN
Alle Löwinnen eines Rudels sind miteinander verwandt und halten zusammen. Der Körper einer Löwin ist kräftig und geschmeidig. So können sich die Tiere leise anschleichen, ehe sie sich gemeinschaftlich auf ihr Opfer stürzen.

IM STERNBILD DES LÖWEN
Menschen, die im Zeichen des Löwen geboren sind, sagt man nach, sie seien stolz, tapfer und ichbezogen – wie der König der Tiere.

Die Geschichte vom Propheten Daniel in der Löwengrube steht im Alten Testament.

Die prächtige Mähne und die furchterregenden Eckzähne sichern dem Löwen die Herrschaft über seine Welt.

Die Mähne läßt den Löwen noch größer erscheinen. Das mag andere Löwen abschrecken.

LÖWE UND EINHORN
In der Renaissance (15./16.Jh.) ist der Löwe ein beliebtes Motiv in Kunst und Architektur. Dieser französische Bildteppich zeigt einen Löwen in friedlicher Eintracht mit einem Einhorn, dem Symbol der Reinheit.

DER LÖWE VON NEMEA
Als Sühne für den wahnsinnigen Mord an seiner Familie mußte Herakles zwölf Aufgaben lösen. Als erstes erwürgte er einen Löwen, dessen Haut nicht durch Waffen verletzt werden konnte. Dessen Fell trug er von da an als schützenden Mantel.

Die Haarbüschel lassen die Beine noch stärker erscheinen.

Die Flecken sind Reste des Jungtierpelzes.

Der Schwanzquast dient der Verständigung unter Artgenossen.

Herdentiere

Vor etwa 6000 Jahren übernahm der Mensch, wahrscheinlich in Osteuropa, im Gebiet der heutigen Ukraine, Pferde als Zug- und Reittiere in den Hausstand. Seither haben die zahmen Hauspferde die Wildpferde verdrängt. Richtige Wildpferde gibt es heute nicht mehr, wohl aber Herden „verwilderter" Pferde, die von Haustieren abstammen, jedoch nicht mehr vom Menschen betreut werden und sich ohne sein Zutun vermehren. Man nennt sie „Wildpferde", wenngleich ihre Vorfahren Haustiere waren, weil sie sich wie ihre wilden Vorfahren verhalten. Pferde sind gesellige Wesen und leben in Herden zusammen. Geführt wird die Herde vom Leithengst, der mehrere Stuten mit ihren Fohlen um sich versammelt und sie beschützt. Die verwilderten Pferde wie die Mustangs, die einst Nordamerika in großen Herden durchstreiften, oder die australischen Brumbys werden heute gejagt, oder man fängt ganze Herden ein und zähmt sie.

FELLPONY
In den Mooren und Heidegebieten Großbritanniens gibt es viele alte Ponyrassen. Eine davon ist das Fellpony. Jedes Tier hat einen Besitzer, doch man läßt die Pferde in großen Herden weit in ihrer Heimat umherstreifen. Früher setzte man das Fellpony vor allem als Packtier ein, heute vermehrt als Reit- und Kutschpferd.

Gut proportionierter Kopf

Das lange Pferdegesicht beherbergt ein hochempfindliches Riechorgan, mit dem das Pferd Feinde sofort wittert.

DÜLMENER PONY
Dülmener Ponys (Dülmener Wildpferde) leben seit Jahrhunderten frei in einem Wildpark im Merfelder Bruch bei Dülmen/Westfalen. Einmal im Jahr fängt man Hengste als Reit- und Zugpferde ein. Sie sind besonders gutartig und kinderlieb.

AUSTRALISCHER BRUMBY
Während des Goldrausches in Australien entkamen den Goldsuchern Pferde, die sich daraufhin in den Grassteppen Australiens ausbreiteten. Diese verwilderten Herden sind bei Viehzüchtern sehr unbeliebt, weil sie den Rinder- und Schafherden Nahrung wegnehmen und häufig von Parasiten befallen sind. Deshalb hat man sie seit den 60er Jahren so stark gejagt, daß es heute nur noch wenige Brumbys gibt. Brumbys lassen sich kaum zähmen, denn sie sind sehr aggressiv. Das sieht man, wenn ein Hengst mit Hufschlägen und wilden Bissen seine Herde verteidigt.

Lange Beine für ein Leben als Langstreckenläufer in der Grassteppe

Die Hufe haben eine dicke Hornwand.

MARKENPFERD
Wilde Pferde dienen oft als Symbol für Freiheit, Eleganz und Schnelligkeit. Mit ihnen wurde schon für viele Produkte Werbung gemacht, von Zigaretten über Kleidung bis zu Autos. Dieses Pferd ist das Markenzeichen für rassige italienische Sportwagen.

MUSTANGS
Den „Wildpferden" Nordamerikas, den Mustangs, bleiben als letzte Rückzugsgebiete nur noch karge Landstriche wie die Wüste von Nevada. Dort müssen sie auf der Suche nach Gras und Wasser weit umherziehen.

CAMARGUE-PFERDE
Die herrlichen weißen Camargue-Pferde leben seit über 1000 Jahren in der Camargue, der Sumpflandschaft im südfranzösischen Rhonedelta. Mit seinen breiten Hufen ist das Pony gut an den weichen Sumpfboden angepaßt.

Stern

Die Ohren dienen als Stimmungsbarometer: sie zeigen Angst, Neugier, Wut usw. an.

Glatte, volle Mähne

Auch der Schwanz ist nicht nur ein Fliegenwedel, sondern dient zur Verständigung in der Herde.

Schnippe

Mit dem eiförmigen Auge kann das Pferd gleichzeitig auf das Gras vor ihm blicken und den Horizont nach Feinden absuchen.

Blesse

Im ausladenden Brustkorb liegen ein großes Herz und große Lungen – Voraussetzungen für schnelles, ausdauerndes Laufen.

DIE PONYS AUS DEM NEW FOREST
Im New Forest, einem ausgedehnten Waldgebiet in Hampshire/Südengland, gibt es seit dem 11.Jh. große Ponyherden. 800 Jahre lebten die Pferde dort wild. Im 19.Jh. aber versuchte man, die Rasse durch Kreuzung mit anderen Rassen zu „veredeln". Auch heute noch gibt es New-Forest-Ponys in freier Wildbahn. Sie werden aber auch als angenehme, ruhige Reit- und Zugtiere in Gestüten gezüchtet.

KAPITEL 4
ÜBERLEBENS-STRATEGIEN

Um zu überleben und sich erfolgreich fortzupflanzen, muß ein Tier eine Fülle von Problemen meistern. Dazu zählen: schlechtes Wetter, unwirtliche Jahreszeiten, Hunger, Dürre, Räuber, Konkurrenten und Parasiten. Im Laufe der Evolution ergab sich für jedes Problem eine Lösung.

AUSTRALISCHER HORNHAI
Port-Jackson-Hornhaie leben auf dem Boden seichter Meeresbuchten. Oft versammeln sie sich in Gruppen an bestimmten Rastplätzen, z.B. in Höhlen oder schmalen Passagen zwischen Felsen. Vielleicht können sie dort Strömungen ausweichen.

BUNT WIE DIE UMGEBUNG
Viele Fische der Korallenriffe sind bunt und bizarr. Hier sieht man Kaiserfische: die Jungfische haben blaue Kreismuster, die Erwachsenen sind gelb-blau gestreift und haben gelbe Flossen. Hier wirken die Fische auffällig. Doch in ihrer natürlichen Umwelt, zwischen den bunten Korallen, Algen, Krabben und Schwämmen des Riffs, fallen sie gar nicht auf – und wenn sie als Schwarm zusammenbleiben, fällt es einem Raubfisch sehr schwer, sich ein Tier herauszugreifen.

TARNFARBEN
Im Gegensatz zum Korallenriff haben Sand, Schlamm und Kies am Boden seichter Meere dumpfe Grün- und Brauntöne. Hier lebt der Fleckenrochen. Er ist in seiner Farbgebung an diese Umgebung angepaßt.

FREUNDE
Die Clownsfische sind im Schutz der Nesselkapseln der Seeanemonen vor Feinden sicher; die Seeanemonen erhalten dafür Nahrungsabfälle der Fische.

Widerstand leisten

Einige Tiere haben kaum Feinde. Welches Tier greift schon einen Tiger, einen Adler, ein Krokodil oder einen Hai an! Diese Tiere sind groß und kräftig und mit scharfen Zähnen, Klauen oder anderen Waffen ausgerüstet. Sie sind Räuber und stehen an der Spitze der Nahrungspyramide, d.h. sie fressen andere Tiere, werden aber nicht gefressen. Die meisten Tiere, vor allem kleinere, müssen jedoch aufpassen, daß sie nicht die Beute eines größeren werden. Zum Schutz vor Feinden gibt es unterschiedliche Strategien: So verharren manche Tiere ganz still in der Hoffnung, dadurch unentdeckt zu bleiben. Die Wirksamkeit dieser Methode wird durch Tarnfarben und -muster unterstützt. Weitere Strategien sind schnelle Flucht, Verstecken in einer engen Höhle oder Spalte oder wehrhafte Verteidigung. Die erste Strategie hat zwei große Vorteile: Man braucht dafür kaum Energie, und man läuft nicht Gefahr, im Kampf verletzt zu werden.

ANGREIFEN UND...
Krabben verstecken sich meist unter Steinen oder zwischen Wasserpflanzen. Für den Fall, daß sie abseits eines Verstecks bedroht werden, haben sie eine Reihe von Abwehrstrategien. Dieser Taschenkrebs hält die Scheren drohend nach vorn und erhebt sie dann, als wollte er angreifen. Dieses Tier hatte schon einmal Feindberührung: ein Bein fehlt.

ERST STILL, DANN SCHNELL
Der Taggecko, eine Echse aus Madagaskar, lebt im grünen Laub der Regenwaldbäume. Dort ist er mit seinen grünen Schuppen gut getarnt. Der Gecko wiegt sich sogar manchmal im Wind, als wäre er selbst ein Blatt. Sobald er sich aber entdeckt glaubt, sprintet er mit unglaublicher Geschwindigkeit davon.

Der Gecko reinigt mit der Zunge Gesicht und Augen.

Lücken zwischen den Schuppen machen den Körper biegsam.

Giftstachel

KEIN GRUND ZUR FLUCHT
Die meisten Tiere legen sich lieber nicht mit einem Skorpion an. Dieser Achtbeiner gehört zur Verwandtschaft der Spinnen. Wird der Skorpion bedroht, wendet er sich seinem Gegner zu, erhebt drohend die kräftigen Scheren und biegt den Schwanz über den Rücken. An der Schwanzspitze sitzt ein spitzer Giftstachel. Ihn setzen die meisten Skorpione vor allem zur Verteidigung ein, einige wenige auch zum Lähmen größerer Beutetiere.

Hier fehlt ein Bein.
Scheren drohend erhoben

Abwehrend zusammengekauert

Vorbereitung auf die Flucht

... FLÜCHTEN
Die meisten Räuber weichen vor den drohend erhobenen Scheren der Krabbe zurück. Wenn der Feind zögernd innehält, macht sich der Taschenkrebs klein und zieht sich seitwärts zurück.

Krallen an den Zehen sorgen für guten Halt.

Auf der Zehenunterseite befinden sich Haftlamellen.

Abwehrverhalten

Zur Feindabschreckung schießen rote Fäden aus den Schwänzen.

Spitze Dornen sind eine weitere Abschreckung.

Die Raupe atmet durch kleine Atemlöcher (Stigmen) an den Körperseiten.

Die Färbung tarnt die Raupe auf Blättern und Zweigen.

Ein Tier mag einen Schutzpanzer aus Knochenplatten oder ein Stachelkleid haben oder auch über chemische Abwehrwaffen, z.B. Stinkdrüsen oder eingelagerte Gifte, verfügen. All das nützt ihm jedoch wenig, wenn es sich diese Abwehrwaffen nicht durch ein entsprechendes Verhalten zunutze machen und sie gezielt einsetzen kann. Im Zuge der Evolution haben sich Form, Farbe, Größe und andere körperliche Eigenschaften eines jeden Tieres herausgebildet, ebenso aber auch die entsprechenden Verhaltensmuster. Die meisten Verhaltensmuster zur Feindabwehr sind angeboren, d.h. das Tier muß sie nicht erst durch Versuch und Irrtum lernen, sondern verhält sich instinktiv richtig.

1 ABSPRUNG
Hier sieht man, wie ein nordamerikanischer Leopardfrosch mit einem eleganten Weitsprung einem Feind entkommt. Die kräftigen Hinterbeine sind die körperliche Voraussetzung für den Fluchtsprung, doch der Frosch muß auch in der Lage sein, die Bewegung schnell und koordiniert auszuführen. Beim Absprung drückt er die Füße gegen den Boden, schließt in einem Schutzreflex die Augen und legt zur Verbesserung der Stromlinienform die Arme an den Körper.

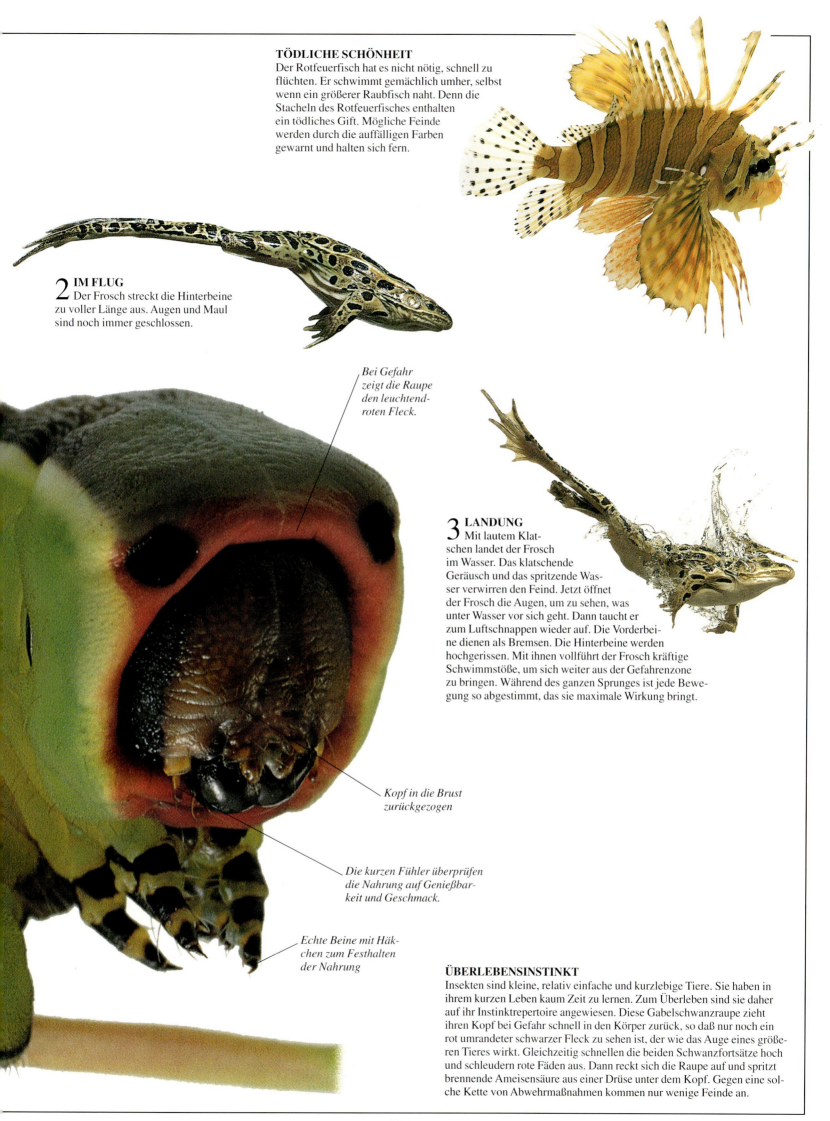

TÖDLICHE SCHÖNHEIT
Der Rotfeuerfisch hat es nicht nötig, schnell zu flüchten. Er schwimmt gemächlich umher, selbst wenn ein größerer Raubfisch naht. Denn die Stacheln des Rotfeuerfisches enthalten ein tödliches Gift. Mögliche Feinde werden durch die auffälligen Farben gewarnt und halten sich fern.

2 IM FLUG
Der Frosch streckt die Hinterbeine zu voller Länge aus. Augen und Maul sind noch immer geschlossen.

Bei Gefahr zeigt die Raupe den leuchtendroten Fleck.

3 LANDUNG
Mit lautem Klatschen landet der Frosch im Wasser. Das klatschende Geräusch und das spritzende Wasser verwirren den Feind. Jetzt öffnet der Frosch die Augen, um zu sehen, was unter Wasser vor sich geht. Dann taucht er zum Luftschnappen wieder auf. Die Vorderbeine dienen als Bremsen. Die Hinterbeine werden hochgerissen. Mit ihnen vollführt der Frosch kräftige Schwimmstöße, um sich weiter aus der Gefahrenzone zu bringen. Während des ganzen Sprunges ist jede Bewegung so abgestimmt, das sie maximale Wirkung bringt.

Kopf in die Brust zurückgezogen

Die kurzen Fühler überprüfen die Nahrung auf Genießbarkeit und Geschmack.

Echte Beine mit Häkchen zum Festhalten der Nahrung

ÜBERLEBENSINSTINKT
Insekten sind kleine, relativ einfache und kurzlebige Tiere. Sie haben in ihrem kurzen Leben kaum Zeit zu lernen. Zum Überleben sind sie daher auf ihr Instinktrepertoire angewiesen. Diese Gabelschwanzraupe zieht ihren Kopf bei Gefahr schnell in den Körper zurück, so daß nur noch ein rot umrandeter schwarzer Fleck zu sehen ist, der wie das Auge eines größeren Tieres wirkt. Gleichzeitig schnellen die beiden Schwanzfortsätze hoch und schleudern rote Fäden aus. Dann reckt sich die Raupe auf und spritzt brennende Ameisensäure aus einer Drüse unter dem Kopf. Gegen eine solche Kette von Abwehrmaßnahmen kommen nur wenige Feinde an.

STRASSEN UNBEKANNT
Jedes Jahr werden Tausende von Lurchen überfahren, weil Straßen die Pfade kreuzen, auf denen sie zu ihren Laichgewässern wandern. Solche Schilder bitten Autofahrer um Vorsicht.

Umweltwahrnehmung

Eines der Kennzeichen von Tieren ist, daß sie Reize aus ihrer Umwelt wahrnehmen und darauf reagieren können. Das ist unerläßlich für das Überleben. Viele Tiere haben wie wir Menschen Augen, Ohren, einen Tast-, einen Geschmacks- und einen Geruchssinn. Das ist auch bei Amphibien der Fall. Sie kommen mit ihren Sinnen im Wasser und auf dem Land zurecht. Doch viele Tiere, darunter auch die Amphibien, haben weitere Sinne. Sie können z.B. Strömungen oder das Magnetfeld der Erde wahrnehmen oder winzige Signale aufspüren, die von den sich zusammenziehenden Muskeln eines Tieres in Bewegung ausgehen.

DRUCKFÜHLER
Wasserlebende Frösche haben wie die Fische ein Seitenlinienorgan, mit dem sie Druckveränderungen im Wasser, die z.B. von anderen Tieren verursacht werden, wahrnehmen können. Bei diesem Krallenfrosch kann man die einzelnen Sinnesgruben des Seitenliniensystems am Kopf und an den Körperseiten gut erkennen.

Fühler

RÄTSELHAFT
Bei Blindwühlen befindet sich unter dem Auge ein kleiner Fühler, dessen Funktion unbekannt ist. Es könnte sich um ein Tastorgan handeln, das Erschütterungen wahrnimmt, oder um ein Riechorgan.

Seitenlinienorgan

Seitenlinie

Auge eines Geknöpften Krokodilmolches

Auge eines Marmormolches (unten)

AUGEN
Je größer die Augen, desto wichtiger ist der Gesichtssinn für das entsprechende Tier. Landlebende Tiere wie der Krokodilmolch brauchen gute Augen, um im Dämmerlicht ihre Beute erkennen zu können. Der wasserlebende Marmormolch dagegen verläßt sich mehr auf den Geruchs- und den Tastsinn.

AUCH DIE KINDER
Das Seitenlinienorgan ist für wasserlebende Tiere wichtig. Daher findet man es nicht nur bei erwachsenen Wasserbewohnern, sondern auch bei den Kaulquappen landlebender Arten (hier: eines Ochsenfrosches).

TASTSINN
Der Tastsinn ist in der Regel am ausgeprägtesten an Händen, Füßen, Nase, Lippen und Ohren. Die Wabenkröte hat lange Spindelfinger mit sternförmigen Spitzen. Deren Haut ist vollgepackt mit tastsensiblen Nervenenden. Damit fühlt die Kröte in schlammigen Fluß- und Bachbetten nach Würmern, Insektenlarven, Fischen und anderen Beutetieren. Mit Stacheln an den Fingern kann die Kröte gut zupacken.

(1) Rotaugen-Laubfrosch: senkrechter Schlitz

TEMPERATURREGELUNG
Tiere mit feuchter Haut verlieren bei Hitze und Trockenheit schnell Wasser durch Verdunstung. Sie nehmen Temperatur und Luftfeuchtigkeit über die Haut wahr und regeln ihre Körpertemperatur, indem sie sonnenbaden, wenn ihnen zu kalt ist, und sich in den Schatten zurückziehen, wenn es zu heiß wird. Dieser Riedfrosch (Südafrika) verkleinert die der Sonne ausgesetzte Fläche, indem er Arme und Beine unter den Körper zieht.

(2) Chinesische Rotbauchunke: herzförmige Pupille

PERFEKTE PUPILLEN
Augenfarbe und Pupillenform sind bei Amphibien und auch bei anderen Tieren sehr unterschiedlich: (1) „Katzenaugen" mit senkrechten Schlitzen für Nachtsicht oder schnelle Reaktion auf Lichtwechsel; (2) herzförmig; (3) waagerechte Schlitze für Sicht bei normalem Tageslicht; (4) rund.

(3) Baumkröte: waagerechter Schlitz

Ohr des Amerikanischen Ochsenfrosches

(4) Madagassischer Tomatenfrosch: runde Pupille

OHREN
Das Trommelfell, eine dünne Membran, schwingt, wenn Schallwellen darauftreffen. Beim Frosch sind die Trommelfelle hinter den Augen gut sichtbar.

GERUCHSSINN
Duftstoffe, die durch die Luft schweben, werden von einem haarartigen Geruchsorgan in der Nase wahrgenommen. Gerüche geben Auskunft über Nahrung, Feinde und Partner. Das Molchmännchen lockt Weibchen mit Duftstoffen an, die eine Drüse an der Schwanzbasis abgibt.

Dunkle Form

Helle Form

Birkenspanner an einem Baumstamm

Tarnung

Schutzanpassungen kommen in diesem Buch in verschiedenen Zusammenhängen und Varianten immer wieder zur Sprache, denn sie spielen in der Natur eine große Rolle. Die Farben und Muster, die ein Tier in seiner Umwelt mehr oder weniger unsichtbar machen, sind vielfältig. Manche Tiere sehen wie ein ungenießbarer Gegenstand aus, z.B. wie ein Zweig oder ein Kothäufchen. Andere Tiere gleichen in Farbe und Musterung den Baumstämmen, Steinen oder Blättern in ihrer Umgebung. So sind die Tiere für ihre Feinde nicht als Beute zu erkennen. Diese Methode, sich zu verbergen, nennt man Mimese. Da sie bei Tageslicht besonders gefährdet sind, haben kleine Tiere wie Raupen und Nachtfalter für ihre tägliche Ruhezeit besondere Schutztrachten ausgebildet. Tagfalter, die mit auf dem Rücken gefalteten Flügeln rasten, haben andere Methoden, nicht erkannt oder gesehen zu werden, z.B. die Tarnung als abgestorbenes oder frisches, grünes Blatt.

STADTANZUG UND BAUERNTRACHT
Vor fast 150 Jahren entdeckte man in England die ersten schwarzen Birkenspanner. Mit zunehmender Luftverschmutzung wurde die schwarze Form immer häufiger. Nur in Reinluftgebieten überwiegen noch helle Tiere. Ausschlaggebend ist die Tarnung der Schmetterlinge auf dem jeweiligen Untergrund.

Die Flügel erinnern an ein löchriges Blatt.

ZERFRESSENES BLATT
Die Tarnung als Blatt wird bei diesem grünen Zünsler aus Südamerika durch die unregelmäßigen unbeschuppten Stellen auf den Flügeln noch wirkungsvoller: sie erinnern an Fraßlöcher.

VERROTTENDES BLATT
Dieser südamerikanische Wickler wirkt wie ein totes Blatt mit „skelettierten" Stellen. In Ruhestellung werden die vorderen Flügelteile eingerollt und ähneln dann einem Blattstiel.

Ähnlichkeit mit Blattadern und Mittelrippe

DER INDISCHE BLATT-TRICK
Das wohl spektakulärste Beispiel für Mimese stellt dieser Indische Blattschmetterling dar. Er ruht häufig im alten Laub am Waldboden, wo er praktisch unsichtbar ist.

Braune Unterseite des Blattschmetterlings

Orange-blaue Oberseite des Blattschmetterlings

TOT ODER LEBENDIG?
Eines dieser trockenen Blätter ist ein Indischer Blattschmetterling in Ruhestellung. Wenn man das nicht weiß, ist der Falter nicht zu entdecken. Verhält er sich allerdings nicht still, funktioniert der Trick nicht. Das Verhalten muß mit der körperlichen Schutzausstattung zusammenspielen.

Die Flügel erinnern an Holzstückchen.

Die Flügel gleichen einem toten Blatt.

ALS SCHMETTERLING UNKENNTLICH
Diese beiden Nachtfalter aus Südamerika wurden in ihrer Ruhestellung genadelt. So kann man sehen, wie gut sie getarnt sind. Ein Schmetterling überlebt, wenn er für seine Feinde nicht als solcher zu erkennen ist.

In Ruhestellung sieht man die Flügelunterseiten, die den Schmetterling als totes Blatt tarnen.

TODFEINDE
Ein wesentlicher Grund für die Mimese bei Schmetterlingen ist der Schutz vor hungrigen Vögeln. Da Vögel ihre Beute vor allem mit den Augen erkennen, müssen die Schutzfarben und -muster der Beute schon sehr gut sein, um sie irrezuführen.

Die hellen Flecken ähneln den Flechtenkrusten auf Baumrinde.

HOLZBOHRER
Die Raupe dieses Holzbohrers aus Mittelamerika frißt Gänge in das Holz von Bäumen. Der erwachsene Falter ist auf Baumrinde (rechts) praktisch unsichtbar.

Tarnfarben

Neben der Mimese, bei der Tiere wie belebte oder unbelebte Objekte aussehen und dadurch nicht als Tiere erkennbar sind, gibt es noch andere Formen der Tarnung. Der Zweck ist immer, als Räuber oder Beute übersehen zu werden. Manche Tiere haben nicht nur eine Tarnfärbung, sondern z.B. auch blattartige Körperanhänge, die sie im Laubwerk verschwinden lassen. Einige Tiere können Farben und Muster der jeweiligen Umgebung anpassen. Zu diesen veränderlichen Wesen gehören neben einigen Käfern und anderen Insekten Tintenfische, Plattfische wie Scholle und Seezunge und Reptilien wie das Chamäleon.

FARBWECHSEL
Echsen, vor allem Chamäleons, sind wahre Meister der Tarnung. Sie können ihre Haut je nach Bedarf heller oder dunkler werden lassen und sich so der jeweiligen Umgebung anpassen. Allerdings beeinflussen auch andere Faktoren den Farbwechsel eines Chamäleons: Lichtstärke, Temperatur und die Stimmung (z.B. Wut oder Angst) bestimmen die Farbe mit. Die Haut des Chamäleons hat mehrere Schichten von Farbzellen. Darunter liegen die Melanophoren – Farbzellen mit durch die übrigen Zellschichten ragenden „Armen". Zur Verdunkelung der Haut entsenden diese Zellen Farbstoffkörnchen in die „Ärmchen" und damit in die obere Hautschicht.

Der Farbwechsel wird durch Verteilung bzw. Konzentration des dunklen Farbstoffs in den Melanophoren bewirkt.

BLATTGRÜN
Die kleinen Smaragdskinke sind auf den Palmblättern, auf denen sie leben, kaum zu entdecken. Das leuchtende Grün mit braunen Flecken macht diese Baumskinke aus Indonesien, den Philippinen und Salomonen in ihrem Lebensraum fast unsichtbar. Grün ist verständlicherweise eine häufige Farbe bei tagaktiven Baumbewohnern.

BLUMENKIND
Der kleine Kopf täuscht. Unter den Blättern und Blüten verbirgt sich der riesige Körper der australischen Breitrand-Spitzkopfschildkröte, die, zwischen Pflanzen verborgen, auf Beute lauert.

DOPPELTE GIFTGEFAHR
Diese beiden Gabunvipern sind im Wechsel von Hell und Dunkel im alten Laub des afrikanischen Urwaldbodens gut getarnt. So werden sie von ihren Beutetieren (Nager, Frösche und Vögel) nicht bemerkt. Entfernt man eine solche Schlange jedoch aus ihrer natürlichen Umgebung (rechts), wirkt sie mit ihrem geometrischen Muster sehr auffällig. Gewöhnlich sind Gabunvipern nicht sehr angriffslustig. Wenn man aber auf sie tritt, wird es gefährlich. Die zur Gattung der Puffottern zählenden Gabunvipern haben nicht nur die längsten Giftzähne (bei einer 180 cm langen Schlange 5 cm), ihr Gift wirkt auch meist tödlich.

Gabunviper

EIN STEIN IM WASSER?
Diesen Mohrenkaiman könnte man leicht für einen Felsen im Wasser halten. So wird er von seinen Beutetieren und – zum Glück für seine Art – gelegentlich auch von Menschen übersehen, die ihn wegen seiner Haut jagen.

Verborgen ohne Versteck

Kleine Pflanzenfresser sind in großer Gefahr, wenn sie in offenem Gelände fressen. Sie können nicht schnell etwas Nahrung zusammenraffen und sie in ihren Bau bringen. Da Pflanzennahrung nicht sehr nährstoffreich ist, müssen sie nämlich sehr viel fressen. Wenn sie stundenlang in Feld und Wiese unterwegs sind, besteht der einzige Schutz in einer guten Tarnung. Die beste Wirkung erzielt ein Tarnkleid, das aus verschiedenfarbigen Teilen zusammengesetzt ist. Die Körperhaare bei manchen Spinnen und Insekten, die Schuppen bei Schmetterlingen, die Schuppen von Fischen und Reptilien und das Fell der Säuger sind an diese Notwendigkeit gut angepaßt. Manche Muster lösen die Umrisse eines Tieres vor einem bestimmten Hintergrund auf oder verschleiern sie.

STEIN MIT SCHNURRBART
Kleine Nager wie Mäuse leben besonders gefährlich. Sie sind darauf angewiesen, daß sie eine Gefahr sofort erkennen und dann schnell im Mauseloch verschwinden. Weitab vom Bau aber bleibt ihnen nur die Tarnung. Das Fell dieser Stachelmaus verschmilzt optisch mit dem trockenen Sand, den hellen Steinen und dem dürren Holz ihrer afrikanischen Halbwüstenheimat.

EINGEBAUTE TARNUNG
In den langen Deckhaaren des bedächtigen südamerikanischen Zweifinger-Faultieres (Unau) wachsen blaugrüne Algen, mikroskopisch kleine Pflanzen. Das Fell wirkt daher grünlich. Ein ruhig in einem Baum hängendes Unau fällt somit im Laub des dämmrigen Urwaldes nicht auf.

Besonders dicke, stachelborstige Rückenhaare geben der Maus den Namen.

BLATT MIT SCHWANZ
Die Feldmaus, eine Wühlmausart, kommt fast überall vor: auf Wiesen, in Wäldern, sogar an Uferböschungen. Sie hält sich viel am Boden auf, der meist mit dunklem Laub und modernden Pflanzenteilen bedeckt ist. Da Feldmäuse fast rund um die Uhr aktiv sind, ist gute Tarnung für sie besonders wichtig. Eine Feldmaus, die den Flügelschlag eines Greifvogels oder einer Eule hört, verharrt völlig reglos. Im morgendlichen oder abendlichen Dämmerlicht oder im Schatten von Bäumen ist sie dann von oben kaum zu erkennen – wie dieses Foto aus der Vogelperspektive zeigt.

Streu aus einem Laubmischwald

Tote Blätter und Holzstücke bilden einen dunklen Hintergrund, vor dem die Maus kaum auffällt.

TARNUNG BEIM MENSCHEN
Die Tarnkleidung der Soldaten ist meist in olivgrünen und braunen „Naturtönen" gehalten und zur Auflösung der Umrisse im Wald oder Gebüsch gefleckt oder gesprenkelt. Schneeanzüge für den Winter sind weiß wie das Fell von Schneehasen und Eisfüchsen oder das Gefieder eines Schneehuhns.

AUFLÖSUNG DER UMRISSE
Der Schabrackentapir hat einen weißen Bauch und Rücken, ist aber sonst schwarz – ein gutes Beispiel für eine Färbung, die Umrisse verschleiert (Somatolyse). In der Dunkelheit des nächtlichen Urwaldes ist der Schabrackentapir kaum zu erkennen. Die „Frischlingszeichnung" des jungen Tapirs hat die gleiche Funktion.

Täuschung

Besonders bunte, auffällige Farbmuster warnen mögliche Feinde vor der Ungenießbarkeit oder Gefährlichkeit eines Tieres. Diese Warnfärbungen signalisieren, daß das betreffende Tier giftig ist oder auch nur scheußlich schmeckt. Doch manche Tiere warnen vor etwas, das sie gar nicht besitzen. Sie ahmen die Muster und Farben wirklich giftiger Tiere nach, so daß auch sie von Räubern gemieden werden. Diese Art der Täuschung des Feindes nennt man Batessche Mimikry nach ihrem Entdecker Henry Walter Bates. Man findet sie vor allem bei tropischen Schmetterlingen und anderen Insekten. Für das Funktionieren der Mimikry ist es wichtig, daß die Nachahmer nicht häufiger sind als das giftige Original.

SCHMETTERLINGSFORSCHER
Henry Walter Bates (1825–1892) erkundete als einer der ersten europäischen Naturforscher die Tier- und Pflanzenwelt ferner Länder. Er arbeitete vor allem in den südamerikanischen Regenwäldern: er sammelte Schmetterlinge und Käfer und überließ sie europäischen Museen zur Beschreibung und Bestimmung. Seine Beobachtungen zur Mimikry sind wichtige Belege für Darwins Evolutionstheorie.

Kleiner Kurier, *Heliconius erato*

Der Schmetterling schmeckt nicht gut, weil die Raupe sich von giftigen Pflanzen ernährt.

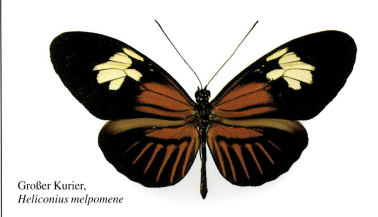

Großer Kurier, *Heliconius melpomene*

EINER SO GIFTIG WIE DER ANDERE
Diese beiden Falter aus der Familie der Heliconiiden sind gleichermaßen ungenießbar. Sie sehen sich zum Verwechseln ähnlich, obwohl sie verschiedenen Arten angehören. Dieses Phänomen nennt man Müllersche Mimikry nach dem deutschen Zoologen Fritz Müller. Bei dieser Art der Nachahmung profitiert jede Art davon, daß die andere nicht schmeckt. Ein Vogel, der einmal einen solchen Schmetterling probiert hat, wird nie wieder einen ähnlichen angreifen.

Nachahmer: der Weißling *Dismorphia orise*

Ungenießbarer Ithomiide *Methona confusa*

Nachahmer: Castniiden-Nachtfalter *Gazera linus*

MEHR ALS EINE FÄLSCHUNG
Der *Methona*-Falter (Mitte) ist durch ein auffälliges gelb-schwarzes Flügelmuster als ungenießbar zu erkennen. Die anderen beiden Schmetterlinge sehen ihm ausgesprochen ähnlich. Trotz ihrer Warnfärbung sind sie aber harmlos und gehören anderen Familien an. Der untere der drei Schmetterlinge ist noch nicht einmal ein Tagfalter wie die anderen, sondern ein Nachtfalter.

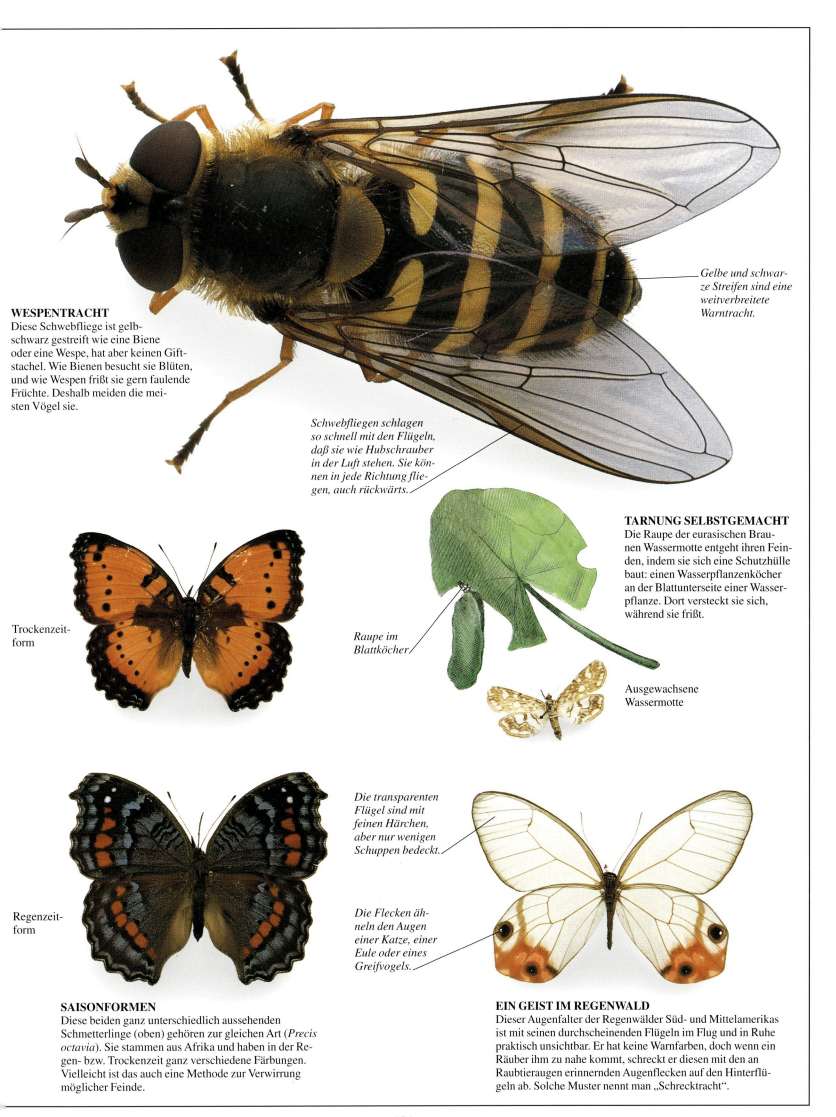

Gelbe und schwarze Streifen sind eine weitverbreitete Warntracht.

WESPENTRACHT
Diese Schwebfliege ist gelb-schwarz gestreift wie eine Biene oder eine Wespe, hat aber keinen Giftstachel. Wie Bienen besucht sie Blüten, und wie Wespen frißt sie gern faulende Früchte. Deshalb meiden die meisten Vögel sie.

Schwebfliegen schlagen so schnell mit den Flügeln, daß sie wie Hubschrauber in der Luft stehen. Sie können in jede Richtung fliegen, auch rückwärts.

TARNUNG SELBSTGEMACHT
Die Raupe der eurasischen Braunen Wassermotte entgeht ihren Feinden, indem sie sich eine Schutzhülle baut: einen Wasserpflanzenköcher an der Blattunterseite einer Wasserpflanze. Dort versteckt sie sich, während sie frißt.

Trockenzeitform

Raupe im Blattköcher

Ausgewachsene Wassermotte

Die transparenten Flügel sind mit feinen Härchen, aber nur wenigen Schuppen bedeckt.

Regenzeitform

Die Flecken ähneln den Augen einer Katze, einer Eule oder eines Greifvogels.

SAISONFORMEN
Diese beiden ganz unterschiedlich aussehenden Schmetterlinge (oben) gehören zur gleichen Art (*Precis octavia*). Sie stammen aus Afrika und haben in der Regen- bzw. Trockenzeit ganz verschiedene Färbungen. Vielleicht ist das auch eine Methode zur Verwirrung möglicher Feinde.

EIN GEIST IM REGENWALD
Dieser Augenfalter der Regenwälder Süd- und Mittelamerikas ist mit seinen durchscheinenden Flügeln im Flug und in Ruhe praktisch unsichtbar. Er hat keine Warnfarben, doch wenn ein Räuber ihm zu nahe kommt, schreckt er diesen mit den an Raubtieraugen erinnernden Augenflecken auf den Hinterflügeln ab. Solche Muster nennt man „Schrecktracht".

MESSERTRICK
Der bis zu 9 cm lange Messerfuß aus Südfrankreich, Spanien und Portugal gräbt sich mit Hilfe seiner Hinterfüße („Messerfüße") senkrecht in den Sand strandnaher Dünen ein.

Grabfuß

1 IN DECKUNG
Der Indische Ochsenfrosch zieht sich rückwärts in sein Versteck zurück. Gut versteckt in der Streu, ist er vor Feinden und vor Austrocknung sicher und wird auch von seiner Beute nicht so schnell entdeckt.

2 RÜCKWÄRTS
Durch Schaufelbewegungen der Hinterfüße gräbt sich der Indische Ochsenfrosch rückwärts ins Laub ein. Mit seiner Färbung ist er gut an das Laub und Moos des Untergrunds angepaßt.

SONDERLING
Die eiförmige, kurzbeinige Nasenkröte aus Mexiko vergräbt sich Füße voran wie der Messerfuß (oben) und viele grabende Säuger, z.B. Wombat und Gürteltier.

Im Boden versinken

Für ein Tier, das nicht schnell genug laufen oder fliegen kann, um einem Räuber zu entkommen, oder das nicht über eine wirksame Schutztracht verfügt, gibt es noch eine andere Strategie im Kampf ums Überleben: es kann aus dem Gesichtsfeld des Feindes „verschwinden". Im dichten Unterwuchs mag das einfach sein, doch in offenem Gelände gibt es nur eins: in der Erde versinken. So unterschiedliche Tiere wie Käfer, Tausendfüßer, Wüstenskinke, Schlangen, Wombats, Muscheln, Frösche und Kröten können sich blitzschnell eingraben und so in Sicherheit bringen. Auch einige Fische beherrschen diesen Trick: sie graben sich mit Schwanz und Flossen in den Schlamm oder Sand des Meeresbodens ein. Manche Tiere graben sich ein, um sengender Hitze, eisiger Kälte oder dörrenden Winden zu entgehen. Sie bauen „Höhlen auf Zeit" – Zufluchtsorte für die Zeit, in der die Gefahr andauert. Andere Tiere, von Wühlmäusen bis zu Regenwürmern, verbringen die meiste Zeit ihres Lebens unter der Erde.

3 TIEFER...
Der Frosch gräbt sich immer tiefer ins Laub. Zwischendurch macht er kurz Pause, um zu prüfen, ob es auch bequem ist.

4 NOCH TIEFER...
Die Hinterbeine sind verschwunden. Jetzt schaufeln die Vorderbeine Laub über den Körper.

Noch ist der Frosch zu sehen.

Punktierter Ferkelfrosch aus Südafrika

KOPF VORAN
Der Punktierte Ferkelfrosch aus Südafrika gräbt sich Kopf voran in den Boden. Er hat eine deutlich über den Mund hinausragende verhärtete Spitze, die zum Wühlen und Graben benutzt wird. Deshalb nennt man die Ferkelfrösche auch Schaufelnasenfrösche. Durch Auf- und Abwärtsbewegungen der Schnauze wird die Erde aufgegraben und dann mit den Händen weggeschaufelt.

6 WEG
Jetzt schaut nur noch der Kopf des Indischen Ochsenfrosches hervor. Er liegt nun weich und sicher gebettet im Laub und wird weder von Feinden noch von Beutetieren entdeckt. Wenn er sich still verhält, verbraucht er fast keine Energie. Nun muß er nur noch in aller Ruhe auf Beute warten.

5 FAST GESCHAFFT
Beine und Hinterkörper sind nun im Laub versteckt. Durch schlängelnde Bewegungen gräbt sich der Frosch noch tiefer hinein.

Nur der Kopf des Frosches ist zu sehen.

Stachelkleid

Viele Tiere haben Stacheln zur Verteidigung, z.B. Igel, Ameisenigel, Stachelschweine und Schnabeligel, Igelfische, Echsen wie der Dornteufel, Seeigel und Seesterne, Insekten wie Buckelzirpen und stachelige Fangschreckenarten. Aus dem gleichen Grund – zur Feindabwehr – haben auch viele Pflanzen Stacheln oder Dornen. Jeder der über 5000 (nach manchen Berechnungen 16.000) Stacheln eines Igels ist ein zu einer steifen, spitzen, etwa 2 bis 3 cm langen Stachelborste umgewandeltes Haar. Damit die Stacheln ein wirksamer Schutz sind, hat sich beim Igel auch ein entsprechendes Verhalten entwickelt. Bei Gefahr rollt er sich zu einer Kugel zusammen – er „igelt sich ein" –, bis die Luft wieder rein ist.

Ist die Gefahr vorbei, kommen Kopf und Vorderbeine zum Vorschein.

3 DIE LUFT IST REIN

Der Igel beschließt, daß die Gefahr vorbei ist und er sich schnell davonmachen sollte. Der Kopf kommt zuerst unter dem Stachelkleid hervor, so daß das Tier nun alles riechen, hören und sehen kann. Dann kommen die überraschend langen Beine zum Vorschein, die sonst unter dem Stachelkleid kaum zu sehen sind. Der Igel kann mit ihnen schnell laufen, graben, über kleine Mauern und Wälle klettern und sogar schwimmen.

Vorsichtig beginnt der Igel, sich zu entrollen.

2 EINEN BLICK RISKIEREN

Die Stacheln verderben jedem Angreifer den Appetit, dienen aber auch als federndes Kissen, sollte der Igel einen Hang hinunter- oder gegen einen Baum gestoßen werden. Eine Weile verharrt das Stacheltier bewegungslos. Dann entspannt es sich etwas und riskiert einen Blick. Igel sehen schlecht, haben aber einen ausgezeichneten Geruchssinn und nehmen über die Stacheln die leisesten Bodenerschütterungen wahr.

Ein vollständig eingerollter Igel ist rundum geschützt.

1 RUNDUMSCHUTZ

Bei Gefahr zieht der Igel blitzschnell Kopf, Beine und Schwanz ein und krümmt den Rücken. Eine Muskelkappe unter der Stachelhaut umschließt fast das ganze Tier. Ein Muskelring am unteren Rand dieser Kappe wirkt wie eine Zugschnur, die den Stachelmantel unten zusammenzieht. Dabei werden die Stacheln automatisch aufgerichtet. Das Ergebnis ist eine stachelige Kugel, die einem Feind keine Angriffspunkte bietet.

TODFEIND

Der Fuchs jagt kleine Säuger, auch Igel. Einen eingerollten Igel stößt er an, um ihn zum Aufrollen zu bewegen. Begeht der Igel den Fehler, sich aufzurollen, um zu fliehen, greift der Fuchs mit seinen Krallen sofort nach dem stachellosen Bauch.

Der Kopf bleibt verborgen.

Füße kaum erkennbar

SELBSTBESPUCKEN
Eine sehr eigenartige Verhaltensweise von Igeln ist das „Selbstbespucken". Der Igel kaut etwas Übelriechendes, z.B. eine verwesende Kröte (links), und spuckt den schaumigen Speichel ins Stachelkleid. Vielleicht dient auch das der Feindabschreckung.

KINDERSCHUTZ
Bei der Geburt sind die gummiartigen Stacheln des Igelbabys in der Haut verborgen. Sie richten sich aber bald auf. Einrollen kann sich ein Igelkind erst nach elf Tagen. Vorher kann es nur den Kopf aufrichten und Angreifer in die Nase pieksen.

4 SCHWUPP AUF DIE BEINE!
Würde sich ein auf dem Rücken liegender Igel weiter aufrollen, gäbe er einem Feind seine empfindliche Unterseite preis. Um dem vorzubeugen, dreht er sich blitzschnell auf den Bauch. Dabei behält er Kopf und Beine weiterhin geschützt unter dem Körper.

5 STARTVORBEREITUNGEN
Ist für den Igel keine neue Gefahr erkennbar, rollt er sich weiter auf. Der Kopf erscheint, man kann nun Vorder- und Hinterende des Tieres unterscheiden. Schnuppernd und mit zitternden Schnurrhaaren hält er nach einem Versteck Ausschau.

Der Kopf erscheint, und das Tier erkundet die Umgebung.

6 SCHNELL WEG
Die Verteidigung geht in Flucht über, der Igel bringt sich in Sicherheit. Igel können mit lang ausgestreckten Beinen erstaunlich schnell rennen, etwa so schnell wie wir bei zügigem Gehen. Auf der Suche nach Schnecken, Würmern, Insekten und Fallobst aber schlurft der Igel langsam und flach an den Boden gedrückt durch Laub und Vegetation.

IGELVERWANDTER?
Der Schnabeligel aus Australien und Neuguinea hat zwar ein ähnliches Stachelkleid, ist aber nicht näher mit dem Igel verwandt. Igel bringen lebende Junge zur Welt, Schnabeligel dagegen sind neben dem Schnabeltier die einzigen Säugetiere, die Eier legen. Schutzstacheln entstanden im Laufe der Evolution mehrfach unabhängig voneinander.

Überraschung

LICHT ZUM LEBEN
Viele Tiefseefische haben Leuchtorgane, die sie vor Feinden schützen, indem sie sie „verschwinden" lassen oder die Feinde blenden wie die Scheinwerfer eines Autos. Dieser Schuppendrachenfisch hat Leuchtbarteln.

Wie der auf der vorigen Doppelseite abgebildete Igel benutzt auch der Igelfisch seine Stacheln zur Feindabwehr. Doch er hat außer dem Tarnkleid noch etwas zu bieten: den Überraschungseffekt. Ein ungestörter Igelfisch schwimmt mit angelegten Stacheln und flachem Körper durchs Wasser. Doch sobald er sich bedroht fühlt, schluckt er Wasser und pumpt sich damit blitzschnell ballonartig auf. Dabei werden die Stacheln aufgestellt, und die Farben kommen besser zur Geltung. Aus einem scheinbar harmlosen kleinen Beutefisch wird eine Kugel, die zu groß und zu stachelig zum Verspeisen ist. Der Angreifer erschrickt und ist verwirrt. Ein solcher Überraschungseffekt hilft vielen Tieren, in Gefahrensituationen ihr Leben zu retten.

DER FISCH MIT DEM MESSER
Doktorfische sind friedliche, farbenprächtige Bewohner der pazifischen Korallenriffe. Sie haben ein „Doktormesser", eine scharfe knöcherne „Klinge" auf beiden Seiten des Schwanzstiels. Wie das Skalpell eines Chirurgen kann dieses Messer glatt und tief ins Fleisch schneiden. Einige Arten haben nur drei scharfkantige Knochenbuckel auf jeder Seite des Schwanzstiels, andere ein bewegliches Skalpell; es ist nach hinten eingeklappt und kann mit der vorderen Spitze nach außen abgespreizt werden. Bei Gefahr kann dieser aus einer Schuppe entstandene Verteidigungsapparat wie ein Klappmesser aufgestellt werden.

Doktorfisch

Rückenflosse

Brustflossen

Hoher, langer, schmaler Körper

Lange Afterflosse *„Doktormesser"* *Messerklinge ausgeklappt*

In Ruhestellung liegen die Stacheln des Igelfisches flach am Körper an.

AUFGEBLASENE STACHELKUGEL
Es gibt mehrere Igelfischarten; die meisten leben in tropischen Meeren. Sie sind zwischen 35 und 90 cm lang. Der hier abgebildete Stachelschwein-Igelfisch erreicht eine Größe von etwa 60 cm und lebt bevorzugt in Seegraswiesen im flachen Wasser. Dort fängt er kleine Krabben, Seeigel, Seesterne, Muscheln und Schnecken. Igelfische sind nahe Verwandte der Kugelfische, die sich ebenfalls ballonartig aufpumpen können. Ein entspannter Igelfisch unterscheidet sich von weitem kaum von einem anderen Fisch, lediglich die Augen stehen etwas weiter hervor. Droht jedoch Gefahr, schluckt der Fisch Wasser, mit dem er sich auf die dreifache Körpergröße aufblähen kann. Nimmt man den Igelfisch aus dem Wasser, kann er sich auf die gleiche Weise mit Luft aufpumpen. Ist die Gefahr vorüber, schrumpft er wieder.

Beim aufgepumpten Igelfisch stehen die Stacheln im rechten Winkel vom Körper ab.

Die helle Bauchseite kommt im aufgeblähten Zustand besser zur Geltung.

Ein Igelfisch im Normalzustand

Zur Feindabschreckung voll aufgeblähter Igelfisch

KUGELRUND
Die Körperlänge verändert sich bei Igel- und Kugelfischen beim Aufpumpen nicht.

Mit Show und Trick

Wenn man ein Tier aufscheucht, läuft es in vielen Fällen nicht gleich davon, sondern vollführt ein Schauspiel mit unterschiedlichen drohenden Körperhaltungen, Farbspielen und der Zurschaustellung von Stacheln, Halskrausen und Hautlappen. Andere Methoden der Einschüchterung und Abschreckung des Feindes sind Zischen, Brüllen, Spucken, das Einsetzen übler Duftstoffe und Scheinangriffe. Das alles passiert ganz schnell und hat daher auch einen Überraschungseffekt. Die ganze „Show" dient dazu, einem Angreifer Angst einzujagen und ihn zu verwirren, um dann sein Zögern zur Flucht zu nutzen. Denn käme es wirklich zum Kampf, wäre das das Ende des einen oder vielleicht auch beider Gegner. Manche Drohungen, z.B. Zischen oder das Zurschaustellen einer schwarz-roten Warnfärbung, wirken anscheinend im ganzen Tierreich. Diese Signale verstehen Insekten, Skorpione, Reptilien, Vögel und Säuger.

STINKER
Das Stinktier, auch Skunk genannt, ein amerikanisches Säugetier aus der Marderfamilie, kennt wohl jeder. Doch auch unter den Reptilien gibt es ein Stinktier: die nordamerikanische Moschusschildkröte. Der üble Geruch, den dieses Tier verbreitet, wird von Drüsen in der weichen Schenkelhaut gebildet. Abgesehen davon, daß die Moschusschildkröte stinkt, ist sie auch noch sehr aggressiv. Daher legt sich kaum ein Tier mit ihr an.

ICH WARNE DICH!
Die Kragenechse (mit Schwanz etwa 1 m lang) aus dem Trockenbuschland Australiens ernährt sich von Heuschrecken und anderen kleinen Tieren. Am Hals sitzt eine riesige, von Knorpelfortsätzen des Zungenbeins gestützte Hautfalte. Gewöhnlich liegt dieser Kragen am Körper an. Sobald sich die Echse aber bedroht fühlt, reißt sie das Maul auf. Dadurch wird die Halskrause aufgerichtet, bei manchen Männchen bis zum vierfachen Körperumfang. Zusätzlich schlägt das Tier drohend mit dem Peitschenschwanz, zischt, erhebt sich auf die Hinterbeine und fuchtelt mit den Vorderbeinen.

Je weiter das Maul geöffnet ist, desto steiler ist die Halskrause aufgestellt.

Der Schwanz wird hin- und hergeschlagen.

Kragen zur Feindabschreckung voll aufgerichtet

Moschusschildkröte

Skunk

Abgespreizte Beine und ausgebreitete Krallen halten das Gleichgewicht.

ÜBERLEBENSPAKET

Tiere sind mit ihrer körperlichen Ausstattung und ihrem Verhalten an eine bestimmte Umwelt angepaßt. Wenn ein Mensch unter extremen Bedingungen überleben will, benötigt er eine Spezialausrüstung und vor allem entsprechende Kleidung.

WEGWERFSCHWANZ

Manche Tiere – vor allem Eidechsen und Vögel – werfen ihren Schwanz ab, wenn ein Feind danach greift, denn: besser ohne Schwanz als überhaupt nicht mehr leben! Viele Echsen wackeln mit dem Schwanz, wenn sie bedroht werden, und lenken damit die Aufmerksamkeit des Angreifers vom Kopf ab. Die Schwanzwirbel haben Sollbruchstellen, an denen der Schwanz abbrechen kann. Wenn ein Angreifer zupackt, ziehen sich die Muskeln, die in leicht zerteilbaren Paketen angeordnet sind, zusammen. Dadurch brechen die Wirbel an den vorgezeichneten Stellen auseinander.

Sollbruchstellen entlang der Schwanzwirbelsäule

1 SCHWANZVERLUST
Dieser Smaragdskink hat einen Teil seines Schwanzes verloren, als er sich von einem Feind losriß. Das abgeworfene Schwanzstück zappelt noch eine Weile. Das verwirrt den Angreifer, und die Echse kann fliehen.

Der Schwanz wurde vor kurzem abgeworfen.

Das neue Schwanzstück sieht wie das ursprüngliche aus, wird aber statt von Wirbeln von einer einfachen Knorpelröhre gestützt.

2 NACHWACHSEN
Innerhalb von zwei Monaten ist der Schwanz ein gutes Stück nachgewachsen. Doch es bleibt ein Verlust. Viele Eidechsen speichern im Schwanz Nahrungsreserven für schlechte Zeiten, z.B. für den Winter. Die Lebenserwartung der Echsen mit vollständigem Schwanz ist oft höher.

3 ALLES NEU
Nach etwa acht Monaten hat der Schwanz wieder nahezu die ursprüngliche Länge erreicht. Er kann nochmals abgeworfen werden, aber nur im „alten" Teil, wo noch Wirbel mit Sollbruchstellen sitzen.

Das Nachwachsen des Schwanzes verbraucht viel Energie, die für andere Dinge fehlt.

TOTSTELLEN

In höchster Not stellen sich manche Schlangen tot. Wird eine Ringelnatter angegriffen, zischt und schnauft sie zuerst bedrohlich. Bleibt das erfolglos, rollt sie sich auf den Rücken, zuckt (wie im Todeskampf) und bleibt dann unbeweglich, mit offenem Maul und heraushängender Zunge liegen. Manche Tiere lassen sich von diesem Schauspiel täuschen. Dreht man die Schlange jedoch um, wiederholt sie das Theater und verrät sich damit.

Warnfarben

Gift oder scheußlicher Geschmack stellt einen wirksamen Schutz vor dem Gefressenwerden dar. Bei vielen Tieren wird Gift vor allem zur Verteidigung eingesetzt, weniger zum Beutefang, doch es gibt auch Arten, die es doppelt nutzen. Ein möglicher Feind erkennt an der Warnfärbung eines Tieres, daß es giftig ist. Durch besondere Farbenpracht (und besondere Giftigkeit) zeichnen sich die Baumsteiger- oder Pfeilgiftfrösche aus dem tropischen Amerika und die Goldfröschchen der Insel Madagaskar aus.

ANGEBER
Dieser aufgeblasene Bilderbuchfrosch in seiner geckenhaften Kleidung erinnert an die Baumsteigerfrösche.

Die grelle Farbe schreckt Feinde ab.

Lebhaftes Orangerot tarnt und warnt.

Dieses Goldfröschchen hat besonders leuchtend gefärbte Beininnenseiten.

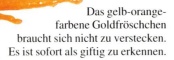

Das gelb-orangefarbene Goldfröschchen braucht sich nicht zu verstecken. Es ist sofort als giftig zu erkennen.

ERDBEERFROSCH
Wegen seiner Färbung nennt man dieses Baumsteigerfröschchen Erdbeerfrosch. Doch in manchen Regionen findet man bei der gleichen Art ganz andere Farben und Farbkombinationen: Die Tiere können grün, blau, gelb, orange, einfarbig oder gefleckt oder gar schwarzweiß sein.

KRIEGSTRACHT
Bei vielen nordamerikanischen Indianerstämmen war es üblich, den Feind mit Federschmuck und Kriegsbemalung in Angst und Schrecken zu versetzen. Dieser Hopi-Häuptling benutzt die klassischen, auch im Tierreich weitverbreiteten Warnfarben Orange, Gelb und Rot.

Bei den Goldfröschchen gibt es viele Farbvarianten. Sie sind daher schwer zu bestimmen.

GELBE GEFAHR
Der Prachtgiftfrosch (links) und der noch giftigere „schreckliche Baumsteiger" (*Phyllobates terribilis*) sehen sich sehr ähnlich. Bei beiden warnt leuchtendes Gelb vor ihrem Gift.

Goldfröschchen aus Madagaskar

140

Dieses grüne Goldfröschchen wurde erst 1988 auf Madagaskar entdeckt. In abgelegenen Gebieten findet man immer noch neue Arten.

Schwarz-rote Streifen sind eine weitverbreitete Warnfärbung.

PHANTASTISCHE FRÖSCHE
Pfeilgift- oder Baumsteigerfrösche sind leuchtend bunt und stellen höchst komplizierte Giftstoffe her. Das Größenspektrum reicht von 1,5 bis 5 cm. Die beiden Frösche rechts gehören zu den größeren Arten. Baumsteiger haben ein aufwendiges Paarungs- und Brutpflegeverhalten, und die Männchen verteidigen mit Ringkämpfen ihr Revier.

HOCH OBEN
Dieser Baumsteiger (*Dendrobates arboreus*) wurde 1984 entdeckt. Er lebt in 15 bis 20 m Höhe in den Wipfeln der Nebelwälder Panamas. Wahrscheinlich gibt es in den tropischen Regenwäldern noch weitere unentdeckte Baumfroscharten.

GIFTPFEILE
Die Choco-Indianer Kolumbiens spießen Baumsteigerfrösche auf Stöcke und halten sie übers Feuer, so daß das Froschgift aus der Haut tropft. Die Indianer fangen es auf und tauchen ihre Blasrohrpfeile hinein. Bei besonders giftigen Arten genügt es, den Pfeil über die Haut des lebenden Frosches zu streichen.

Pfeilgiftfrösche leben in kleinen Gruppen zusammen.

BELIEBT
Der Goldbaumsteiger aus Costa Rica, Panama und Kolumbien ist in Hawaii eingebürgert worden und vermehrt sich dort genauso erfolgreich wie überall auf der Welt in Gefangenschaft.

Farben und Gift entstehen gleichzeitig.

MINIFROSCH
Dendrobates bombetes („Hummelbaumsteiger") nannte man diesen 1980 in den Anden entdeckten Winzling. Er ist nicht nur so klein wie eine Hummel, auch sein „Quaken" klingt eher wie Hummelsummen.

Gelb-schwarz ist eine häufige Warnfarbenkombination bei Lurchen, Schlangen und Insekten.

GIFTQUAPPEN
Baumsteiger tragen ihre Kaulquappen oft zu kleinen Tümpeln. Diese entwickeln sich dort zu giftigen bunten Fröschen.

Gift im Wasser

An Land ist ein Hautgift, wie es Pfeilgiftfrösche, Kröten und Feuersalamander haben, sehr wirksam. Im Wasser aber würde es schnell ausgewaschen und weggespült. Daher verfügen Wassertiere zur Giftverteidigung über injektionsnadelartige Stacheln, mit denen sie Feinde gezielt angreifen und ihnen das Gift einspritzen können. Eine andere Möglichkeit besteht darin, das Gift im Körper zu speichern. Auch unter Wasser warnen viele giftige Tiere ihre Feinde mit leuchtenden Farben vor der chemischen Keule – aber nicht alle.

Beim Himmelsgucker sitzen Giftstacheln über den Brustflossen.

Der dünne Peitschenschwanz ist zum Schwimmen nicht so gut geeignet, aber er ist ein wirksames Stechwerkzeug.

Zarte Schwanzzeichnung

Der knöcherne Stachel sitzt auf dem Schwanz.

Drei giftige Afterflossenstacheln

Lebensbedrohliche Leckerbissen

Manche Fische haben giftiges Fleisch. Besonders giftig sind einige Kugelfische. Ihr Gift (Tetrodotoxin) ist aber auf bestimmte Organe beschränkt. Das Muskelfleisch ist ungiftig. In Japan gilt Fugu, ein Gericht aus Kugelfischfleisch, als Delikatesse. Fuguköche erhalten eine besondere Ausbildung, denn Tetrodotoxin wird auch beim Kochen nicht zerstört. Daher müssen die giftigen Organe sofort nach dem Tod des Fisches entfernt werden. Dennoch gibt es gelegentlich Todesfälle.

Toter Kugelfisch

Ein für Fugu zerlegter Kugelfisch: man braucht ein scharfes Auge, um die giftigen Organe zu erkennen.

Japanerinnen beim Verspeisen von Fugu

DER STACHEL DES ROCHENS
Das Gift eines Stachelrochens wird in dem glänzenden weißen Gewebe an den beiden Rinnen auf der Unterseite des Stachels gebildet. Beim europäischen Gemeinen Stechrochen ist der Stachel acht bis 35 cm lang.

STACHEL IM SCHWANZ
In den Küstengewässern der Erde gibt es etwa 100 Stachelrochenarten. Einige erreichen Spannweiten von über 3 m und wiegen über 300 kg. Sie liegen im Sand und Kies des Meeresbodens verborgen oder gleiten auf der Suche nach Muscheln, Schnecken und Fischen langsam durchs Wasser. Bei Gefahr setzen die Rochen ihren Schwanzstachel ein. Dieser stahlharte Knochendolch sitzt auf der Oberseite des Schwanzes, nahe am Schwanzansatz. Einige Arten haben sogar zwei oder drei Stacheln. Fühlt sich ein Stachelrochen bedroht, schlägt er mit seinem Peitschenschwanz um sich. Dabei stößt er den Stachel in den Feind. Der oft gesägte Stachel bricht im Fleisch des Gegners ab und bleibt stecken, das Gift führt zu Lähmungen.

13 giftige Rückenstacheln

TÖDLICHE SCHÖNHEIT
Allen Drachenköpfen (auch Skorpionsfische genannt) ist ein großer Kopf mit breitem Maul gemeinsam – und die Ausstattung mit Giftstacheln am Rückenflossengrund. Das Gift der oft wunderschön gefärbten, bizarr geformten Fische ist für Raubfische wie für den Menschen sehr gefährlich. Der abgebildete Rotfeuerfisch ist ebenso giftig wie schön. Rotfeuerfische (Gattungen *Dendrochirus* und *Pterois*) werden etwa 40 cm lang und bewohnen Riffe und Felsen der warmen Meere vom Roten Meer über den Indischen Ozean bis zum Pazifik um Australien. Die leuchtend rot-braune Streifenzeichnung gibt zu erkennen, daß mit diesem Fisch nicht zu spaßen ist. Seine übergroßen Brustflossen dienen als Sperrnetz, mit dem er kleine Beutetiere in die Enge treibt.

GIFTIGER STEIN
Steinfische sind mit den Drachenköpfen verwandt, aber noch giftiger. Sie sind nicht auffällig gefärbt, sondern durch Tarnfärbung und eine warzige Haut verborgen. Einige Arten sind sogar von Algen und kleinen Tieren bewachsen. Die Drüsen am Grund der Rückenstacheln bilden das stärkste bekannte Fischgift.

GIFTFURCHE
Drüsenzellen am Grund der Rotfeuerfisch-Stacheln geben das Gift in die häutige Hülle des gefurchten Strahls ab.

Zwei giftige Bruststacheln

Giftdrüse

Hauthülle

Stacheliger Flossenstrahl

Stachelgrund

Auge des Stechrochens

Große Brustflosse

Der gesägte Rand verursacht klaffende Schnittwunden.

GIFTIGE KIEMEN
Die Viperqueise wartet, im Sand vergraben, auf Beute wie kleine Schnecken, Krebse und Fische. Bei Gefahr (oder wenn man auf sie tritt) geben die aufgestellten Stacheln an Kiemendeckeln und erster Rückenflosse Gift ab.

Flucht aus der Kälte

Das Leben vieler Tiere ist vor allem in den Wintermonaten bedroht. Gegen Kälte, Nahrungsmangel, Trockenheit, zu viele Tiere auf zu engem Raum und andere Probleme hilft am besten eine der folgenden beiden Strategien: das Tier verläßt das Gebiet oder verbringt den Winter schlafend. Gute Langstreckenflieger wie viele Vögel und einige Schmetterlinge sowie Dauerschwimmer wie die Wale ziehen daher im Rhythmus der Jahreszeiten von Norden nach Süden und wieder zurück. Kurzlebigere oder langsamere und weniger ausdauernde Arten wie Gazellen und Bisons ziehen mit ihren Herden weniger weit, aber ebenfalls je nach Nahrungsangebot und Wetter in günstigere Gebiete. Es gibt auch Arten, die nur in einer Richtung ziehen, sich fern ihrer Geburtsregion fortpflanzen und ihrem Nachwuchs die Rückwanderung in die alte Heimat überlassen. Die andere Möglichkeit, die Überwinterung an einem geschützten Ort bei möglichst geringem Energieverbrauch, findet sich ebenfalls in mehreren Varianten quer durchs Tierreich. Ähnliche Methoden dienen auch dem Schutz vor Trockenheit und Hitze.

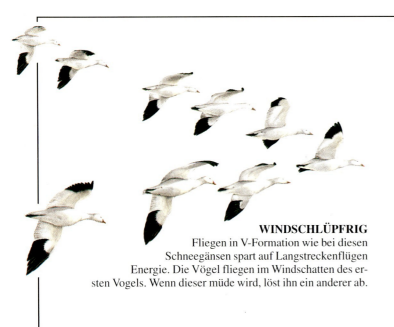

WINDSCHLÜPFRIG
Fliegen in V-Formation wie bei diesen Schneegänsen spart auf Langstreckenflügen Energie. Die Vögel fliegen im Windschatten des ersten Vogels. Wenn dieser müde wird, löst ihn ein anderer ab.

KURZER SOMMER
Die Rothalsgans ist einer der vielen Vögel, die im Sommer, wenn es in der arktischen Tundra genügend zu fressen gibt, dort brüten. Wenn der nordische Winter naht, fliegen sie Tausende von Kilometern nach Süden in klimatisch günstigere Gebiete.

NACH NORDEN
Der Schwefelweißling (*Phoebus sennae*), ein recht großer, ausdauernder Flieger, wandert im Sommer in großen Schwärmen von Mexiko und den südlichen USA weit nach Norden.

WANDERNDER SÄUGER
Der Grauwal wandert weit im Pazifik umher. In den Wintermonaten lebt er in den warmen Gewässern vor Südkalifornien und Mexiko. Dort bringen die Weibchen ihre Jungen zur Welt. Im Frühling ziehen die Wale dann an der Küste entlang nach Norden. Den Sommer verbringen sie in den Gewässern vor Alaska, in denen es aufgrund der langen Tage, und weil die Meeresströmungen viele Nährstoffe anspülen, zu dieser Zeit viel Planktonnahrung gibt. Im Herbst geht die Reise dann wieder nach Süden. Manche Tiere legen so im Jahr bis zu 20.000 km zurück.

NACH SÜDEN
Monarchfalter (*Danaus plexippus*) sind große, ausdauernde Schmetterlinge. Wenn der Sommer zu Ende geht, ziehen sie in großen Schwärmen aus Kanada und dem Osten der USA in ihre Winterquartiere im Süden der USA und in Mexiko. Dort rasten sie oft zu Millionen an Bäumen und Felsen. Im Frühling geht es dann zur Eiablage wieder nach Norden.

SCHUTZ IN DER MENGE
Der Afrikanische Wanderfalter (*Catopsilia florella*) bildet oft riesige Schwärme. Kleinräumige Massenwanderungen treten überall in Afrika südlich der Sahara auf. Autos, die durch solche Schwärme fahren, können heiß laufen, weil der Kühler von toten Schmetterlingen verstopft wird.

GAMMAEULE
Die Gammaeule zieht aus Afrika und Südeuropa oft weit nach Norden. Genaueres weiß man noch nicht über diese Wanderungen. Die Falter können den Winter im Norden nicht überleben, aber jedes Jahr wandern neue Gammaeulen aus dem Süden ein. Manche fliegen direkt nach Nordeuropa, andere paaren sich unterwegs und legen ihre Eier ab.

ZWISCHENSTOPP
Schwärme der australischen Bogongeule (*Agrotis infusa*) bedecken bei ihren Zwischenstopps in Canberra ganze Häuserwände. Die Falter fliegen nach Süden, wo sie die trockenen Sommermonate in Höhlen der australischen Alpen verbringen. Im Herbst ziehen sie wieder nach Norden.

FRÜHJAHRSWANDERER
Der Distelfalter ist in Europa, Asien, Afrika und Amerika verbreitet. Jedes Jahr fliegen Distelfalter aus Nordafrika nach Europa, manchmal bis nach Skandinavien. Sie pflanzen sich fort, und die Nachkommen versuchen im Herbst wieder in den Süden zu gelangen.

Winterschlaf

Winterschläfer gibt es nur bei den warmblütigen Säugern. Die Körpertemperatur des Tieres sinkt von 30 bis 36 °C auf etwa 5 °C ab. Der Herzschlag (Puls) verlangsamt sich auf einmal pro Minute oder noch weniger, und das Tier atmet vielleicht nur noch einmal pro halbe Stunde ein und aus. Diese sog. Lethargie spart sehr viel Energie, so daß der Körper allein dank der in einem Fettpolster gespeicherten Energie überdauert. Wechselwarme Tiere wie Insekten und Reptilien werden bei niedrigen Außentemperaturen so kalt, daß sie nicht mehr bewegungsfähig sind. Sie verfallen in Winterstarre.

WINTERRUHE
Bären halten Winterruhe, keinen richtigen Winterschlaf. Sie schlafen zwar längere Zeit sehr tief, ihre Körpertemperatur sinkt ab, und der Herzschlag verlangsamt sich, aber nicht so stark wie bei echten Winterschläfern. Der Bär kann mitten im Winter aufstehen und auf Nahrungssuche gehen.

SICHERER SCHLAF
In der warmen Jahreszeit verbrauchen Fledermäuse viel Energie, um ihren kleinen Körper für den aktiven Flug immer gleich warm zu halten. Im Winter, wenn die Insekten ausbleiben, müssen sie Winterschlaf halten. Viele Fledermäuse wandern wie dieser Abendsegler Hunderte von Kilometern, bis sie eine frostfreie Höhle zum Überwintern gefunden haben.

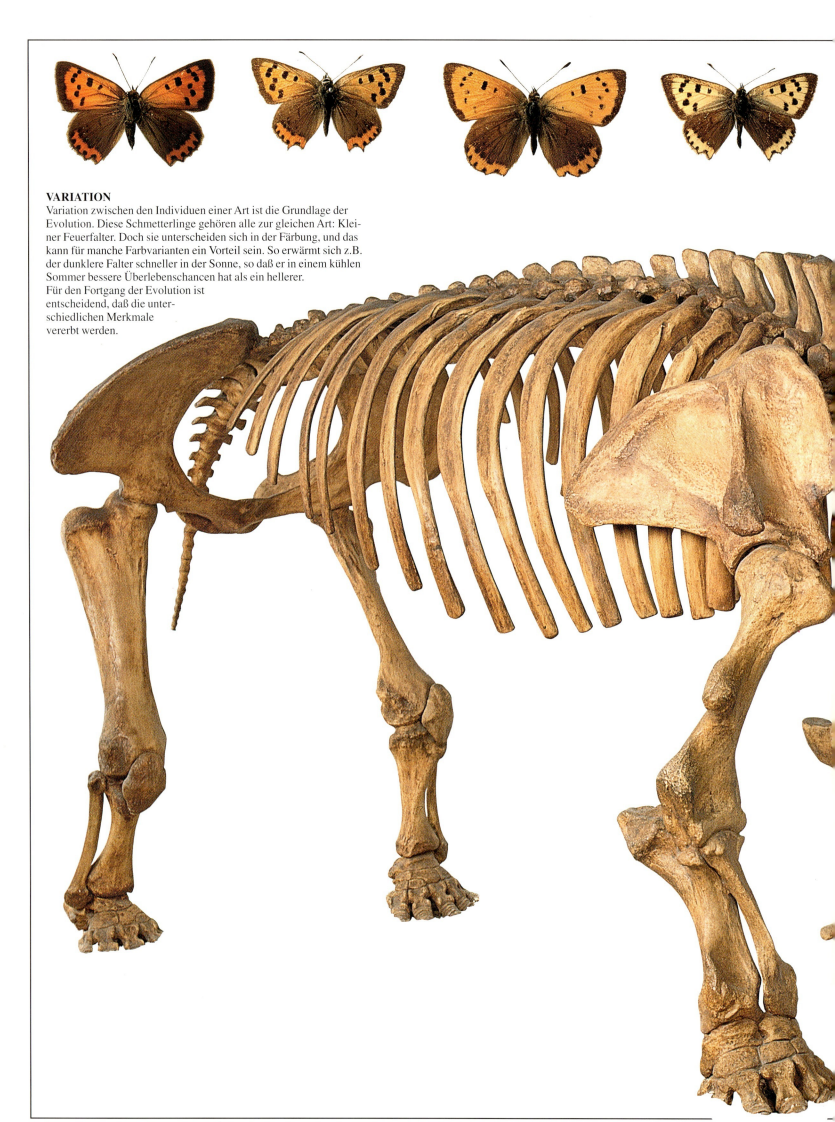

VARIATION

Variation zwischen den Individuen einer Art ist die Grundlage der Evolution. Diese Schmetterlinge gehören alle zur gleichen Art: Kleiner Feuerfalter. Doch sie unterscheiden sich in der Färbung, und das kann für manche Farbvarianten ein Vorteil sein. So erwärmt sich z.B. der dunklere Falter schneller in der Sonne, so daß er in einem kühlen Sommer bessere Überlebenschancen hat als ein hellerer. Für den Fortgang der Evolution ist entscheidend, daß die unterschiedlichen Merkmale vererbt werden.

KAPITEL 5
EVOLUTION UND AUSSTERBEN

Unsere Welt wandelt sich ständig. Auch in der Natur gibt es keinen Stillstand, sondern immer wieder Veränderungen. Die Entwicklung und Veränderung der Lebewesen im Laufe der Zeit nennt man Evolution. Die Evolution der Lebewesen ist eine Reaktion auf die sich ändernden Lebensumstände auf der Erde. Die Klimaverhältnisse verschieben sich, Eiszeiten kommen und gehen, und auf lange Dürrezeiten folgen Feuchtperioden. Im Laufe der Jahrmillionen entstehen neue Pflanzen- und Tierarten, die besser an die neuen Umweltbedingungen angepaßt sind. Andere Tiere und Pflanzen sind weniger erfolgreich. Sie sterben aus.

FOSSILIEN
Fossilien sind versteinerte Überreste von Tieren und Pflanzen, die vor langer Zeit gelebt haben. Sie geben Aufschluß über die Evolution der Lebewesen. Meist versteinern nur harte Körperteile wie Knochen, Zähne, Hörner, Klauen und Schalen. Hier sieht man das Skelett eines Riesennashorns, *Arsinoitherium*, das vor etwa 30 Mio. Jahren in Ägypten gelebt hat. Durch den Vergleich seiner Knochen mit denen heute lebender Tiere können Paläontologen (Fossilienforscher) Rückschlüsse auf sein Aussehen und seine Lebensweise ziehen.

Anpassungen

Die Eigenschaften, die den Lebewesen das Bestehen in ihrer Umwelt gestatten, nennt man Anpassungen. Je besser ein Tier an seine Umwelt angepaßt ist, desto wahrscheinlicher ist es, daß es überlebt und sich fortpflanzen kann. Unter „Umwelt" versteht man nicht nur abiotische Faktoren wie Temperatur, Licht und Unterschlupfmöglichkeiten. Zur Umwelt gehören auch biotische Faktoren wie Nahrung, Räuber, Konkurrenten. Anpassungen erfüllen einen Zweck. Dafür gibt es viele Beispiele, vom gestreiften Fell, das den Tiger tarnt, bis zu den Kiemen, die Fischen die Atmung im Wasser ermöglichen. Jeder Körperteil, jede Körperfunktion und jedes Verhaltensmuster hat sich im Laufe der Evolution so entwickelt, daß es dem jeweiligen Tier in seiner Umwelt die größten Überlebenschancen gibt. Doch die unbelebte wie die belebte Umwelt ist veränderlich, und mit jeder Änderung der Umwelt verschiebt sich der Anpassungswert eines Verhaltens oder eines Körpermerkmals. Es setzen sich immer nur die Lebewesen durch, die über die besten Anpassungen an die jeweilige Umwelt verfügen. Pflanzen entwickeln Mechanismen, die sie vor Tierfraß schützen, und Tiere entwickeln Methoden, dies zu umgehen oder sich zunutze zu machen. Dieses „Wettrüsten" bezeichnet man als Koevolution.

Voll entwickelte Beine zum Laufen

Kurze Beine

Stummelbeine

Keine Beine

BEINVERLUST BEI SKINKEN
Bei diesen Skinken kann man jedes Stadium der Evolution von einer normalen Echse zu einem beinlosen Reptil nachvollziehen. Genauso könnten die Schlangen entstanden sein. Im ersten Schritt wurden die Beine kürzer und nur noch zum Rennen benutzt. Manche Skinke können sich wie eine Schlange vorwärtsbewegen. Sie legen die Beine an den Körper und können sich so durchs Gras schlängeln oder durch einen Felsspalt zwängen.

Linker Vorderfuß nach vorn

Der Schwanz biegt sich nach rechts.

Rechter Vorderfuß nach vorn

Linker Vorderfuß nach vorn

Der Schwanz biegt sich nach rechts.

Bewegungsablauf beim Tiger-Querzahnmolch

VERGANGENHEIT, GEGENWART, ZUKUNFT
Der nordamerikanische Tiger-Querzahnmolch ist mit bis zu 40 cm Länge der größte landlebende Schwanzlurch. Er ernährt sich von Würmern, Insekten, kleinen Säugern und Amphibien. Beim Laufen krümmt sich sein Körper S-förmig. Diese Fortbewegungsart hat sich schon vor Jahrmillionen bei den Fischen entwickelt (Fische waren die Vorfahren der Amphibien). Das Bewegungsmuster wurde immer weitervererbt und den Bedürfnissen des jeweiligen Tieres in seinem Lebensraum und entsprechend seiner Lebensweise angepaßt.

Der Körper krümmt sich nach links.

An Land sind die Kiemendeckel des Schlammspringers fest geschlossen und halten einen Wasservorrat in den Kiemenhöhlen.

"Nasenlöcher"

Das Maul ist so beschaffen, daß der Schlammspringer damit Insekten, Spinnen und kleine Krebse fangen kann.

Spitze Zähne zum Festhalten der Beute

DOPPELT IST BESSER
Die ersten Fische entstanden vor etwa 500 Mio. Jahren. Sie entwickelten fedrige Kiemen zur Sauerstoffaufnahme aus dem Wasser. Die Schlammspringer (hier die größte Art, ein Schlosser) haben eine zusätzliche Atemmethode entwickelt. Die kleinen Fische aus der Familie der Grundeln leben an schlammigen Ufern und in Flußmündungen der warmen Küsten des Indischen und des Pazifischen Ozeans. An das periodische Trockenfallen ihres Lebensraums sind sie hervorragend angepaßt: Sie speichern einen Wasservorrat in ihren Kiemenhöhlen und entziehen diesem Vorrat Sauerstoff, während sie an der Luft durch den Schlamm springen. Über einen stark durchbluteten Mundhöhlenboden können sie außerdem Sauerstoff aus der Luft aufnehmen. So können die Schlammspringer längere wasserlose Zeiten überdauern. Mit ihren kräftigen Brustflossen klettern sie sogar an Pflanzen empor.

Natürliche Auslese

Wenn Tiereltern mehr Nachkommen haben, als überleben können, setzen sich diejenigen durch, die am besten an ihre Umwelt angepaßt sind. Die Nachkommen sind nicht alle identisch, sondern unterscheiden sich in winzigen Details, z.B. in der Farbe, der Größe, der Zahnform usw. Im Kampf ums Überleben können einige dieser Besonderheiten sich als vorteilhafter erweisen als andere. Die Tiere, die diese vorteilhaften Eigenschaften besitzen, haben eine größere Chance, das Erwachsenenalter zu erreichen und selbst Nachkommen zu haben. Wenn die günstigen Merkmale vererbt werden, besitzen auch die Nachkommen wieder einen Vorteil im Überlebenskampf und können die Eigenschaften ihrerseits an ihre Kinder weitergeben. Dieser Vorgang wird als Evolution durch natürliche Auslese (Selektion) bezeichnet.

LEBENDES FOSSIL
Die Tuatara (Brückenechse) lebt auf einigen kleinen Inseln vor Neuseeland. Sie ist die einzige Überlebende einer Reptiliengruppe, die im Erdmittelalter ihre Blüte hatte. Die anderen Mitglieder dieser Gruppe sind heute ausgestorben. Die Tuatara scheint bestens an die Umwelt ihrer Inseln angepaßt zu sein, und andere Tiere, die ihr vielleicht überlegen wären, haben den Weg auf die abgelegenen Eilande bisher nicht gefunden.

GENAU RICHTIG
Diese bunte Grille aus Südamerika hat lange, kräftige Hinterbeine zum Springen, außerdem große Flügel. Wenn sie angegriffen wird, kann sie in die Luft springen und davonfliegen. Wären Beine und Flügel aber noch größer, wäre das eher von Nachteil. Die Grille könnte nicht schneller springen und fliegen, denn sie wäre zu schwer. Sie bräuchte viel mehr Energie, um ihre Masse zu bewegen, außerdem könnte sie sich weniger leicht verstecken. Jede Eigenschaft eines Lebewesens ist ein Kompromiß. Immer sind mehrere Funktionen zu erfüllen, von denen manche nicht auf den ersten Blick ersichtlich sind.

Große Muskeln zum Springen

Grüne Flügel sind zwischen Pflanzen eine gute Tarnung.

BEWEGLICH
Der Kleingefleckte Katzenhai kann sich mit seinem schlanken Körper schnell und geschickt durchs Wasser schlängeln (links). Seine Gestalt ist bestens für einen Meeresräuber geeignet. Man findet diese torpedoartige Körperform auch bei anderen Raubfischen sowie bei Delphinen. Wenn natürliche Auslese solche Ähnlichkeiten in nichtverwandten Gruppen von Lebewesen entstehen läßt, spricht man von konvergenter Evolution.

DAUERBRENNER
Diese Jahrmillionen alten Haizähne sind als Versteinerungen erhalten. Sie weisen eine erstaunliche Ähnlichkeit mit den Zähnen heutiger Haie auf. Die Form der Zähne und die Form des Hais überhaupt war schon in einem frühen Stadium der Evolution ein „Volltreffer". Die Details haben sich verändert, als die Haie Anpassungen an unterschiedliche Lebensräume und Lebensweisen entwickelten, doch der Grundbauplan ist seit über 300 Mio. Jahren unverändert geblieben. Bis jetzt hat er sich als perfekt erwiesen.

Zahnwurzel

Fossile Haizähne

Schneidekante

KIEFER-AUSLESE
Das Nilkrokodil lauert unbemerkt im Wasser, um sich plötzlich blitzschnell auf ein ahnungslos trinkendes Tier zu stürzen und es zu packen. Das Krokodil zieht sein Opfer unter Wasser und hält es fest, bis es ertrunken ist. Nilkrokodile werden über 5 m lang, und die massigen Kiefer erreichen bis zu 1 m Länge. Größere Kiefer würden keine Verbesserung bedeuten, weil für das Öffnen und Schließen des riesigen Mauls zu viel Kraft benötigt würde und es zu unbeweglich wäre.

Wie neue Arten entstehen

Als biologische Art faßt man alle Tiere zusammen, die sich unter natürlichen Bedingungen erfolgreich miteinander fortpflanzen, d.h. fruchtbare Nachkommen zeugen. Bei nahverwandten Arten kommt es allerdings gelegentlich zu „Fehltritten". Evolution führt immer wieder zum Auftreten neuer Arten und zum Aussterben anderer. Neue Arten entstehen in der Regel dort, wo eine Population von anderen ihrer Art durch räumliche Barrieren getrennt wird, vor allem, wenn diese Population dann unter Umweltbedingungen lebt, die sich von denen ihrer Vorfahren unterscheiden. Das kann z.B. geschehen, wenn Vögel im Flug vom Kurs abkommen und jenseits von Gebirgen oder auf abgelegenen Inseln landen. Auch die Entfernung als solche ist eine geographische Barriere. Unter den neuen Bedingungen werden durch natürliche Auslese u.U. ganz andere Eigenschaften begünstigt als vorher, und es bilden sich neue Anpassungen heraus. So entsteht eine neue Rasse oder Unterart. Mit der Zeit kann diese Unterart so verschieden von der Stammart werden, daß die beiden Gruppen sich nicht mehr miteinander fortpflanzen können. Dann ist eine neue Art entstanden.

WAS IST EINE ART?
Die Definition der Art als einer Gruppe von Lebewesen, die sich untereinander fortpflanzen können, nicht aber mit Angehörigen anderer Arten, verdanken wir dem Franzosen Georges Buffon (1707–1788).

Silbermöwe (*Larus argentatus argentatus*)

Heringsmöwe (*Larus fuscus graellsii*)

EINE ART ODER ZWEI?
Die Stammform der Silbermöwe (links) und der Heringsmöwe (rechts) kommt aus Ostsibirien. Von dort breitete sie sich nach Osten und nach Westen aus. Der Kreis schloß sich in Nordeuropa, wo sich Silber- und Heringsmöwe trafen. Sie haben sich so weit auseinanderentwickelt, daß es zwischen ihnen nur noch in seltenen Fällen zur Fortpflanzung kommt.

RASSENKREIS
Unter Rassen versteht man Populationen („Bevölkerungsgruppen") einer Art, die sich in ihren Erbanlagen deutlich unterscheiden. Jede Rasse der Silbermöwe kann sich mit benachbarten Rassen ihrer Art fortpflanzen; genauso ist es bei der Heringsmöwe. In Ostsibirien aber pflanzt sich eine Rasse der Silbermöwe mit einer Rasse der Heringsmöwe fort. Von dort muß also die Artbildung ausgegangen sein.

Larus argentatus vegae
Larus argentatus birulai
Larus fuscus antelius
Larus fuscus heuglini
Larus argentatus smithsonianus
Nordpol
Larus argentatus omissus
Larus fuscus fuscus
Larus argentatus argentatus
Larus fuscus graellsii

Getrennt bleiben

Wenn eine neue Art wieder in das Verbreitungsgebiet der Stammart einwandert, kann es sein, daß die Fortpflanzung untereinander noch möglich ist. Häufig sind die Nachkommen dann aber steril. Für die Eltern ist die Zeugung fortpflanzungsunfähiger Nachkommen, biologisch gesehen, Zeit- und Energieverschwendung. Es ist daher wichtig, die Mitglieder der eigenen Art zu erkennen. Dazu dienen Signale wie Geruch, Gesang, Farbe, Verhalten u.a.

Zilpzalp Waldlaubsänger Fitis

DREI, NICHT EINE
Der Engländer Gilbert White (1720–1793) erkannte als erster, daß Zilpzalp, Fitis und Waldlaubsänger drei verschiedene Arten sind. Der Waldlaubsänger ist etwas größer und heller gefärbt, während die beiden anderen fast gleich aussehen. Der Gesang der drei Laubsänger unterscheidet sich dagegen deutlich. Bei den Singvögeln wählen die Weibchen die Männchen nach dem Gesang aus, der damit ein Isolationsmechanismus zur Arterkennung ist.

Junge Frösche zu Beginn ihres Landlebens

ZAHLENSPIEL
Ein Frosch legt jährlich Hunderte von Eiern. Wenn aus all diesen Eiern erwachsene Frösche würden, die sich wieder fortpflanzen, müßten wir nach zehn Jahren überall auf der Welt knietief durch Frösche waten. Doch die meisten Eier und Kaulquappen sterben durch Pilzbefall oder werden von Räubern getötet. Von den wenigen Dutzend Fröschchen, die übrigbleiben, leben nur ein paar lange genug, um sich fortzupflanzen. Dabei kann eine kleine vorteilhafte Eigenschaft, die sich von einer Generation auf die nächste vererbt, über Sein oder Nichtsein entscheiden.

DAS RICHTIGE PARFÜM
Mäuse und Wühlmäuse – und auch viele andere Säuger – sehen sich sehr ähnlich, doch sie erkennen ihre Artgenossen am Geruch. So ist sichergestellt, daß bei der Partnerwahl keine „Fehler" unterlaufen.

Erwachsener Frosch

Die Evolution der Fische

Vor etwa 500 Mio. Jahren schwammen die ersten Fische in den Meeren unseres Planeten. Sie hatten weder Kiefer noch Schuppen wie die heutigen Fische, wohl aber eine Wirbelsäule – das Merkmal, das Wirbeltiere (die Vögel, Säugetiere, Kriechtiere, Lurche und Fische) von allen anderen Tieren (Wirbellosen) unterscheidet. Die Wirbelsäule bildet ein festes, zugleich aber bewegliches Widerlager für die Muskeln. Fische sind aufgrund ihrer widerstandsfähigen Skelette fossil recht gut belegt. Ein wesentlicher Schritt war die Entwicklung der Kiefer. Fische mit Kiefer waren gegenüber Kieferlosen, die ihre Nahrung nur aufsaugen oder abraspeln konnten, im Vorteil. Sie konnten auch Dinge fressen, die zu groß waren, um sie auf einmal zu verschlingen. Die heutigen Fische haben mit Ausnahme der Neunaugen und Inger alle Kiefer.

URFISCHWELT
Die ersten Kieferfische erschienen im Silur, vor 435 Mio. Jahren. Die Fische und ihre Umwelt mögen in etwa so ausgesehen haben wie auf dieser Darstellung.

DORNHAI
Ischnacanthus war ein Acanthodier („Dornhai"). Er war zwar kein richtiger Hai, hatte aber eine ähnliche Körperform. Am Vorderende jeder Rückenflosse saß ein kräftiger Stachel. Ihre Blütezeit hatten die Dornhaie vor 400 bis 355 Mio. Jahren, dann starben sie langsam aus.

DER ERSTE STRAHLENFLOSSER
Dieser etwa 250 Mio. Jahre alte *Palaeoniscus* ist einer der ältesten Strahlenflosserfische, zu denen die heutigen Knochenfische gehören. Anfangs lagen die Flossenstrahlen parallel zum Fischkörper, doch im Laufe der Entwicklungsgeschichte fächerten sie sich zur typischen Form der modernen Fischflosse auf. Bei diesem guterhaltenen Fossil (unten) sind die Schuppen gut zu erkennen.

OHNE KIEFER, ABER MIT SCHALE
Cephalaspis gehörte einer ausgestorbenen Gruppe von kieferlosen Fischen an, den Ostracodermen (Schalenhäutern), die zu den ersten Fischen zählten. Dieses Fossil ist fast 400 Mio. Jahre alt. Der große Knochenschild schützte Kopf und Kiemen.

Rekonstruktion eines *Palaeoniscus*

Knorpelstreben

Reliefartige Schuppenabdrücke

Schuppen

KNOCHENGANOID

Dapedius aus dem unteren Jura (vor etwa 190 Mio. Jahren) gehörte zu den Knochenganoiden (Holosteer). Er hatte eine voll ausgebildete knöcherne Wirbelsäule, aber das übrige Skelett enthielt noch viel Knorpel. Auch heute gibt es noch einige Vertreter dieser urtümlichen Fischgruppe, so die nord- und mittelamerikanischen Knochenhechte.

Großes Raubfischmaul

AUFSTIEG DER ECHTEN KNOCHENFISCHE

Eurypholis mit dem stromlinienförmigen Körper, dem großen Maul und den scharfen Zähnen eines Räubers ist ein Echter Knochenfisch (Teleosteer) wie die meisten heute lebenden Fische. Der Aufstieg dieser wendigen, anpassungsfähigen Lebewesen begann vor etwa 200 bis 100 Mio. Jahren.

Diese Darstellung von *Eusthenopteron* zeigt Schädelknochen und Innenskelett.

FAST MODERN

Knochenfische wie der kleine *Stichocentrus* eroberten langsam die Gewässer der Erde. Das knöcherne Innenskelett, bewegliche Flossen, ein biegsamer Körper und funktionstüchtige Kiefer sowie leichte Schuppen stellten wesentliche Verbesserungen gegenüber den kieferlosen, schwer gepanzerten Fischen wie *Cephalaspis* dar.

AUS FLOSSEN WERDEN BEINE

Der schlanke, räuberisch lebende *Eusthenopteron* war ein primitiver Quastenflosser. Fische aus dieser Verwandtschaftsgruppe gelten als Ahnen der Landwirbeltiere. *Eusthenopteron* selbst gehörte allerdings nicht zu diesen Vorfahren der Landwirbeltiere.

FLÜGELSTREBEN

Knorpelskelette verwesen leichter als Knochen und versteinern daher auch seltener. So weiß man heute über die Evolution der Rochen und Haie weniger als über die der Knochenfische. Bei diesem fossilen Stachelrochen (*Heliobatis*) versteifen Dutzende von Knorpelstreben die „Flügel" (Brustflossen) – genau wie bei heutigen Rochen.

Paddelartige Flossen

Berühmter Fisch

Quastenflosser waren den Wissenschaftlern als z.T. über 400 Mio. Jahre alte Fossilien bekannt und galten als seit 80 Mio. Jahren ausgestorben. Da entdeckte man 1938 vor Südafrika ein solches Tier – eine wissenschaftliche Sensation. Die Fischer der Komoren hatten *Latimeria* (benannt nach ihrer Entdeckerin M. Courtenay-Latimer) offenbar schon öfter gefangen: ihr Fleisch schmeckt zwar nicht, aber ihre Schuppen benutzten die Einheimischen als Schmirgelpapier. Dem deutschen Meeresbiologen Hans Fricke ist es inzwischen gelungen, diese Fische zu filmen.

Der Quastenflosser: ein lebendes Fossil

Eroberung von Land und Luft

Bevor die ersten Tiere den Schritt aus dem Wasser aufs Festland wagen konnten, mußten Pflanzen das Land erobern, denn sie bieten den Tieren Nahrung und Unterschlupf. Die ersten Landpflanzen entwickelten sich zu Beginn des Devons, vor fast 400 Mio. Jahren. Bald darauf folgten die ersten Landtiere, die wahrscheinlich große Ähnlichkeit mit heutigen Tausendfüßern und Skorpionen hatten. Anschließend erschienen flügellose Insekten. Die ersten Insekten mit Flügeln flogen durch die Kohlewälder, die vor über 300 Mio. Jahren (im Karbon) die Erde bedeckten. Fossilien zeigen, daß einige dieser Insekten heutigen Arten ähnelten (z.B. Libellen und Schaben). Andere Gruppen sind ausgestorben. Da Insekten meist klein und zart sind, verwesen sie schnell. Nur ganz wenige wurden im Schlamm eingeschlossen oder in Bernstein gefangen und versteinerten. Daher gibt es kaum fossile Zeugnisse jener ersten Land- und Luftbewohner. Aus demselben Grund wissen wir nur sehr wenig über die Entwicklungsgeschichte der Insekten.

INSEKTENSCHMUCK
Bernstein gilt seit Jahrhunderten als Schmuckstein. Dieser als Anhänger geschliffene Ostseebernstein enthält drei verschiedene Fliegen.

Kalksteinfossil eines Nachtfalterflügels aus Südengland

FARBE BEKENNEN
Farbstoffe in den Schuppen dieses fossilen Flügels haben die Versteinerung beeinflußt, so daß man noch heute, nach über 400 Mio. Jahren, Teile des Musters erkennen kann.

LEBENDES FOSSIL?
Der Stummelfüßer (*Peripatus*) ist ein Bindeglied zwischen den Gliederwürmern und den Insekten. Wie ein Regenwurm hat er einen weichen, segmentierten Körper. Die bekrallten Füße sowie Herz und Atemorgane ähneln denen der Insekten.

SPRINGSCHWÄNZE
Die flügellosen Springschwänze erinnern sehr an die ersten Insekten. Viele haben ein unter den Hinterleib geklapptes, gegabeltes Sprungorgan – daher der Name. Dieser Vertreter einer strandbewohnenden Art sitzt auf der Unterseite einer Napfschnecke.

Heutige stachellose Biene (*Trigona* sp.)

Wie Bernstein entsteht

Bernstein ist das fossile Harz von Nadelbäumen, die vor über 40 Mio. Jahren auf der Erde wuchsen. Der süße Duft des Harzes, das aus Rissen und Wunden in den Baumstämmen floß, lockte Insekten an, die dann am Harz festklebten. Mit der Zeit erhärtete das Harz mit den darin gefangenen Insekten und wurde unter Erde begraben. Jahrmillionen später wurde es ins Meer gespült.

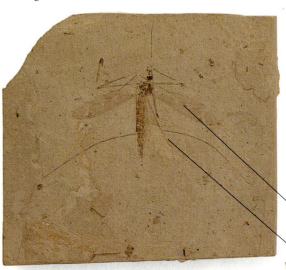

Flügel

Zarte Beine

ALTE SCHNAKE
Vor etwa 35 Mio. Jahren wurde diese Wiesenschnake im Schlamm eines Sees oder Teiches im Gebiet des heutigen Colorado/USA begraben. Das Sediment, in dem sie eingebettet wurde, war so fein, daß bei der Versteinerung sogar Flügel und Beine erhalten blieben. Dieses fossile Exemplar ähnelt deutlich den heutigen Schnaken. Der taumelnde Flug und die langen Beine waren anscheinend schon lange, bevor der Kontinent Amerika seine heutige Gestalt annahm, für die Schnaken kennzeichnende Anpassungen.

BIENE IN KOPAL
Kopal ist bernsteinähnlich, aber viel jünger. Dieses Kopalharzstück von Sansibar, einer Insel vor der Ostküste Afrikas, ist etwa 1000 bis 1 Mio. Jahre alt. Die Vergrößerung zeigt eine guterhaltene Stachellose Biene (*Trigona* sp.). Sie gleicht der oben abgebildeten heute lebenden Art.

KLEBRIGER TOD
Vom Harz des Nadelbaumstamms angezogene Insekten sind für immer gefangen. So erging es vor über 40 Mio. Jahren den heutigen Bernsteininsekten.

DIE ÄLTESTE LIBELLE
Dieser abgeknickte Flügel ist das älteste bekannte Libellenfossil. Man fand es 700 m unter der Erde über einer Kohleader bei Bolsover Colliery im englischen Derbyshire. Die Libelle hat vor 300 Mio. Jahren gelebt. Mit einer Flügelspannweite von 20 cm übertraf sie alle ihre heutigen Verwandten.

Gebrochener Flügel

BLÜTENPFLANZEN
Mit dem Auftreten der Blütenpflanzen vor etwa 130 Mio. Jahren entstanden neue Nahrungsquellen in Form von Pollen und Nektar – Nahrung für neue Insektenarten. Die Ausbreitung der Blütenpflanzen wurde durch bestäubende Insekten begünstigt. Insekten und Blütenpflanzen entwickelten ihre Artenfülle in Abhängigkeit voneinander: ein Beispiel für Koevolution.

DIE GRÖSSTE LIBELLE
Tetracanthagyna plagiata von der Insel Borneo ist die größte heute lebende Libellenart. Die größte bekannte Libelle aller Zeiten ist ein Fossil aus den USA mit einer Flügelspannweite von etwa 60 cm. Das ist mehr als dreimal soviel wie bei *Tetracanthagyna*.

Komplexauge

Flügelrandmal (Pterostigma)

Beine und Flügel sitzen an der Brust.

Flügeladern

Großlibellen können ihre Flügel nicht falten – ein urtümliches Merkmal.

Hinterleib

Hinterleibsende

Flügeladern

LIBELLENJÄGER
Die heutigen Libellen sind schnelle, wendige Flieger. Fossilien belegen, daß dies auch für ihre urzeitlichen Vorfahren gilt. Sie waren also – anders, als dieses phantasievolle Bild es nahelegt – keine leichte Beute für einen Flugsaurier.

Heutiger Ohrwurm

ERTRUNKENER OHRWURM
Die Ablagerungen bei Florissant/Colorado sind etwa 35 Mio. Jahre alt. Im feinen Sediment eines ehemaligen Sees blieb eine Fülle von Insekten erhalten. Viele waren keine Wassertiere, sondern sind in den See gefallen und ertrunken.

VERSTEINERT
Fossilien von kleineren Libellen sind relativ häufig. Dem abgebildeten Exemplar aus Südengland fehlt ein Flügel; bei den anderen kann man sehr gut die Äderung erkennen.

Frühe Amphibien

KRÖTENSTEIN
Diese Krötenmumie fand man Ende des letzten Jahrhunderts in England. Als winziges Tier schlüpfte die Kröte durch ein kleines Loch in den Stein, kam dann aber nicht mehr heraus und mußte verhungern und verdursten.

Die ersten Amphibien traten vor etwa 360 Mio. Jahren (im Devon) auf. Sie hatten sich aus Fischen mit beinartigen, fleischigen Flossen entwickelt und wiesen noch eine Reihe von Fischmerkmalen wie Schuppen und Schwanzflossen auf (z.B. *Ichthyostega*). Der neue Lebensraum Land bot neue Nahrungsquellen; Konkurrenten und Feinde gab es dort noch nicht. Die Luftatmung mit Lungen hatten schon ihre Fischvorfahren entwickelt. Deren quastenartige Flossen aber entwickelten die Amphibien weiter zu Beinen, mit denen sie an Land gut vorwärtskamen. Die Blütezeit der Lurche lag in Devon, Karbon und Perm (vor 400 bis 270 Mio. Jahren). In der Trias aber waren die meisten Amphibien bereits wieder ausgestorben. Nur einige wenige (z.B. *Triadobatrachus*) überlebten – als Urahnen der heutigen Lurche.

Eine künstlerische Darstellung von *Triadobatrachus*

Eine Hälfte des *Triadobatrachus*-Fossils

Skelett eines *Ichthyostega*

Zeichnerische Rekonstruktion von *Ichthyostega*

FISCHSCHWANZ
Ichthyostega (links) ist ein Urlurch aus dem Devon Grönlands. Eine Schwanzflosse und kleine Schuppen am sonst eindeutig amphibischen Körper erinnern noch an Fische. Der Urlurch hatte jedoch richtige Beine und weniger Schädelknochen als Fische.

LURCHKROKODIL
Das ist das Skelett des Flossenfußlurches *Eryops*, eines Amphibs aus dem Perm, das in den Sümpfen von Texas wie ein Krokodil lebte. Die kräftigen Beine waren schon gut an das Laufen auf dem Land angepaßt.

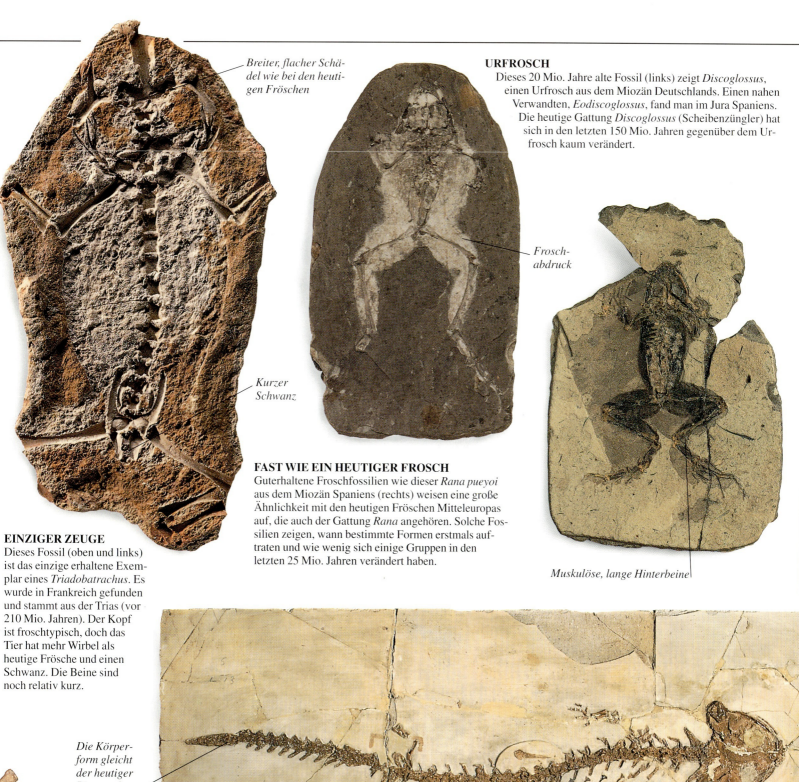

Breiter, flacher Schädel wie bei den heutigen Fröschen

URFROSCH
Dieses 20 Mio. Jahre alte Fossil (links) zeigt *Discoglossus*, einen Urfrosch aus dem Miozän Deutschlands. Einen nahen Verwandten, *Eodiscoglossus*, fand man im Jura Spaniens. Die heutige Gattung *Discoglossus* (Scheibenzüngler) hat sich in den letzten 150 Mio. Jahren gegenüber dem Urfrosch kaum verändert.

Froschabdruck

Kurzer Schwanz

FAST WIE EIN HEUTIGER FROSCH
Guterhaltene Froschfossilien wie dieser *Rana pueyoi* aus dem Miozän Spaniens (rechts) weisen eine große Ähnlichkeit mit den heutigen Fröschen Mitteleuropas auf, die auch der Gattung *Rana* angehören. Solche Fossilien zeigen, wann bestimmte Formen erstmals auftraten und wie wenig sich einige Gruppen in den letzten 25 Mio. Jahren verändert haben.

Muskulöse, lange Hinterbeine

EINZIGER ZEUGE
Dieses Fossil (oben und links) ist das einzige erhaltene Exemplar eines *Triadobatrachus*. Es wurde in Frankreich gefunden und stammt aus der Trias (vor 210 Mio. Jahren). Der Kopf ist froschtypisch, doch das Tier hat mehr Wirbel als heutige Frösche und einen Schwanz. Die Beine sind noch relativ kurz.

Die Körperform gleicht der heutiger Riesensalamander.

VERWANDTER AUS ÜBERSEE
Dieser fossile Salamander, *Cryptobranchus scheuchzeri*, ist etwa 8 Mio. Jahre alt. Das Fossil stammt aus der Schweiz. Sein einziger heute lebender Verwandter, der Hellbender (*Cryptobranchus alleganiensis*), lebt im Südosten der USA. Solche Fossilien beweisen, daß diese Lurche einmal viel weiter verbreitet waren als heute und daß die getrennten Kontinente einst eine Landmasse bildeten.

Diplocaulus lebte vor 270 Mio. Jahren.

Kurze, kräftige Beine tragen den Körper.

Das Zeitalter der Reptilien

Die ersten Reptilien waren wahrscheinlich kleine, eidechsenähnliche Tiere, die sich vor 330 Mio. Jahren aus amphibischen Vorfahren entwickelten. Sie existierten über Jahrmillionen neben den großen Landamphibien. Vor etwa 200 Mio. Jahren aber spalteten sich die Reptilien in verschiedene Gruppen auf. Schildkröten, Krokodile und Eidechsen unterschieden sich kaum von den heute lebenden Vertretern dieser Gruppen. Eine andere sich schnell ausbreitende Gruppe waren die Dinosaurier. Diese so vielgestaltigen und erfolgreichen Reptilien beherrschten über 120 Mio. Jahre lang das Leben auf dem Festland. Einige, wie der langhalsige *Brachiosaurus*, wogen über 60 t und hätten ein fünfstöckiges Haus überragt. Andere waren nur etwa so groß wie eine Amsel. Die hier abgebildeten Dinosaurier gehörten zu den Stegosauriern („Dachechsen"), die wegen ihrer knöchernen Schwanzwaffen im Deutschen Stachelschwanzechsen genannt werden. Sie hatten ihre Blüte vor etwa 150 Mio. Jahren. *Stegosaurus* lebte in Nordamerika, und *Tuojiangosaurus* (das große Skelett) stammt aus dem heutigen China.

WÄRMETAUSCHER
Stegosaurus wird meist mit zwei Reihen aufrechter Knochenplatten auf dem Rücken dargestellt. Die Platten waren von wabenartigen Hohlräumen durchzogen. Wenn sich darin Blutgefäße befanden, spräche dies für eine Funktion als Wärmetauscher.

PHANTASIE-STEGOSAURIER
Dieser Stich ist einer der ersten Versuche, einen Stegosaurier darzustellen. Statt Knochenplatten hat er fälschlich igelartige Stacheln auf dem Rücken. Auch der aufrechte Gang gilt als unwahrscheinlich, da die Vorderbeine typische Laufbeine waren.

Dornfortsatz

Kegelförmige Platte

Wirbel mit ringförmigem Ansatz für den Muskel, der den Schwanz schlagen läßt

Der schwere Schwanz diente als Gegengewicht zu Kopf und Körper.

Beckenknochen

Hämalbogen

Spitze Stacheln zur Feindabwehr

STACHELSCHWANZ
Die großen kegelförmigen Platten auf dem Rücken des *Tuojiangosaurus* setzten sich in zwei Paaren knöcherner Schwanzdornen fort, die als tödliche Waffe eingesetzt wurden. Stegosaurier konnten ihre muskulösen Schwänze mit großer Kraft seitwärts schlagen. Die Wirbel hatten besonders große Fortsätze, an denen die Muskeln ansetzten.

Breite Füße

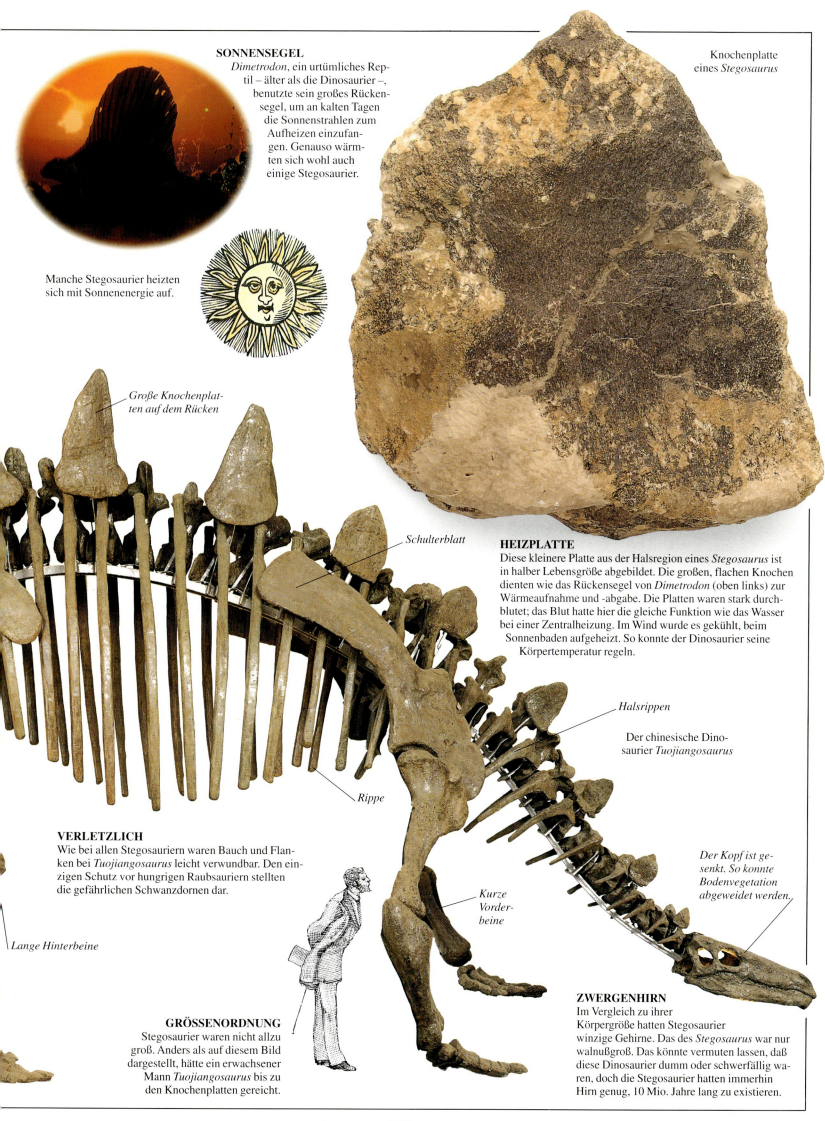

SONNENSEGEL
Dimetrodon, ein urtümliches Reptil – älter als die Dinosaurier –, benutzte sein großes Rückensegel, um an kalten Tagen die Sonnenstrahlen zum Aufheizen einzufangen. Genauso wärmten sich wohl auch einige Stegosaurier.

Knochenplatte eines *Stegosaurus*

Manche Stegosaurier heizen sich mit Sonnenenergie auf.

Große Knochenplatten auf dem Rücken

Schulterblatt

HEIZPLATTE
Diese kleinere Platte aus der Halsregion eines *Stegosaurus* ist in halber Lebensgröße abgebildet. Die großen, flachen Knochen dienten wie das Rückensegel von *Dimetrodon* (oben links) zur Wärmeaufnahme und -abgabe. Die Platten waren stark durchblutet; das Blut hatte hier die gleiche Funktion wie das Wasser bei einer Zentralheizung. Im Wind wurde es gekühlt, beim Sonnenbaden aufgeheizt. So konnte der Dinosaurier seine Körpertemperatur regeln.

Halsrippen

Der chinesische Dinosaurier *Tuojiangosaurus*

Rippe

VERLETZLICH
Wie bei allen Stegosauriern waren Bauch und Flanken bei *Tuojiangosaurus* leicht verwundbar. Den einzigen Schutz vor hungrigen Raubsauriern stellten die gefährlichen Schwanzdornen dar.

Kurze Vorderbeine

Der Kopf ist gesenkt. So konnte Bodenvegetation abgeweidet werden.

Lange Hinterbeine

GRÖSSENORDNUNG
Stegosaurier waren nicht allzu groß. Anders als auf diesem Bild dargestellt, hätte ein erwachsener Mann *Tuojiangosaurus* bis zu den Knochenplatten gereicht.

ZWERGENHIRN
Im Vergleich zu ihrer Körpergröße hatten Stegosaurier winzige Gehirne. Das des *Stegosaurus* war nur walnußgroß. Das könnte vermuten lassen, daß diese Dinosaurier dumm oder schwerfällig waren, doch die Stegosaurier hatten immerhin Hirn genug, 10 Mio. Jahre lang zu existieren.

Was fraßen die Dinosaurier?

Viele Leute stellen sich Dinosaurier als fleischfressende Ungeheuer vor. Doch eine ganze Reihe von ihnen waren friedliche Pflanzenfresser, die das Laub von den Bäumen abweideten. Andere ernährten sich von einer Mischkost aus Fleisch und Pflanzen. Die räuberisch lebenden Dinosaurier jagten nicht nur andere Saurier, sondern alles, was sich bewegte, auch Insekten und Vögel. Teilweise läßt sich aus versteinerten Resten schließen, wovon sich die Dinosaurier ernährt haben. Vergleicht man z.B. ihre Kiefer und Zähne mit denen heute lebender Tiere – von Pferden bis Löwen –, kann man Gemeinsamkeiten in Form und Funktion feststellen. Große Krallen an Fingern und Zähnen zeigen, daß der Saurier ein Räuber war; ein harter Körperpanzer wie bei *Ankylosaurus* läßt auf einen gemächlich umherstreifenden Pflanzenfresser schließen.

AM FLUSS
Diese Darstellung zeigt eine Landschaft vor etwa 190 Mio. Jahren: mit räuberischen Dinosauriern, schwimmenden Reptilien und fliegenden Pterosauriern.

MAHLZEIT!
Ein räuberischer Dinosaurier stürzt sich auf seine Beute, einen gutgepanzerten *Ankylosaurus*.

Augenhöhle

Stiftartige Zähne

Relativ kleiner Unterkiefer

Diplodocus-Schädel

GEFÄHRLICHE ZÄHNE
Die furchterregenden, dolchartig gebogenen Sägezähne im *Allosaurus*-Schädel (unten) sind typisch für Raubsaurier. *Allosaurus* ernährte sich wahrscheinlich von jungen pflanzenfressenden Dinosauriern. Ein ausgewachsener *Diplodocus* wäre für ihn zu groß gewesen, es sei denn, er jagte im Rudel.

Große „Fenster" vor den Augen: für Kiefermuskulatur und zur Gewichtsverringerung

Augenhöhle

Allosaurus-Schädel

PFLANZENFRESSER-SCHÄDEL
Der Schädel links gehörte dem riesigen pflanzenfressenden Dinosaurier *Diplodocus*. Die stiftartigen Zähne sitzen alle im vorderen Bereich des Mauls. *Diplodocus* benutzte sie wohl wie einen Rechen, mit dem er Blätter von den Bäumen riß.

Kräftiger Unterkiefer

Massospondylus-Schädel

Diplodocus Farnwedel

WAS ISST EIN RIESE?
Diplodocus fraß u.a. solche Farnpflanzen. Da er seine Nahrung nicht kaute, benötigte er keinen kräftigen Unterkiefer.

ALLESFRESSER
Massospondylus hatte keine hochspezialisierten Zähne – weder spitze, gesägte Raubsaurierzähne noch eindeutige Kauzähne. Mit den kleinen rauhkantigen Zähnen konnte er Fleisch und Pflanzenkost kauen. Er war also ein Allesfresser.

Der Untergang der Dinosaurier

Noch vor 70 Mio. Jahren beherrschten die Dinosaurier die Erde. Doch etwa 5 Mio. Jahre später, am Ende der Kreidezeit, waren sie von der Bildfläche verschwunden. Es gibt die verschiedensten Theorien über die Ursachen ihres plötzlichen Untergangs, doch bei den meisten wird eines übersehen: die Dinosaurier waren nur eine von vielen Tiergruppen, die damals ausstarben; dazu gehörten auch die Meeressaurier, die Flugsaurier und nichtreptilische Gruppen wie die Ammoniten. Die Ursache für das Ende der Dinosaurier muß auch für diese Tiere zutreffen. Die Theorie, daß sich ausbreitende Säuger alle Sauriereier fraßen, ist daher recht unwahrscheinlich. Denn das erklärt nicht das Aussterben der anderen Tiergruppen.

Der Grund für das Massensterben bleibt also ein Geheimnis. Am wahrscheinlichsten sind weltweite Klimaveränderungen.

GIFTIGER HAPPEN
Eine Theorie besagt, daß die Dinosaurier an den um diese Zeit aufkommenden Giftpflanzen wie der tödlichen Tollkirsche (oben) zugrunde gingen.

Steinernes Meteoritenstück

FELSEN AUS DEM ALL
Eine mögliche Ursache für das plötzliche Aussterben ist der Aufprall eines riesigen Meteoriten. In dem Fall hätte eine gewaltige Staubwolke die Erde für lange Zeit verdunkelt, das Klima und die Vegetation verändert und damit die Lebensgrundlagen vieler Tiere zerstört.

Fossiler Ammonit

Stück eines Eisenmeteoriten

MASSENSTERBEN
Gleichzeitig mit den Dinosauriern starben viele andere Tiere aus. Was immer geschah, es schadete einigen Tieren, anderen nicht. Ammoniten (urzeitliche Tintenfischverwandte) starben ebenso aus wie die räuberischen Meeresreptilien Mosasaurier, Plesiosaurier und Ichthyosaurier. Die Meereskrokodile starben aus, die Flußkrokodile dagegen nicht. Die Flugsaurier verschwanden, die Vögel aber überlebten.

Ischium (Sitzbein) eines *Iguanodon*

Unbeschädigtes Knochenstück

Nach dem Zusammenheilen nach vorn zeigender Ischiumschaft

Stück einer Hadrosaurierwirbelsäule

Wirbelfortsatz

DER ANFANG VOM ENDE
Ein *Tyrannosaurus* flüchtet erschrocken, als ein Meteorit die Erde trifft. Der Aufschlag eines solchen Meteoriten hätte den gleichen Effekt gehabt wie ein Atomkrieg. Dichte schwarze Staub- und Aschewolken hätten monatelang die Sonne verdunkelt.

EIN GESCHWÜR
Fossilien beweisen: Dinosaurier konnten an Krebs erkranken. Die Schwellung an diesem Wirbelsäulenabschnitt eines Hadrosauriers (Entenschnabelsaurier) stellt ein Krebsgeschwür im Knochen dar.

Hüfte

Krebsgeschwür

Wirbelkörper

Knochenverdickung an der verheilten Bruchstelle

Bruchstelle

KNOCHENBRUCH
Auch in ihrer Blütezeit waren die Dinosaurier nicht vor Krankheiten und Unfällen sicher. Der *Iguanodon*-Beckenknochen (oben) zeigt einen verheilten Bruch.

Mammute und Mastodonten

HÖHLENMALEREI
Vor über 15.000 Jahren malten Menschen ihre Jagdbeute – darunter auch Mammute – an Höhlenwände.

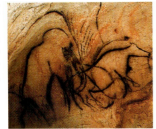

Steinzeitliche Höhlenmalerei aus einer Höhle in Frankreich

Als die Dinosaurier und andere Tiergruppen vor 65 Mio. Jahren ausstarben, hinterließen sie Lücken, die andere Tiere füllen konnten. Die wichtigste Gruppe, die daraufhin einen Evolutionsschub erlebte, waren die Säugetiere. Die ersten Säuger, kleine spitzmausartige Tiere, kamen vor etwa 200 Mio. Jahren zusammen mit den Dinosauriern auf. Während die Dinosaurier die Welt beherrschten, hatten die Säuger kaum eine Entwicklungschance, und kein Säugetier war größer als eine Hauskatze. Doch vor 50 Mio. Jahren gab es eine Fülle großer und eigenartiger Säuger auf dem Land; andere eroberten als Wale das Wasser. Die Elefanten entstanden vor etwa 40 Mio. Jahren. Diese Gruppe brachte die größten Landsäugetiere hervor, die Mammute und Mastodonten. Diese Tiere lebten noch zur Zeit der Steinzeitmenschen, und man hat einige guterhaltene Körper im arktischen Eis gefunden. Wir wissen nicht genau, warum Mammute und Mastodonten ausgestorben sind. Doch Computerstudien legen die Vermutung nahe, daß Überjagung durch den Menschen und der Klimawechsel von der Eiszeit zur Warmzeit für ihren endgültigen Untergang vor etwa 10.000 Jahren verantwortlich gewesen sein könnten.

BEHAARTE BEINE
Nur selten findet man fossile Spuren von Haaren, Haut oder Muskeln ausgestorbener Tiere. In der Regel sind nur harte Körperteile wie Zähne und Knochen erhalten. Doch wenn im Dauerfrostboden Sibiriens konservierte Mammute auftauen, kann man noch ihr Fell und die langen „Zehennägel" erkennen.

SCHNEEPFLÜGE
Die Stoßzähne von Mammuten sind viel stärker gebogen als die der heutigen Elefanten und stellen vermutlich die größten Zähne aller Zeiten dar. Bei manchen Mammuten waren sie über 5 m lang. Mammutmütter benutzten sie zur Verteidigung ihrer Jungen. Vielleicht räumten die Tiere damit auch Schnee beiseite, um an das darunterliegende Gras zu gelangen.

Gefrorene Erde und Schnee haben das Mammut plattgedrückt.

MAMMUT-UNTERNEHMEN
Im Jahre 1900 wurde an der Beresowka ein vollständiges Mammut entdeckt. Man baute eine Halle um das auftauende Tier, in deren Schutz man es weiter ausgrub und untersuchte.

TIEFGEFROREN
Vor etwa 40.000 Jahren starb dieses Mammutkind in einem sibirischen Sumpf, als der Boden zufror. 1977 wurde der Körper von einem Forscherteam geborgen und erhielt den Namen „Dima". Einer der Wissenschaftler versuchte, die besterhaltenen Zellen des kleinen Mammuts in der Retorte wiederzubeleben und sie einer Asiatischen Elefantenkuh einzupflanzen. Sie sollte als Leihmutter ein Mammut zur Welt bringen. Das Experiment mißlang jedoch.

UNTERSCHIEDE
Mammute und Mastodonten sahen sich sehr ähnlich. Mastodonten waren jedoch plumper und hatten einen flacher abfallenden Rücken. Manche Tiere hatten außer den großen Stoßzähnen im Oberkiefer noch zwei kleinere im Unterkiefer.

Mammute hatten kleine Ohren. So wurde die Wärmeabgabe des Körpers gering gehalten.

MAMMUTAHNEN
Mammute kamen in den Kältesteppen des Nordens auf. Ihre Vorfahren aber lebten 50 Mio. Jahre früher im Gebiet des Nahen und Mittleren Ostens.

Mammutbriefmarke aus Manama/Bahrain

MAMMUT-GESCHOSS
In der Steinzeit fertigte man aus Mammutstoßzähnen Haushaltsgeräte, Werkzeuge und Waffen. Dieser Bumerang aus Mammutelfenbein ist 23.000 Jahre alt und stammt aus Polen. Die Wachstumslinien des Zahns zeichnen sich deutlich als ineinandersitzende Zapfen ab.

Ein langes Fell hielt die Mammute bei Temperaturen unter dem Gefrierpunkt warm.

Rekonstruktion einer Mammutkuh mit Kalb

Die flächigen Füße sorgen für eine gute Verteilung des Körpergewichts zum Laufen auf Schnee.

Jedem das Seine

Maulwürfe sind mit kräftigen Grabhänden ausgestattet, mit denen sie sich durch den Boden wühlen. Enten haben Schwimmhäute zwischen den Zehen, die kraftvolles Paddeln im Wasser ermöglichen. Alle Lebewesen sind also an ihre jeweilige Lebensweise angepaßt. Der englische Naturforscher Charles Darwin (1809–1882) erklärte diese Anpassungen als Ergebnis der natürlichen Auslese. Jedes Lebewesen ist zudem an einen bestimmten Lebensraum angepaßt, z.B. an einen Kiefernwald oder an eine Steinwüste. Einige Tiere wie der Fuchs können in unterschiedlichen Lebensräumen überleben, von Gebirgen über Moore bis zu städtischen Parkanlagen und Gärten. Das gelingt ihnen aufgrund eines anpassungsfähigen Körpers und Verhaltens. Andere Lebewesen benötigen ganz bestimmte Umweltbedingungen. So lebt der wurmartige Grottenolm in der völligen Dunkelheit unterirdischer Wasserläufe und Höhlen im Karst Kroatiens. Solche hochspezialisierten Lebewesen sind sehr störungsanfällig. Der Grottenolm z.B. reagiert sehr stark auf Umweltveränderungen.

PALEYS UHR
Der englische Geistliche William Paley (1743–1805) vermutete hinter allen Anpassungen das Wirken des Schöpfers. Seine Ideen veröffentlichte er in dem Buch *Natural Theology...* (1802), das er mit einer Beispielgeschichte einleitet: Er wandert durch die Heide und findet eine Taschenuhr, die aus sich bewegenden, sinnvoll zusammenwirkenden Teilen besteht. So wie die Uhr auf die Existenz eines Uhrmachers schließen läßt, beweist für Paley die Existenz von Pflanzen und Tieren, daß es einen Schöpfer gibt. Paley glaubte, das Studium der Naturgeschichte trage zum besseren Verständnis Gottes bei.

GESICHTER FÜR DIE NACHT
Fledermäuse orientieren sich, indem sie Ultraschallaute ausstoßen und deren Echos auffangen. Auffällige Nasenaufsätze strahlen den Schall gerichtet ab. Diese und ebenso die Ohren unterscheiden sich bei Blattnasenfledermäusen aus verschiedenen Lebensräumen. Das hängt wahrscheinlich mit den unterschiedlichen Anforderungen des jeweiligen Lebensraums zusammen. Im Wald jagende Fledermäuse müssen mit ihrer Echoortung auch Zweige erkennen können, was über Wasser oder in der offenen Steppe nicht nötig ist.

Gesichter verschiedener Blattnasen

ERDARBEITER
Der Maulwurf ist gut an das Leben unter der Erde angepaßt. Er hat winzige Augen, da er dafür kaum Verwendung hat. Die breiten, schaufelartigen Hände sind gut zum Graben geeignet. Die empfindliche Schnauze ertastet und erschnuppert Würmer, Maden und andere Nahrung. Im Moor oder in der Wüste könnte dieser Maulwurf nicht bestehen. Er lebt in Wald- und Wiesenlandschaften. Es gibt jedoch grabende Säuger, die an andere unterirdische Lebensräume angepaßt sind.

ÜBER WASSER
Die Wasserfledermaus schwebt in scheinbar fledermaustypischer Manier im Tiefflug über Teiche und Flüsse, um sich Fluginsekten zu schnappen. Doch in einem dichten Wald könnte das Tier nicht überleben, da seine Fangmethode, sein Flug und sein Echoortungssystem an die Jagd über offenem Wasser angepaßt sind.

NOCH GEBOGEN
Heute geht man davon aus, daß sich die Menschen vor 5 bis 10 Mio. Jahren aus schimpansenartigen Vorfahren entwickelt haben. Aus einem Tier, das auf Bäumen kletterte, entstand ein Wesen, das sich aufrecht auf zwei Beinen in Steppenlandschaften fortbewegte. Die Wirbelsäule des Menschen weist noch einige der Krümmungen auf, die die kletternden Vorfahren kennzeichneten.

Menschenschädel mit Wirbelsäule

Wasserfledermaus

INNERE WÄRME
Der Königspinguin ist bestens an das Leben im eiskalten Wasser der Südpolarregion angepaßt. Sein Federkleid ist dick und wasserdicht. Zusammen mit einer Speckschicht unter der Haut hält es den Pinguin selbst bei Lufttemperaturen von –30 °C warm.

Skelett einer Pandatatze

DER DAUMEN DES PANDAS
Bären sind Raubtiere. Ihre Finger sind kurz, der Daumen ist nicht abspreizbar. Der Große Panda aber, der mit den Großbären nah verwandt ist, frißt Bambussprosse und benötigt einen „Daumen", um sie festzuhalten. Tatsächlich haben Pandas eine Art Daumen: ein Handwurzelknochen ist verlängert und übernimmt die Funktion des gegenüberstellbaren Daumens. Die Bärentatze war wohl schon zu sehr spezialisiert, als daß der eigentliche Daumen wieder abspreizbar hätte werden können.

Falscher Daumen

Leben im Meer

Das Leben begann vor vielen Jahrmillionen im Meer. Heute bedecken Meere etwa 71% der Fläche unseres Planeten, und sie bieten zahllosen Tieren eine Heimat, darunter Fischen, Robben, Weichtieren und Quallen. Am vielfältigsten ist das marine Leben in den seichten, warmen Gewässern um die Korallenriffe, wo bunte Fische wie der Leopardendrückerfisch zu Hause sind. Weiter draußen auf hoher See, wo das Wasser tiefer ist, findet man Wale aller Arten. Viele Tiere leben nahe der Wasseroberfläche, wo das Sonnenlicht winzige Algen, z.B. Kieselalgen, wachsen läßt. Hier gibt es ein feingewobenes Nahrungsnetz: Winzige Tiere ernähren sich von den kleinen Kieselalgen; kleine Tiere fressen die noch kleineren Algenfresser; größere Meerestiere fressen die kleineren. Ganz oben an der Spitze der Nahrungspyramide stehen Räuber wie Haie und Orkas.

ROCHENWELLEN
Ein Rochen „fliegt" mit wellenförmigen Bewegungen der flügelartigen Brustflossen durch das Wasser.

JAGD AM RANDE
Der Schwarzspitzenhai wird bis zu 2,5 m lang und lebt am Rand von Korallenriffen. Für das Leben im Riff selbst ist er nicht schlank und wendig genug. Mit seiner kräftigen, stromlinienförmigen Gestalt ist er eher für das Dauerschwimmen im offenen Meer geeignet. Der große Raubfisch patrouilliert am Riff entlang und greift sich aus der Fülle der dortigen Lebewesen immer wieder ein unaufmerksames Opfer.

FEINER UNTERSCHIED
Wie die Schnecken gehört die Sepia zu den Weichtieren. Sie kann ihre Körperfarbe dem Hintergrund anpassen und als Tintenfisch ihren Rückzug mit einer Tintenwolke decken.

„SPINNE" IM NAHRUNGSNETZ
Seespinnen gehören zu den Krabben. Die meisten der etwa 700 Arten sind langsame Allesfresser und ernähren sich von Algen, Tieren und Aas.

HORNHECHT
Hornhechte leben in kleinen Schwärmen im offenen Meer. Sie haben schnabelartige Kiefer mit spitzen Zähnen und fressen kleine Fische. Räubern kann ein Hornhecht dadurch entkommen, daß er mit dem Schwanz schlägt und mit dem Vorderkörper über Wasser davonschießt.

Schwarzspitzenhai

BUNT GEFLECKT
Der Leopardendrückerfisch sieht aus, als wäre er aus bunten Stoffresten zusammengesetzt. Dieses Patchwork-Muster löst die Körperumrisse auf und verwirrt so jeden Angreifer. Der Name Drückerfisch rührt daher, daß der Fisch den vorderen Rückenstachel durch Spannen des zweiten Stachels feststellen kann. Diese Vorrichtung gleicht dem „Drücker" (Abzug) eines Gewehrs.

Leopardendrückerfisch

UNSICHTBARE GLIEDER DER NAHRUNGSKETTE
Die mikroskopische Welt des Planktons bildet die Grundlage der Nahrungskette im Meer. Phytoplankton (winzige Algen) wird von Zooplankton (winzige Tiere, oben vergrößert abgebildet) gefressen. Diese wiederum sind die Nahrung der Filtrierer von Muscheln bis zu Blauwalen.

GUT VERPACKT
Mit ihrem stromlinienförmigen Körper sind Robben gut an ein Leben im Meer angepaßt. Durch ihr ölig schimmerndes Fell dringt kein Wasser, und eine dicke Speckschicht hält sie warm. Die Vorderflossen werden wie Ruder benutzt, die Hinterbeine wie eine Schiffsschraube. Es gibt etwa 30 Robbenarten auf der Welt, eine davon ist die abgebildete Kegelrobbe.

Im Süßwasser

Nur 3% des Wassers, das die Erde bedeckt, ist Süßwasser. Süßwasserlebensräume aber sind vielgestaltiger als die des salzigen Meeres. Es gibt rauschende Bäche und träge Flüsse, winzige Pfützen, kleine Teiche und große Seen. Die chemischen Inhaltsstoffe im Wasser hängen oft vom darunterliegenden Gestein ab. Wo viele Nährstoffe herangetragen werden, gibt es reichen Pflanzenwuchs, der wiederum einer Vielzahl von Tieren wie Insektenlarven, Fischen, Wassersäugern und Vögeln Nahrung und Unterschlupf bietet. Wasser aus den Gebirgen ist oft klar und sauerstoffreich, aber nährstoffarm und daher arm an Pflanzen und Tieren. An all diese Faktoren muß ein Tier angepaßt sein, um in einem bestimmten Süßwasserlebensraum zu überleben. Es gibt daher Anpassungen an unterschiedliche Gewässertypen. So können einige Tiere in klarem, schnellfließendem Wasser leben, andere brauchen die stillen, trüben Wasser eines Sees.

MARKIERTER FISCH
Um Wachstumsraten, Wanderungen und Lebenserwartung untersuchen zu können, fängt man Fische und markiert sie mit kleinen Kunststoff- oder Metallklammern. Aus dem Verhältnis von markierten zu unmarkierten Fischen bei einer zweiten Fangaktion kann man die Größe der Fischpopulation berechnen. Durch regelmäßiges Wiegen und Messen erfahren die Wissenschaftler, wie schnell die Fische wachsen.

Köcherfliegenlarven

GUTES ZEICHEN
Unter Steinen und im Gewirr der Pflanzen in Gewässern wimmelt es nur so von kleinen Tieren. Bei den meisten dieser Tiere handelt es sich um die Larven von Insekten wie Köcherfliegen, Eintagsfliegen und Mücken. Einige davon gedeihen nur in sauberem Wasser. Daher kann man aus der Zahl bestimmter Arten (Zeigerarten) auf die Güte des Wassers schließen. Köcherfliegenlarven, Eintagsfliegenlarven und Wasserflöhe zeigen sauberes Wasser an.

Wasserfloh

Eintagsfliegenlarven

Elritzen

MITTEN DRIN
An den Biegungen großer Flüsse lagert sich oft Schlamm ab. In diesen ruhigeren Wassern gedeihen Pflanzen wie der Wasserhahnenfuß (rechts unten). Kleine Wirbellose, die an den Wasserpflanzen leben, dienen Fischen wie den Elritzen als Nahrung.

Tubifex-Würmer

Rattenschwanzlarve

Rote Mückenlarve

SCHLECHTES ZEICHEN
Findet man in einem Flußabschnitt nur Rattenschwanzlarven (Larven einiger Schwebfliegen), rote Mückenlarven (Zuckmückenlarven) und *Tubifex* (Schlammröhrenwürmer), deutet das auf einen hohen Verschmutzungsgrad hin. Andere Tiere können in diesem Wasser nicht leben, weil ihre Kiemen von den Schmutzteilchen verkleben oder sie den geringen Sauerstoffgehalt nicht vertragen. Die Rattenschwanzlarven überleben, weil sie über einen „Schnorchel" Luft atmen.

WASSERHAHNENFUSS
Wie viele Pflanzen der Flüsse und Bäche ist auch der Wasserhahnenfuß an Strömungen angepaßt. Er ist mit starken Wurzeln im Flußbett verankert, und seine Blätter haben lange, dünne Stiele, die sich im Wasser wiegen.

Regenbogenforelle

IN WILDEN WASSERN
Der Oberlauf eines Flusses ist oft schnellfließend und sauerstoffreich. Das sind die idealen Bedingungen für die Regenbogenforelle und einige andere kleine Fische, die mit der starken Strömung fertig werden. Sie sind alle gute, kraftvolle Schwimmer. Um Energie zu sparen, rasten sie oft am Rand des Wasserlaufs oder hinter einem Stein, wo das Wasser langsamer fließt.

IN TRÄGEN WASSERN
Im Unterlauf fallen die meisten Flüsse nicht so steil ab und fließen langsamer. Schlamm und Nährstoffe setzen sich am Flußbett ab und bieten einen guten Nährboden für eine Vielzahl von Pflanzen. Diese wiederum bieten Tieren Nahrung und diese Tiere wiederum anderen Tieren. Daher gibt es dort viele Fische. Die Barbe bewohnt die klareren, schneller fließenden Bereiche, z.B. unter Wehren. Die Schleie bevorzugt langsamere, schlammige Wasser, und der Hecht lebt, wo immer es genügend Pflanzen zum Verstecken gibt, zwischen denen er auf Beute lauern kann.

Schleie

Barbe

Barteln ertasten Nahrung.

Abgeflachte Bauchseite: Anpassung an ein Leben am Flußbett

Kräftige Flossen für schnelle Beschleunigung

Mit nach vorn gerichteten Augen kann der Hecht Entfernungen abschätzen.

Tarnfärbung

Junger Hecht

Lebensraum Wald

Die Wälder der gemäßigten Zonen (zwischen Tropen und Polarkreis) bieten vielen Lebewesen eine Heimat. Jeder Baum ist eine kleine Welt für sich: Insekten fressen an den Blättern, Vögel und kleine Säuger bauen ihre Nester in den Stämmen und Zweigen, Asseln und Käfer leben in der Laubstreu. Der jahreszeitliche Wetterwechsel wirkt sich auf das Verhalten der Tiere aus. An warmen Frühlingstagen erscheinen Insekten, Vögel beginnen zu brüten, und junge Säuger kommen auf die Welt. In den heißen Sommermonaten wachsen die kleinen Tiere schnell heran. Im Herbst, wenn die meisten Bäume ihre Blätter verlieren, laben sich die Tiere an Beeren und sammeln Vorräte für den Winter. Die kalten Nächte und kurzen Tage machen den Winter zu einer schweren Zeit: Viele Tiere haben dann ein dickes Winterfell und verbringen viel Zeit in ihren Bauen oder Baumhöhlen, wenn sie nicht wie einige Vögel davonfliegen, um sich den Winter über in wärmeren Ländern aufzuhalten.

GALLIG
Die Nahrungsketten des Waldes sind oft sehr kompliziert. Insekten wie einige Wespen und Nachtfalter legen ihre Eier in Knospen, Blätter und Früchte, wo sich die Jungen in Wucherungen, sog. Gallen, entwickeln. Erzwespen wiederum legen ihre Eier in diese Larven.

GRÜNSPECHT
Ein nächstes Glied in der Nahrungskette sind insektenfressende Vögel. Der Grünspecht frißt besonders gern Ameisen.

Der kurze Schwanz aus steifen Federn stützt den Vogel, wenn er am Baumstamm emporklettert.

Wipfel: viel Sonne

Laubstreu: feucht und schattig

Strauchschicht: Büsche und kleine Bäume

Krautschicht: Pflanzen, die mit wenig Licht auskommen

Humusschicht

Unterboden

Gesteinsschicht

WOHNUNG FÜR VIELE
Bäume bieten eine Fülle kleinerer Lebensräume. Fliegende Tiere wie Vögel und Schmetterlinge tummeln sich in der Wipfelregion, wo es Blätter und Früchte in Hülle und Fülle gibt. Auf dem Waldboden ist es kühl, schattig und feucht: ideal für Würmer, Schnecken und ähnliche kleine Tiere.

NACHTFLIEGER
Sein unverwechselbarer Schrei in der Nacht verrät den Waldkauz. Am Tag sitzt diese Eule still auf einem Baum. Mit ihrem gesprenkelten Gefieder ist sie vor dem Hintergrund von Blättern und Rinde kaum zu entdecken. Mit einem ausgezeichneten Gehör und der Fähigkeit, lautlos zu fliegen, ist der Waldkauz ein geschickter nächtlicher Mäusejäger. Er frißt aber auch andere kleine Säuger sowie Vögel, Lurche, Fische und Insekten.

RÄUBER IM LAUB
Hundertfüßer krabbeln auf ihren vielen Beinen durch die Laubstreu und jagen Würmer und Insektenlarven. Sie packen ihre Opfer mit den Mundwerkzeugen und spritzen ihnen Gift ein. Hundertfüßer haben ein Beinpaar pro Körpersegment. Ihre pflanzenfressenden Tausendfüßerverwandten, die Doppelfüßer, haben zwei Beinpaare pro Segment.

Nager-Beckenknochen

Wühlmausschädel

GEWÖLLE
Einige Vögel, etwa Eulen und Mitglieder der Krähenfamilie, würgen die unverdaulichen Reste ihrer Nahrung als Gewölle aus. Das Gewölle enthält Knochen, Zähne, Krallen, Federn und andere harte Teile.

Fell, Federn und Knochen

GRAS ODER SPROSSE?
Bei den Wiederkäuern des Waldes (Reh, Rothirsch, Damhirsch, Elch) gibt es verschiedene Ernährungstypen. Rehe z.B. bevorzugen leichtverdauliche Nahrung wie Knospen und zarte Sprosse. Man nennt sie „Browser" oder „Konzentratselektierer". Hirsche dagegen fressen auch Rauhfutter wie Gras oder Rinde.

Leben in den Bergen

Das Leben im Gebirge ist hart, und je höher man kommt, desto rauher wird das Klima, und desto unwirtlicher werden die Lebensbedingungen. Pro 150 m Höhe sinkt die Temperatur um 1 °C, der Wind wird stärker, die Luft dünner und sauerstoffärmer. Auf den Gipfeln der Hochgebirge können nur Insekten überleben. Sie ernähren sich von Pflanzensporen, Blütenstaubkörnern und Insekten, die auf die Gipfel geblasen werden. Die meisten Tiere leben weiter unten auf den Wiesen und in den Wäldern an den Hängen der Berge. Viele dieser Bergbewohner haben ein dichtes Fell, mit dem sie der Kälte standhalten, und große Lungen, mit denen sie in dünner Luft atmen können. Hochgebirgstiere wie die Pumas ziehen sich im Winter meist in tiefere Regionen zurück. Andere wie die Murmeltiere und die Bären verschlafen die kälteste Zeit in Erdbauen oder Höhlen.

WARM VERPACKT
Die Chinchilla, ein bergbewohnendes Nagetier mit einem schönen warmen Pelz, stammt aus den südamerikanischen Anden. Einst waren Chinchillas dort weit verbreitet. Heute sind sie, weil sie wegen ihres herrlichen Fells stark bejagt wurden, selten geworden.

GEBIRGSZONEN
Unabhängig vom Klima gibt es in Gebirgen immer je nach Höhenlage verschiedene Lebensgemeinschaften. Hier sieht man die Höhenzonen der europäischen Alpen. Am Fuß der Berge findet man Laubmischwälder, die in größeren Höhen den kältetoleranteren Nadelwäldern weichen. Bei etwa 2600 m liegen Almwiesen. Zwischen ihnen und der Schneestufe (nivale Zone) findet man alpine Tundra mit Zwergsträuchern, Schuttgesellschaften und Polsterrasen.

BLUT UND HONIG
Viele Berginsekten haben einen abwechslungsreichen Speiseplan. Sie fressen, was immer sie in der jeweiligen Jahreszeit finden können. Diese Fliege aus dem Himalaja hat Doppelfunktions-Mundwerkzeuge. Die kurzen, kräftigen Beißwerkzeuge können die Haut von Tieren wie Yaks durchbohren, so daß die Fliege sich wie eine Bremse von deren Blut ernähren kann. Der lange Rüssel dient dazu, in den kurzen Sommern Nektar aus Blüten zu saugen.

JÄGER DER LÜFTE
Der Merlin bewohnt Taiga und Waldtundra Eurasiens und Nordamerikas. Er ist schnell und wendig, hat scharfe Augen und ein gutes Reaktionsvermögen. Das macht ihn zu einem ausgezeichneten Jäger. Er fängt kleine Vögel wie Wiesenpieper und Schneeammern aus der Luft. Im Winter zieht der Merlin nach Süden. Die Überwindung von Gebirgen ist für ihn kein Problem. Aufgrund ihres Flugvermögens kommen Vögel im Gebirge gut zurecht, denn sie können weite Gebiete zur Nahrungssuche nutzen und sich, wenn nötig, in klimatisch günstigere Regionen zurückziehen.

FELL UND FÜSSE
Säugetiere benötigen in den Höhenlagen der Gebirge ein dickes Fell, das sie vor Kälte und Wind schützt. Außerdem müssen sie trittsicher sein, damit sie im Geröll nicht abrutschen. Bergziegen weisen beide Anpassungen auf. Aufgrund dieses Vorteils haben sie nur wenige Feinde. Denn so hoch oben gibt es nicht mehr viele Raubtiere, und die wenigen sind im offenen Gelände relativ leicht zu sehen.

BERGLÖWE
Der Puma wird auch Berglöwe genannt. Er ist an den Hängen der Adirondacks im Osten der USA ebenso zu Hause wie an den unwirtlichen Küsten Südamerikas. Er versteckt sich im felsigen Gelände, so daß man ihn selten zu Gesicht bekommt, obwohl er bei Tag und bei Nacht jagt.

Leben in der Wüste

Wüsten sind lebensfeindliche, vor allem durch Wasserarmut gekennzeichnete Gebiete, in denen weniger als 250 mm Regen im Jahr fällt. In den meisten Wüsten regnet es gelegentlich, allerdings nicht häufig und nicht in regelmäßigen Abständen. Dieser Niederschlag aber macht Leben in den Trockengebieten überhaupt erst möglich. Die Temperaturschwankungen sind in Wüsten oft gewaltig. In vielen dieser Gebiete ist es tagsüber sengend heiß, nachts aber sehr kalt. Für Tiere gibt es in der Wüste nur wenig Nahrung. Dennoch findet man auch in diesem extremen Lebensraum eine ganze Reihe von Arten, die daran angepaßt sind, mit dem geringen und unzuverlässigen Wasser- und Nahrungsangebot auszukommen. Tagsüber flüchten sich die meisten Wüstenbewohner vor der sengenden Sonne in Baue oder unter Felsen. Nachts, wenn es kühler und feuchter ist, kommen sie aus ihren Verstecken und begeben sich auf Nahrungssuche.

Das schwarze Band markiert die Stelle, an der sich der „Hut" der Kobra befindet.

Diademnatter

Kettennatter

MIT GIFT AUF DER LAUER
Die Speikobra lauert in ostafrikanischen Oasen auf Beute. Wenn sie sich bedroht fühlt, richtet sie sich auf und spuckt dem Angreifer ihren giftigen Speichel entgegen. Das Gift wird aus winzigen Öffnungen in den Giftzähnen vorn im Maul gespritzt. Die Speikobra ernährt sich von Echsen, Kröten, anderen Schlangen, Vögeln und kleinen Säugern, denen sie das Gift aber direkt einspritzt, indem sie ihre Zähne in die Beute schlägt. Reptilien wie die Kobra sind durch ihre Schuppen vor Austrocknung geschützt. Ihre Körpertemperatur schwankt mit den Außentemperaturen.

MIT ZUNGE UND AUGEN
Wie alle Schlangen nimmt die Diademnatter mit ihrer Zunge Duftstoffe aus der Luft und vom Boden auf. Diese werden dann von der Zunge zu einem Geruchssinnesorgan im Gaumen befördert. So erkundet die Schlange ihre Umgebung. Die Kettennatter kann außerdem mit ihren großen Augen auch nachts sehen. So können die Schlangen die Hitze des Tages meiden und in der Nacht jagen.

DAS WÜSTENSCHIFF
Seit Jahrtausenden tragen Kamele Menschen und Lasten durch die Sandmeere. Sie haben eine Reihe von Anpassungen an das Leben in der Wüste ausgebildet. Flächige Füße mit Schwielensohlen tragen das Tier wie Schneeschuhe über die Sanddünen, das dicke Fell schützt vor Hitze und Kälte, und besondere Vorrichtungen sparen Wasser.

Mit dem spitzen Hakenschnabel lassen sich Fleischstücke von der Beute reißen.

Stachel

Kleine Scheren

Die großen Schwanzfedern dienen im Flug als Steuerruder.

Schützende Schuppen

Tödliche Fänge

LANGSAM UND TROCKEN
Wüstenskorpione sind besonders giftig. Dadurch bleibt es ihnen erspart, kostbare Energie für Kämpfe mit Feinden oder Beutetieren zu vergeuden. Der Wasserverlust wird bei diesen Spinnenverwandten ebenso wie bei Insekten durch das harte Außenskelett gering gehalten.

MIT DER AUSSTATTUNG EINES JÄGERS
Der Wüstenbussard ist ein Greifvogel der Wüsten Nordamerikas. Er jagt vorwiegend Reptilien, die auf dem Wüstenboden nicht so zahlreich vorhanden sind, und benötigt daher ein sehr großes Jagdrevier. Die kräftigen Fänge packen die sich windende Beute. Die langen, dick beschuppten Beine schützen vor giftigen Schlangenbissen.

Überlappende Schuppen ermöglichen schnelle, wendige Bewegungen.

Leben im Regenwald

Die artenreichsten Lebensräume der Erde sind die tropischen Regenwälder. In den immerfeuchten Regionen um den Äquator ist es das ganze Jahr über fast gleichmäßig warm, und die Sonne liefert das ganze Jahr über Energie für ein üppiges Pflanzenwachstum mit riesigen Laubbäumen, überwachsenen Stämmen und dichtem Unterwuchs. Dieser Dschungel bietet ideale Lebensbedingungen für viele Tiere. Wenige Quadratkilometer Regenwald können mehr Arten beherbergen, als man in ganz Deutschland findet. Jede Schicht des Regenwaldes, von der Laubstreu bis hinauf in die Wipfel der Urwaldriesen, hat ihre eigene Tierwelt. In der Wipfelregion ist es hell und sonnig, auf dem Urwaldboden dagegen düster und feucht, weil das dichte Laubwerk der Bäume kaum Licht bis auf den Boden gelangen läßt. Die Nahrungsversorgung im tropischen Regenwald ist das ganze Jahr über gewährleistet. Immer gibt es Blüten, Früchte und Blätter, von denen sich die Tiere ernähren können.

KÄNGURUHKÄFER
Der Känguruhkäfer hat kräftige Hinterbeine, mit denen er ebenso gut springen kann wie das namengebende Säugetier.

KRABBELKÄFER
Die meisten Käfer, darunter auch dieser Blattkäfer, leben in feuchtwarmen Regenwäldern. Insgesamt kennt man 300.000 Käferarten. Das sind mehr Arten als in allen anderen Insektenfamilien.

PARADIESVÖGEL
Das prachtvolle Gefieder der männlichen Paradiesvögel dient einzig und allein dem Anlocken einer Partnerin. Die Männchen versammeln sich in Gruppen zu einem gemeinsamen Balztanz. Kopfunter an den Zweigen hoher Bäume hängend, entfalten sie im Licht der Morgensonne ihr farbenprächtiges Gefieder und untermalen die Darbietung mit lauten Rufen. Paradiesvögel leben nur in den Regenwäldern Neuguineas und einiger vorgelagerter Inseln sowie im Nordosten Australiens.

HÖHENFLIEGER
Die Tiere der Wipfelregion zeigen z.T. ähnliche Anpassungen. Der nachtaktive Faltengecko (*Ptychozoon kuhli*) ist durch seine Tarnfärbung geschützt. Wird er dennoch entdeckt, kann er der Gefahr im Gleitflug entkommen. Dazu hält er seine lappenartigen Hautsäume an den Körperflanken von den Beinen abgespreizt.

Große Schuppen verbreitern den Schwanz.

Die Hautsäume dienen als Gleitflächen.

Die schuppige Haut erinnert an flechtenbedeckte Rinde.

Lange Beine zum schnellen Laufen

Kräftige Flügel

FLUGFROSCH
Der Flugfrosch *Rhacophorus reinwardtii* gehört zu einer Reihe von Froscharten, die bei Gefahr vom Baum herunterspringen, um einem Verfolger zu entkommen. Zwischen den Zehen der großen Füße ist eine Flughaut gespannt, die beim Gleitflug als Fallschirm dient.

JAGDWESPE
Die Wespe *Chlorion lobatum* fliegt im Tiefflug über den Waldboden und jagt Grillen. Sie packt ihre Beute mit kräftigen Zangen und betäubt sie mit ihrem Giftstachel. Das Opfer trägt sie dann zu ihrem Bau und legt ein einziges Ei darauf. So hat die Larve bis zu ihrer Verpuppung genug zu fressen.

Flughäute zwischen den Zehen

Ararauna aus
Südamerika

OBSTSUCHER
Aras haben kurze, breite Flügel, mit denen sie geschickt zwischen den belaubten Ästen der Kronenregion umherfliegen können. Dabei legen sie auf der Suche nach reifen Früchten große Entfernungen zurück. Mit ihrem kräftigen Hakenschnabel können sie auch durch harte und zähe Fruchtschalen dringen und an das saftige Innere und die nahrhaften Samen gelangen.

FLIEGENDE SCHLANGE
Diese Schmuckbaumnatter (*Chrysopelea pelias*) ist eine von fünf südostasiatischen Schlangenarten, die durch die Luft gleiten können. Sie strecken dazu ihre Rippen seitwärts und flachen damit den Körper ab. So können die Schlangen bis zu 50 m weit von einem Baum zum anderen gleiten. Nach der Landung nimmt die Schlange wieder die alte Gestalt an.

FLUGDRACHE
Der Flugdrache hat eine andere Art von Gleitschirm entwickelt als der Faltengecko. Er hat sechs oder sieben Paare verlängerter Rippen, zwischen denen eine Haut gespannt ist. Diese „Flügel" legt die Echse meist an den Körper an. Wenn sie sich öffnen, kann das Tier über weite Strecken gleiten.

RIESENFALTER
Der Atlasspinner gehört mit einer Flügelspannweite von 30 cm zu den größten Schmetterlingen. Er lebt (noch) in den Wäldern Indiens und Sri Lankas, Malaysias, Indonesiens und Chinas. Wie viele bedrohte Arten wird auch der Atlasspinner illegal gefangen und als exotisches Haustier oder als totes Zierstück verkauft.

An den Flügelmustern erkennen sich die Geschlechter.

181

Ordnung der Vielfalt

Wenn man Dinge in der Natur untersuchen will, muß man sie einordnen können. Dazu dient die Systematik. Die Grundlagen dieser Wissenschaft verändern sich mit allem, was wir über die Lebewesen dazulernen. Die meisten heutigen Ordnungssysteme unterteilen die Lebewesen in fünf Reiche: *Monera* (zellkernlose, einzellige Lebewesen wie die Bakterien), *Protista* (Einzeller mit Zellkern), Pilze, Pflanzen und Tiere. Das Tierreich wird wissenschaftlich in etwa 30 Stämme unterteilt. Einer davon umfaßt alle Wirbeltiere (Tiere mit Wirbelsäule). Die Angehörigen aller anderen Stämme sind wirbellose Tiere. In den Stämmen faßt man Tiere mit ähnlichem Körperbau zusammen. So gehören zum Stamm *Arthropoda* (Gliederfüßer) z.B. Insekten, Krebse und Spinnentiere. Jeder Stamm wird in Klassen, jede Klasse in Ordnungen, jede Ordnung in Familien und jede Familie in Gattungen eingeteilt. Die einzelnen Gattungen unterteilt man schließlich in Arten.

Wirbellose

Uns sind die Wirbeltiere meist viel vertrauter, aber es sind die Wirbellosen, die die weitaus größte Zahl der Tierarten stellen. Die meisten davon sind Insekten. Die Klasse *Insecta* umfaßt über 1 Mio. katalogisierte und wissenschaftlich beschriebene Arten, und es mag noch einige Millionen weitere, bisher unbeschriebene Insektenarten geben. Die Insekten gehören mit den Spinnentieren, Krebsen und Tausendfüßern zum größten Stamm des Tierreichs, dem der Arthropoden oder Gliederfüßer (Gemeinsamkeiten: segmentierter Körper mit einem harten Außenskelett sowie Beine, die an den Gelenken gebeugt werden können). Etwa zwei Drittel der Wirbellosenstämme aber umfassen nur sehr wenige Arten.

Seeanemone

Regenwurm

Schnecke

Spinne

Krabbe

Seestern

Admiral

INSEKTEN
Erwachsene Insekten (Vollkerfe) haben sechs Beine, und die meisten haben zwei Flügelpaare. Die artenreichste Ordnung der Insekten sind die Käfer (*Coleoptera*).

NESSELTIERE
Zu den Nesseltieren (*Cnidaria*), einem Unterstamm der Hohltiere (*Coelenterata*), gehören Quallen, Korallen und Seeanemonen sowie Süßwasserpolypen.

RINGELWÜRMER
Der Regenwurm als typischer Ringelwurm (Annelide) zeichnet sich durch ringförmige Körpersegmente aus.

WEICHTIERE
Zu den Weichtieren (Mollusken) gehören Schnecken, Muscheln und Kopffüßer wie der *Octopus*. Die meisten haben eine harte Außenschale.

SPINNENTIERE
Spinnen, Skorpione und Milben gehören zur Arthropodenklasse der Arachniden. Sie sind durch acht Laufbeine gekennzeichnet.

KREBSE
Zur Arthropodenklasse der Crustaceen gehören u.a. Meereskrabben, Hummer, Garnelen, Seepocken, Entenmuscheln und Landkrebse wie die Asseln.

STACHELHÄUTER
Die Echinodermaten (Seesterne, Seeigel, Seelilien und Seegurken) leben im Meer und zeichnen sich durch ihren strahlensymmetrischen Körperbau aus.

Wirbeltiere

Wirbeltiere haben ein Rückgrat (Wirbelsäule) und ein Innenskelett. Man nimmt an, daß eine solch komplizierte Bauweise nur einmal in der Evolution entstehen konnte und sich daher alle Wirbeltiere von gemeinsamen Vorfahren ableiten. Die meisten Wirbeltiere sind, verglichen mit Wirbellosen, recht groß, haben hochentwickelte Sinnesorgane sowie ein verhältnismäßig großes Gehirn und zeigen vielfältige und anpassungsfähige Verhaltensmuster. Der Stamm, dem alle Wirbeltiere angehören, heißt *Chordata*. Zu ihm gehört neben den bekannten Wirbeltieren (Fische, Amphibien, Reptilien, Vögel und Säuger) noch das Lanzettfischchen, das keine eigentliche Wirbelsäule, sondern eine Art Vorläufer, die Chorda, hat.

Lanner

Tiger

Schlange

Frosch

Gelber Buntbarsch

Katzenhai

VÖGEL
Das kennzeichnende Merkmal der Klasse der Vögel (*Aves*) sind die Federn. Zudem können alle Vögel ihre Körpertemperatur gleichmäßig warm halten, haben sie einen zahnlosen Schnabel und zu Flügeln umgewandelte Vorderbeine.

SÄUGER
Die Säugetiere (*Mammalia*) sind wie die Vögel gleichwarm. Sie säugen ihre Jungen mit Muttermilch und haben abgesehen von wenigen Ausnahmen ein Fell.

REPTILIEN
Reptilien (Echsen, Schlangen, Schildkröten und Krokodile) haben eine trockene Schuppenhaut. Die meisten Arten legen Eier mit lederiger Schale.

AMPHIBIEN
Kennzeichnend für die Amphibien (Froschlurche, Schwanzlurche, Blindwühlen) ist die schuppenlose, feuchte Haut. Die Eier sind von Gallerte umhüllt.

KNOCHENFISCHE
Die Klasse der Knochenfische (*Osteichthyes*) umfaßt über 20.000 Arten. Sie haben ein Knochenskelett und Strahlenflossen.

KNORPELFISCHE
Die *Chondrichthyes* mit Haien, Rochen und Seedrachen bilden die zweite Hauptklasse der Fische. Ihr Skelett besteht aus Knorpel statt aus Knochen.

Die Geschichte des Lebens

Erdaltertum

Die Geschichte der Erde wird in mehrere größere Zeitalter unterteilt. Das älteste Erdzeitalter ist das Präkambrium, in dem Einzeller die meisten Lebensformen stellten. Im zweiten Zeitalter, dem Paläozoikum (Erdaltertum), entstanden größere, vielgestaltigere Lebewesen mit Schalen, Wirbelsäulen, Kiefern und Beinen. Davon zeugen Fossilien.

Zeitalter	Periode	Vor Mio. Jahren
Känozoikum	Pleistozän (Epoche)	0,01
	Holozän (Epoche)	2
	Pliozän (Epoche)	5
	Miozän (Epoche)	25
	Oligozän (Epoche)	38
	Eozän (Epoche)	55
	Paläozän (Epoche)	65
Mesozoikum	Kreide	144
	Jura	213
	Trias	248
Paläozoikum	Perm	286
	Karbon	360
	Devon	408
	Silur	438
	Ordovicium	505
	Kambrium	590
	Präkambrium (mehr als siebenmal so lang wie alle anderen Perioden zusammen)	4600 (Entstehung der Erde)

Zeittabelle zur Einordnung der Geschichte des Lebens

TRILOBIT
Trilobiten sind ausgestorbene Gliederfüßer. Sie lebten 600 Mio. Jahre lang ausnahmslos im Meer, sind aber schon seit 200 Mio. Jahren ausgestorben.

NAUTILOIDEN
Nautiloiden und Ammoniten waren Weichtiere mit vielen Armen, die aus der aufgerollten Schale ragten. Die Ammoniten sind ausgestorben, von den Nautiloiden gibt es noch eine Art: das Perlboot (*Nautilus*).

FISCHE
Die ersten Fische hatten weder richtige Kiefer noch paarige Flossen. Dies ist das Fossil einer nur 7 cm langen *Birkenia*, die vor 420 Mio. Jahren lebte.

LURCHE
Die ersten Landwirbeltiere waren Amphibien. Sie entwickelten sich im Devon. Bei diesem fossilen Frosch sind Haut und weiche Körperteile ungewöhnlich gut erhalten.

ZEITSKALA
Die Tabelle zeigt Zeitalter und Perioden der Erdgeschichte und die Epochen (kleinere Zeitabschnitte) des Känozoikums (Erdneuzeit). Fossilien werden anhand der Gesteinsarten datiert, in denen sie eingebettet sind, sowie durch Fossilvergleich. Zudem kann man heute Zeitbestimmungen aufgrund winziger Spuren von Radioaktivität oder Magnetismus vornehmen.

DINOS
Dinosaurier beherrschten die Erde über 160 Mio. Jahre lang. Anhand von Fossilien konnten über 1000 Arten bestimmt werden.

Erdmittelalter

Das Mesozoikum (Erdmittelalter) war die große Zeit der Reptilien, besonders der Dinosaurier. Auch im Meer herrschten Reptilien, und Pterosaurier flogen durch die Lüfte. Die ersten Säuger fristeten ein unbedeutendes Dasein. Am Ende der Kreidezeit kam es zu einem Massenaussterben. Viele Tiere und Pflanzen verschwanden damals von der Erde.

VÖGEL
Der älteste Vogel, *Archaeopteryx*, lebte vor fast 150 Mio. Jahren. Vogelknochen sind leicht, hohl und zerbrechlich und versteinern daher selten.

ICHTHYOSAURIER
Diese scharfzähnigen, delphinartig gebauten Reptilien jagten in den Meeren des Erdmittelalters. Andere Meeresreptilien jener Zeit waren die Plesiosaurier und die Mosasaurier.

PLESIOSAURIER
Dieses Fossil zeigt die versteinerten Beinknochen eines Plesiosauriers. Die Beine waren paddelförmig, so daß das Tier gut schwimmen konnte. Die fünf Zehen der Landvorfahren waren jedoch noch erhalten.

Erdneuzeit

Das Känozoikum ist die Zeit von vor 65 Mio. Jahren bis heute. Sie war geprägt vom Aufstieg der Säugetiere als der vorherrschenden großen Landtiere und der Vögel als der Könige der Lüfte. Das Tier- und Pflanzenleben auf der Erde ist im Laufe der Erdgeschichte immer vielgestaltiger geworden, auch in Tiergruppen wie Krebsen, Würmern, Fischen und Insekten.

PFERDE
Das erste Pferd, *Hyracotherium*, war nur etwa so groß wie eine Hauskatze. Es lebte vor 55 Mio. Jahren in den Wäldern Nordamerikas und Europas. Pferde gehören zu den Huftieren.

AFFEN
Der Schädel des *Proconsul*, eines Menschenaffen aus dem Miozän, zeigt viel Ähnlichkeit mit dem eines heutigen Schimpansen. Die stumpfen Zähne deuten auf einen Obst- und Blattfresser hin. Menschenaffen, Schwanzaffen und Halbaffen gehören mit dem Menschen zu den Herrentieren (Primaten).

KATZEN
Die Säbelzahnkatze *Smilodon* hatte furchterregende Dolcheckzähne, mit denen sie Beute schlagen und aufschlitzen konnte. Sie lebte von vor 1,6 Mio. Jahren bis vor etwa 8000 Jahren in Nord- und Südamerika. Katzen bilden zusammen mit den Hunden, Bären, Mardern und Schleichkatzen die Säugetierordnung der Raubtiere.

RÜSSELTIERE
Mammute wie dieses Exemplar, das man tiefgefroren im sibirischen Eis fand, gehörten wie die heutigen Elefanten zu den Rüsseltieren.

GLYPTODONTEN
Das gepanzerte *Glyptodon* lebte in Südamerika. Wie viele der Tiere dort starb es aus, als Süd- und Nordamerika durch die Kontinentaldrift aneinandergedrückt wurden und von Norden einwandernde Tiere viele Arten im Süden verdrängten.

DIE ERSTEN MENSCHEN
Fossile Schädel vermitteln ein Bild davon, wie sich aus affenähnlichen Vorfahren aufrecht auf zwei Beinen gehende Menschen entwickelten. Der heutige Mensch, *Homo sapiens*, erschien wahrscheinlich erst vor 100.000 Jahren. Dieser Schädel gehörte einem *Homo erectus* („aufrechter Mensch"), einem unserer frühen Vorfahren.

Schädel eines *Homo erectus*

Kleines Lexikon

ABDOMEN Hinterleib von Insekten, Spinnen und Krebsen. Das Abdomen sitzt am Thorax (Brust) an und ist meist segmentiert. *Siehe auch* Thorax.
ANTENNEN Fühler: paarige Sinnesorgane von Wirbellosen zum Fühlen, Tasten und/oder Riechen. *Siehe auch* Wirbellose.
ART Kleinste systematische Einheit bei Lebewesen. Angehörige einer Art können sich erfolgreich untereinander fortpflanzen, nicht aber mit Vertretern anderer Arten. *Siehe auch* Fortpflanzung.
ATMUNG Man unterscheidet zwischen **äußerer Atmung** (Sauerstoffaufnahme in den Körper und Kohlendioxidabgabe mit Hilfe von Kiemen, Tracheen, Lungen) und **Zellatmung** (Abbau organischer Stoffe unter Sauerstoffverbrauch zur Energiegewinnung).
AUSSENSKELETT Formgebende äußere Strukturen, die den Körper ein- und mehrzelliger Lebewesen als Stützkorsett umgeben, z.B. das Gehäuse einer Schnecke, der Panzer eines Krebses usw. Andere Bezeichnungen: **Exoskelett**, **Ektoskelett**.

BEFRUCHTUNG Die Vereinigung der weiblichen und männlichen Keimzelle zu einer Zelle bei der geschlechtlichen Fortpflanzung. *Siehe auch* Eizelle, Fortpflanzung, Spermium.
BEUTE Tiere, die von anderen gejagt und gefressen werden.
BIOTISCHE FAKTOREN Von griech. *bios* (Leben). Faktoren der lebenden Umwelt, z.B. Nahrung, Konkurrenten, Feinde, Parasiten, Krankheitserreger. Gegensatz: **abiotische Faktoren**: von griech. *a* (nicht) und *bios* (Leben). Physikalische und chemische Faktoren der unbelebten Umwelt, die auf die Organismen einwirken, z.B. Temperatur, Feuchtigkeit, Beschaffenheit des Bodens und des Wassers.
BLUT Körperflüssigkeit, die Nähr-, Bau-, Abwehrstoffe und Sauerstoff zu den einzelnen Organen des Körpers bringt und Abfallstoffe abtransportiert. Von Blut im engeren Sinne spricht man nur bei Tieren, bei denen diese Körperflüssigkeit in geschlossenen Kreislaufsystemen fließt. Bei Insekten und anderen Tieren mit offenem Blutkreislauf, in dem sich Blut und Lymphe mischen, spricht man richtiger von **Hämolymphe**.

CHITIN Ein stickstoffhaltiger Mehrfachzucker. Hauptbestandteil des Außenskeletts von Insekten, Krebsen und Spinnentieren.

DARM Schlauchartiger Teil des Verdauungsapparates, der Nahrung verdaut und in den Körper aufnimmt (Dünndarm) und unverdauliche Reste zu einer Ausscheidungsöffnung transportiert (Dickdarm), wobei Wasser entzogen wird.

EIZELLE Die weibliche Keimzelle bei Tieren und Pflanzen. *Siehe auch* Fortpflanzung.
EMBRYO Sehr junges, sich noch entwickelndes Tier im Mutterleib (bei Säugern), im Ei (bei Reptilien und Vögeln) oder Pflänzchen im Samen (bei Blütenpflanzen).
ERNÄHRUNGSTYPEN Je nach bevorzugtem Nahrungstyp unterscheidet man bei Tieren *Herbivora* (Pflanzenfresser), *Carnivora* (Fleischfresser) und *Omnivora* (Allesfresser). Nach Art der Nahrungsaufnahme kann man Räuber (z.B. Katzen), Strudler (z.B. Seepocken), Aasfresser (z.B. Geier), Substratfresser (z.B. Regenwurm), Filtrierer (z.B. Bartenwale) und Parasiten (*siehe dort*) unterscheiden.

EVOLUTION Langsamer Prozeß der Veränderung aller Lebewesen durch Mutation (Veränderung im genetischen Code), Rekombination (neue Zusammenstellungen der Gene in den befruchteten Eizellen bei geschlechtlicher Fortpflanzung) und Selektion (*siehe dort*). Mutation und Rekombination führen im Laufe der Zeit zu unvorstellbar großer genetischer Variation. Selektion bedeutet, daß sich diejenigen am erfolgreichsten fortpflanzen, die der jeweiligen Umwelt am besten angepaßt sind. Durch Evolution kann sich eine Population einer Art so verändern, daß sie zu einer neuen Art wird.

FORTPFLANZUNG Produktion von Nachkommen, von neuen Individuen. Man unterscheidet zwei Arten der Fortpflanzung: die **ungeschlechtliche Fortpflanzung** (asexuelle Reproduktion) z.B. durch Knospung, Sprossung, Teilung und die **geschlechtliche Fortpflanzung** (sexuelle Reproduktion), bei der die Keimzellen von Weibchen (Eizelle) und Männchen (Samenzelle, Spermium) zu einer Zelle (Zygote) verschmelzen, aus der sich dann ein neues Lebewesen entwickelt (bisexuelle Fortpflanzung); seltener entwickelt sich aus einer unbefruchteten Eizelle ein neues Lebewesen (unisexuelle Fortpflanzung, Parthenogenese), z.B. bei manchen Blattlausgenerationen.
FOSSILIEN Versteinerte Überreste urzeitlicher Pflanzen und Tiere.

GEHIRN Schalt- und Koordinationszentrum eines Nervensystems aus miteinander verbundenen Nerven, meist in der Kopfregion eines Tieres. Bei Wirbeltieren von der Hirnkapsel umschlossen.
GLEICHWARM *Siehe* Homöothermie.

HABITAT *Siehe* Lebensraum.
HÄUTUNG Das Ersetzen der Haut oder des Außenskeletts durch eine neue/ein neues.
HERZ Muskulöses Organ, das Blut oder eine ähnliche Körperflüssigkeit durch den Körper pumpt. *Siehe auch* Blut.
HOMÖOTHERMIE Die Fähigkeit von Tieren, ihre Körpertemperatur unabhängig von der Außentemperatur auf einem bestimmten Niveau zu halten. Dazu benötigt das Tier Energie aus der Nahrung.

INNENSKELETT Andere Bezeichnung: **Endoskelett**. Ein Skelett im Inneren des Körpers, das von Muskeln und anderen weichen Körperteilen umgeben ist. Ein Innenskelett ist das Kennzeichen der Wirbeltiere.
INSTINKTVERHALTEN Angeborenes Verhalten: ein Verhalten, das nicht erlernt wird, sondern genetisch festgelegt ist, z.B. wie eine Spinne ihr Netz webt oder ein Vogel sein Nest baut.

KAULQUAPPE Die Larven (Jugendstadien) von Fröschen und Kröten, die im Wasser leben und mit Kiemen atmen. *Siehe auch* Kiemen, Larve, Metamorphose.
KERATIN Horn: eine Eiweißsubstanz, aus der Hornhaut, Haare, Fell, Nägel, Hufe und Federn bestehen. *Siehe auch* Proteine.
KIEMEN Fedrige Strukturen bei Fischen und anderen Wassertieren, die dem Wasser Sauerstoff entziehen und Kohlendioxid abgeben.
KNOCHEN Eine harte Substanz, aus der das Skelett der meisten Wirbeltiere besteht. Die Hauptbestandteile von Knochen sind Mineralien wie Kalzium und Phosphor sowie das Protein Collagen. *Siehe auch* Skelett.
KNORPEL Zäh-gallertiges, zellarmes, wenig durchblutetes, nicht (oder kaum) mineralisiertes Skelettgewebe bei Wirbeltieren und Tintenfischen. Bei Tintenfischen ist die gesamte Kopfkapsel knorpelig, bei den Knorpelfischen bildet Knorpel das ganze Skelett, und bei Tieren, die Knochen haben, sind nur einige Teile des Skeletts knorpelig, bei uns Menschen z.B. Gelenke, Nase und Ohrmuschel. *Siehe auch* Knochen, Skelett.
KONVERGENZ In Anpassung an eine ähnliche Lebensweise können verschiedene Lebewesen unabhängig von ihrer natürlichen Verwandtschaft eine weitgehende Übereinstimmung in Form und Gestalt des Körpers und seiner Organe aufweisen, z.B. Haie, Knorpelfische, Ichthyosaurier, Pinguine, Delphine. Die Ähnlichkeit ergibt sich daraus, daß bestimmte Organe bzw. Lebensformtypen den Anforderungen des Lebensraums/der Lebensweise am besten gerecht werden.

LARVE Jugendstadium von Insekten und anderen Wirbellosen, aber auch von Lurchen, das sich z.T. sehr vom Vollkerf unterscheidet.
LEBENSRAUM Die Umwelt, die eine bestimmte Art zum Überleben braucht. *Siehe auch* Ökosystem.
LEBER Organ, das Verdauungsprodukte und Giftstoffe abbaut und Nährstoffe in Körpersubstanz umbaut.
LUNGE Paariges Organ von Wirbeltieren zur Luftatmung. In der Lunge wird Sauerstoff aus der Luft ins Blut aufgenommen und Kohlendioxid aus dem Blut abgegeben.

MAGEN Organ, das Nahrung aufnimmt und mittels Säuren mit der Verdauung beginnt.
MANTEL Ein Gewebe bei den Weichtieren, das durch Kalkabscheidung Schalen und Gehäuse bildet.
MAUSER Federwechsel, periodischer Austausch von Federn bei Vögeln (im weiteren Sinne auch der Haarwechsel vom Sommer- zum Winterfell und umgekehrt bei Säugern).
METAMORPHOSE Umwandlung der Larvenform zum erwachsenen, geschlechtsreifen Tier bei Tieren, deren Jugendstadien sich in Gestalt und Lebensweise deutlich vom Vollkerfzustand unterscheiden.
MIMESE Nachahmung eines belebten oder unbelebten Objekts, das für einen möglichen Feind uninteressant ist, beispielsweise eines Steins oder eines Holzstücks. Ein Sonderfall der Tarnung. *Siehe auch* Tarnung.
MIMIKRY Ähnlichkeit zwischen Lebewesen, die nicht auf stammesgeschichtlicher Verwandtschaft, sondern auf täuschender Nachahmung von Signalen beruht. Als **Batessche M.** bezeichnet man die Nachahmung giftiger Tiere durch ungiftige als Schutz vor Räubern, als **Mertenssche M.** die Nachahmung stark giftiger Arten durch schwach giftige. Unter **Müllerscher M.** versteht man ähnliche Signale gleichermaßen giftiger Tiere. **Angriffsm.** ist z.B. das Anlocken von Beutetieren durch wurmartige Hautfortsätze bei den Armflossern.
MUSKEL Ein Körperorgan, das sich zusammenziehen und entspannen und dadurch andere Körperteile bewegen kann.

NAHRUNGSKETTE Aufeinanderfolge in der Ernährung voneinander abhängiger Organismen

(z.B. als Räuber und Beute), die meist auf Pflanzen aufbaut, die ihre Energie aus dem Sonnenlicht beziehen. Mit jedem Glied in der Nahrungskette nimmt die weitergegebene Energie ab. *Siehe auch* Nahrungsnetz.
NAHRUNGSNETZ Bei Vorhandensein vieler Organismen und vielfältiger Nahrungsbeziehungen ist das Bild des Nahrungsnetzes zutreffender als das einer -kette. Hier sind mehrere Nahrungsketten miteinander verbunden.
NAHRUNGSPYRAMIDE Aufeinanderfolge von Organismen eines Ökosystems auf verschiedenen Ernährungsebenen. Auf die Produzenten (meist grüne Pflanzen) folgen Konsumenten wachsender Größenordnung. An der Spitze der Pyramide stehen große Räuber.
NATÜRLICHE AUSLESE *Siehe* Selektion.
NERVENSYSTEM Bei den meisten mehrzelligen Tieren ein Wahrnehmungs- und Kontrollsystem aus einem Netzwerk von Nervenzellen. *Siehe auch* Nervenzelle.
NERVENZELLE Neuron: spezialisierte Zelle zur Übertragung von Nervenimpulsen. *Siehe auch* Nervensystem.
NIERE Paariges Organ zur Reinigung des Blutes von Abfallstoffen und zur Regulierung des Wasserhaushaltes des Körpers.
NYMPHE Jugendstadium eines Insekts, das schon eine gewisse Ähnlichkeit mit dem Vollkerf aufweist und sich durch unvollständige Verwandlung zum Fluginsekt entwickelt, z.B. Libellenlarve.

Ö

ÖKOLOGIE Lehre von den Zusammenhängen zwischen den Lebewesen untereinander und ihrer Umwelt.
ÖKOSYSTEM Alle Lebewesen in einem bestimmten Gebiet, z.B. in einem Wald, See, Fluß, einschließlich der unbelebten Dinge, die sie nutzen (z.B. Erde, Wasser).

P

PARASIT Ein Lebewesen, das auf oder in einem anderen Lebewesen (Wirt) lebt und sich von diesem ernährt bzw. ernähren läßt. Der Wirt wird dabei oft geschädigt.
PHEROMONE Lockstoffe, chemische Stoffe, die andere Mitglieder einer Art anziehen. Bei Insekten werden solche Lockstoffe zum Anlocken des Geschlechtspartners, zum Markieren einer Spur oder als Alarmsignal eingesetzt.
PLANKTON Mikroskopisch kleine Pflanzen und Tiere, die in großen Mengen im Wasser von Meeren oder Seen schweben.
POIKILOTHERMIE Die Abhängigkeit der Körpertemperatur eines Tieres von der Außenwelt bei Tieren, die ihre Körpertemperatur nicht aktiv auf einem bestimmten Niveau halten können, z.B. Reptilien (wechselwarme Tiere).
PROTEINE Organische Moleküle, die in lebenden Organismen viele Funktionen haben. Als Enzyme regeln sie z.B. viele Körperfunktionen, als Bausteine bilden sie z.B. Haare und Muskeln.
PUPPE Stadium zwischen Larve und Vollkerf bei Insekten, die eine vollständige Verwandlung durchmachen. *Siehe auch* Metamorphose.

R

RÄUBER Ein Tier, das andere Tiere jagt und sich von deren Fleisch ernährt. *Siehe auch* Beute.
RAUBTIER Im weiteren Sinne ein Räuber (*siehe dort*). Im engeren Sinne die Säugetierordnung *Carnivora*.
RAUPE Die Larve eines Schmetterlings.

S

SCHÄDEL Mehrere verschmolzene Knochen oder Knorpel im Kopf eines Wirbeltieres, die das Gehirn und die wichtigsten Sinnesorgane schützen.
SCHMELZ Harte Substanz, die die Zähne überzieht.
SCHUTZANPASSUNGEN Anpassungen von Pflanzen und Tieren, die dem Schutz vor Feinden dienen: Abwehrverhalten, Tarnung, Mimese, Mimikry, Schreckfärbung. Farben spielen oft eine große Rolle. *Siehe auch* Tarnung.
SCHWIMMBLASE Ballonartiges, gasgefülltes Organ, mit dem ein Fisch seinen Auftrieb im Wasser regeln kann. Er kann sein spezifisches Gewicht dem des Wassers anpassen, so daß er ohne Kraftanstrengung im Wasser schwebt. Wenn ein Fisch taucht, erhöht er die Gasmenge in der Schwimmblase, so daß der Wasserdruck die Blase nicht zusammendrücken kann.
SEGMENTIERUNG (Metamerie) Einteilung in aufeinanderfolgende gleiche oder ähnliche Körperabschnitte (Segmente) oder Körperringe, z.B. bei Ringelwürmern. Bei Gliederfüßern sind die Segmente zu einzelnen Gruppen (Tagmata) zusammengefaßt.
SEHNE Spezielle Gewebe zur Übertragung des Muskelzugs auf Teile des Skeletts.
SEITENLINIENORGAN Strömungssinnesorgane bei Fischen und wasserlebenden Amphibien, die der Wahrnehmung von Wasserbewegungen dienen.
SELEKTION Natürliche Auslese: ein Mechanismus der Evolution. Unterschiedliche Merkmalsausprägungen führen zu unterschiedlichem Fortpflanzungserfolg. Über Generationen führt dieser Vorgang der Selektion zur Veränderung der Anpassungen. *Siehe auch* Evolution.
SKELETT Körperstützendes Gerüst bei Tieren als Außenskelett (z.B. Schneckengehäuse) oder als Innenskelett (Wirbeltiere). Häufig gelenkig und ein Widerlager für die Muskeln.
SPERMIUM Samenzelle, männliche Keimzelle. Meist kleine, durch eine Schubgeißel bewegte Zelle mit wenig Cytoplasma.
STOFFWECHSEL Die chemischen Reaktionen, die im Körper ablaufen.
STIGMEN Atemöffnungen der Insekten. Durch diese winzigen Löcher kann Luft in die Tracheen gelangen. Mittels eines Ringmuskels läßt sich das Stigma öffnen und schließen.

T

TARNUNG Eine Schutzanpassung, die dazu dient, nicht gesehen zu werden. Mittel der Tarnung sind zusammen mit besonderen Verhaltensweisen (z.B. Ruhestellung) Farbanpassungen an die Umgebung und Gestaltauflösung (Auflösung oder Verschleierung der Umrisse). Tarnung dient zum Schutz vor Feinden, aber auch dazu, nicht von Beutetieren gesehen zu werden. *Siehe auch* Mimese, Schutzanpassungen.
THORAX Brust. Mittlerer Körperabschnitt bei Insekten, Spinnen und Krebsen. Bei den Insekten sitzen hier Beine und Flügel an.
TORPOR Starrezustand bei Temperatur- und Trockenstreß (bei Landvögeln und kleinen Säugern). Der Winterschlaf kann als langanhaltender Torpor aufgefaßt werden. *Siehe* Winterschlaf.

V

VERDAUUNG Aufschließen der Nahrung in kleine Bestandteile, die der Körper aufnehmen und verwerten kann. Meist spielen mechanische und chemische Zerkleinerung zusammen.
VOLLKERF Erwachsenes (adultes) Insekt.

W

WANDERUNGEN Regelmäßige Ortsveränderungen bei Tieren, z.B. bei Wanderfaltern, Zugvögeln, Wanderfischen. Oft dienen Wanderungen der Vermeidung kalter Jahreszeiten oder von Dürreperioden.
WECHSELWARM *Siehe* Poikilothermie.
WINTERRUHE Im Gegensatz zum Winterschlaf die nicht allzu tiefe, häufiger für die Nahrungsaufnahme unterbrochene Ruhe- und Schlafphase während des Winters bei verschiedenen Säugetieren, z.B. Dachs, Bären, Eichhörnchen.
WINTERSCHLAF Schlafperiode mit stark verringerten Lebensfunktionen bei einigen Säugetieren, z.B. Fledermäusen, Igeln, Siebenschläfern. Die Körpertemperatur ist stark herabgesetzt (fällt allerdings nicht unter einen kritischen Wert), die Herzschlagfrequenz ist niedriger als sonst. Der Stoffwechsel „läuft auf Sparflamme", wodurch aufgrund von Nahrungsknappheit schwer verfügbare Energie eingespart wird. So genügen körpereigene Reserven zum Überwintern.
WINTERSTARRE Kältestarrezustand bei wechselwarmen Tieren im Winter. Die Körperfunktionen sind nahezu völlig ausgeschaltet. Die Körpertemperatur sinkt entsprechend der Außentemperatur.
WIRBEL Einzelelemente der Wirbelsäule aus Knorpel oder Knochen, die durch Bandscheiben und Bänder verbunden sind. Zusammen bilden die Wirbel die Wirbelsäule, eine hohle Knochenkette, in deren Innerem das Rückenmark verläuft. Menschen haben in der Regel 33 Wirbel. Einige Frösche haben weniger als zwölf, manche Schlangen dagegen über 400. *Siehe auch* Wirbeltiere.
WIRBELLOSE Tiere ohne Wirbelsäule, z.B. Insekten, Weichtiere, Würmer, Spinnen. *Siehe auch* Wirbeltiere.
WIRBELTIERE Tiere mit Wirbelsäule (Rückgrat). Es gibt fünf große Wirbeltiergruppen: Fische, Amphibien, Reptilien, Vögel und Säuger. *Siehe auch* Wirbel, Wirbellose.

Z

ZELLE Kleinste lebens- und vermehrungsfähige Einheit eines Tieres oder einer Pflanze.

Register

A

Aasfresser 40, 71
Abdomen 20, 186
Abfallentsorgung 18, 30
Abwehrstrategien 138–139
Adler 118
Admiral 182
Affen 43, 73, 108, 169, 185
Afrikanische Hausnatter 83
Afrikanischer Elefant 45, 74
Albatros 36
Albertosaurus 52
Algen 18, 19, 171
Allesfresser 73, 163, 187
Allosaurus 163
Ameisen 41, 57, 90, 102
Ameisensäure 41
Amerikanischer Schlammfisch 90
Ammoniten 164, 184
Amphibien
   Augen 123
   Eier und Kaulquappen 98–99
   Ernährung 62–63
   Evolution 155, 158–159
   Fossilien 184
   Metamorphose 98, 100–101
   Sinne 122–123
   Skelett 32–33
   Systematik 183
   Temperaturregelung 123
Ankylosaurus 162
Anpassung 148–149
Antennen 20, 21, 186
Ararauna 181
Aras 41, 181
Archaeopteryx 36, 185
Arsinoitherium 147
Art 186
   Evolution 152–153
Asiatischer Elefant 44, 74–75
Asseln 26, 62–63 174
Atlasspinner 181
Atmung
   Fische 28, 31
   Insekten 20, 21
Atmungsorgane
   bei Fischen 28, 31
   bei Insekten 20, 21
Auerhuhn 68
Augen 18, 122
   Insekten 21
Aurorafalter 89
Außenskelett 186
   Insekten 20
   Krebse 17, 26
   Metamorphose 84
Aussterben
   Anpassung und A. 148
   Arten 152
   Dinosaurier 164–165, 166
   Mammute und Mastodonten 166
Austern 22, 94
Austernfischer 69
Azurjungfer 84–85

B

Bachfloh 26
Balz
   Farben und Düfte 88–89
   bei Vögeln 80, 92–93
Balztänze 93
Bandwurm 69
Barbe 173
Bären
   Krallen 77
   Tatzen 169
   Winterruhe 145, 176
Barrakuda 59
Bates, Henry 130
Batessche Mimikry 130
Bäume
   in gemäßigten Wäldern 174–175
   in tropischen Regenwäldern 180–181
Baumfrösche 15, 62
Baumkröte 123
Baumskink 126, 139
Baumsteigerfrösche 140–141
Befruchtung 30, 91, 100, 186
Beine (Insekten) 21
Berglöwe *siehe* Puma
Bernstein 156
Beute 52, 186
Beutelfrosch 98
Beuteltiere (Junge) 86
Bienen
   Anatomie 20
   in Bernstein 156
   Metamorphose 102
   Nester 90
   Warnfärbung 141
Birkenia 184
Birkenspanner 124
Bläßhuhn 71
Blattkäfer 180
Blattläuse 57, 69
Blattnasenfledermäuse 168
Blattschmetterling 124–125
Blaue Riesenmuschel 18–19
Blauer Morphofalter 104–105
Blaufußtölpel 93
Blaumeise 106–107
Blindwühlen 32
   Ernährung 51
   Sinne 122
   Skelett 33
Blutkreislauf 18, 186
   Frösche 33
   Haie 31
Bogeneule 145
Brachiosaurus 160
Brasse (Brachse) 58
Bremse 177
Brückenechse 150
Brumby 114
Buckelzirpe 134
Buffon, Georges 152
Buntbarsch 183
Bussard 70

C

Camargue-Pferd 115
Cephalaspis 154, 155
Chamäleon
   Ernährung 65
   Schutzanpassungen 126
   Skelett 34
Chinchilla 176
Chinesische Rotbauchunke 123
Chirostenotes 52
Chitin 20, 26, 186
Choco-Indianer 141
Chordaten 183
Clownsfische 117
Conchiolin 94
Cryptobranchus 159

D

Dachs 42, 73
Dapedium 155
Darm 18, 186
Darwin, Charles 130, 168
Darwin-Nasenfrosch 99
Dauerfrostboden 166
Deckflügel 20
Delphine 170
Devon 156, 158
Diademnatter 178
Dimetrodon 161
Dinosaurier 36, 184
   Aussterben 164–165, 166
   Ernährung 162–163
   Evolution 160
   Klauen 52, 162
Diplocaulus 159
Diplodocus 162, 163
Discoglossus 159
Dismorphia 130
Doktorfisch 136
Dornhaie 154
Dornteufel 134
Dorsch 28–29
Dotter 97
Drachenfisch 136
Drachenköpfe 143
Dreistachliger Stichling 81, 90–91
Dreizehenmöwe 83
Dronte 36
Drosseln 69
Drückerfisch 59, 170, 171
Düfte 88
Dülmener Pony 114
Dunen 40, 41

E

Echoortung 52–53, 168
Echsen
   Eier 97
   Ernährung 64, 65
   Evolution 148, 160
   Gleitflug 181
   Junge 96
   Schutzanpassungen 126, 134, 138, 139
   Schwanzabwurf 139
   Stacheln 134
   Verteidigung 138
Eichelhäher 41, 71
Eichhörnchen 76
Skelett 43
Zähne 72, 73
Eier 82–83, 86
   Amphibien 98–99, 100
   Fische 86, 91
   Insekten 87
   Reptilien 83, 96–97
   Schlüpfen 96–97
   Schmetterlinge 89
   Vögel 83, 96
Eierschlange 66–67
Einhorn 113
Einsiedlerkrebs 17, 95
Eintagsfliegen 172
Eisfuchs 129
Eisstern 25
Eisvogel 70
Eizahn 97
Eizellen 186
Elefanten
   Ernährung 74–75
   Evolution 166, 185
   Herden 110
   Skelett 44–45
Elritze 172
Eltern 86–87
Embryo 186
Endoskelett *siehe* Innenskelett
Enten 39, 40, 168
Entenschnabelsaurier 165
Eodiscoglossus 159
Erdbeerfröschchen 140
Erdnatter 96–97
Ernährung 49–79
   Amphibien 62–63
   Dinosaurier 162–163
   Fische 58–61
   Insekten 56–57
   Jagdwaffen 52–53
   Reptilien 64–67
   Säuger 72–79
   Schlangen 66–67
   Tentakel 54
   Vögel 68–71
Eryops 158
Erzwespen 175
Eulen
   Ernährung 70
   Flügel 38
   Gewölle 175
   im Wald 174
Eurypholis 155
Eustheopteron 155
Evolution 146–169, 184–185, 186
   Amphibien 158–159
   Anpassung 148–149
   Arten 152–153
   Dinosaurier 160–165
   Fische 154–155
   Insekten 156–157
   konvergente E. 151
   Reptilien 160–161
   Säuger 166
   Selektion 150–151, 168
   Umwelt und E. 168–169
Exoskelett *siehe* Außenskelett

F

Fangschrecken 50, 52, 134
Farbstoffe *siehe* Pigmente
Fasanen 68
Faultiere 128
Federn 40–41, *siehe auch* Dunen
   Archaeopteryx 36
   Balz 92–93
   Flügel- 38–39
   Wachstum 106–107
Federstrahlen 41
Feilenfisch 59
Feldmaus 129
Fell 46–47, 177
Fellpony 114
Feuerfalter 146
Finken 68
Fische
   Eier 86, 91
   Ernährung 58–61
   Evolution 149, 154–155
   fischfressende Vögel 70
   Fossilien 184
   giftige F. 142–143
   Graben 132
   Haie 30–31
   Markierung 172
   im Meer 170–171
   Nester 90–91
   Schutzanpassungen 116–117, 126
   Selektion 151
   Skelett 28–29
   im Süßwasser 172–173
   Systematik 183
   Verteidigung 136–137
Fischerkatze 79
Fischflossen 28–29
Fitis 153
Fleckenrochen 116
Fledermäuse
   Echoortung 52–53, 168
   Evolution 168–169
   Winterschlaf 145
Fliegen
   in Bernstein 156
   im Gebirge 177
   Mundwerkzeuge 57
Flöhe 56
Flug
   Reptilien 180–181
   Vögel 38–39, 70
Flugdrache 181
Flügel
   Insekten 21
   Käfer 20
   Schmetterlinge 104, 105
   Vögel 38–39
Flugfrosch 180
Flüsse 172–173
Forelle 173
Form und Funktion 14–48
   Amphibien 32–33
   Fische 28–31
   Insekten 20–21
   Krebse 26–27
   Organe 18–19
   Reptilien 34–35
   Säuger 42–47
   Schalen, Gehäuse, Panzer 16–17
   Stachelhäuter 24–25
   Symmetrie 24
   Vögel 36–41
   Weichtiere 22–23
Fortpflanzung 80–109, 186
   Amphibien 98–101
   Eier und Schlüpfvorgang 82–83, 96–97
   Eltern 86–87
   Jungvögel 106–107

Metamorphose 102–105
Nester 90–91
Säuger 108–109
Weichtiere 94–95
Werbung und Paarung 88–89, 92–93
Fossilien 147, 186
Amphibien 158–159
Archaeopteryx 36
Dinosaurier 160–165
Fische 154–155
Haizähne 151
Insekten 156–157
Mesozoikum 185
Paläozoikum 184
Fregattvogel 93
Frösche und Kröten 15, 32, 180
Art 153
Eier 98–99
Ernährung 62–63
Fossilien 159, 184
Gleitflug 180
grabende F. u. K. 132–133
Kaulquappen 98–99, 100–101
Mumie 158
Sinne 122, 123
Skelett 32–33
Temperaturregelung 123
Verteidigung 120–121
Warnfarben 140–141
Füchse 85, 134, 168
Fugu 142
Fühler *siehe* Antennen

G

Gabunviper 127
Gallen 174
Gammaeule 145
Gänse 36
Federn 40
Nahrung 68
Zug 144
Garnelen 26, 27, 54, 58
Gazera-Falter 130
Gebärmutter 108
Gebirge 176–177
Geburt (Säuger) 96
Geburtshelferkröte 98–99
Geckos
Eier 97
Gleitflug 180
Tarnung 118
Gefieder *siehe* Federn
Gefiederpflege 40, 41
Gehirn 18, 186
Dinosaurier 161
Haie 30, 31
Insekten 20
Gehör 123
Gelber Buntbarsch 183
Gepard 79
Geruchssinn 123
Geschichte des Lebens 184–185
Gesichtssinn 122
Gewölle 175
Gifte 52
bei Fischen 142–143
bei Pflanzen 164
bei Quallen 54
bei Skorpionen 118
Warnfarben und G. 140
Giraffe 76

Glasflügler 131
Glasfrosch 98
gleichwarme Tiere *siehe* Homöothermie
Gleiten 180
Glyptodon 185
Goldfröschchen 140
Goldhamster 76–77
Gottesanbeterin 50, 134, *siehe auch* Fangschrecken
Graben 132–133
Grabfrosch 132
Grauwal 144
Greifvögel 70, 107
Grobe Napfschnecke 23
Großer Eichenspanner 53
Großer Panda 169
Großkopfschildkröte 16
Grottenolm 168
Grünspecht 174

H

Haare 46–47
Haarsterne 24
Habitat *siehe* Lebensraum
Haie 116, 118, 170
Anatomie 28, 30–31
Ernährung 48, 60–61
Selektion 151
Zähne 151
Halbschnäbler 59
Hamster 76–77
Harleianisches Bestiarium 78
Harz 156
Haubentaucher 93
Hausmaus 77
Häutung 20, 56, 57, 85, 102, 186
Hecht 29, 173
Heliconiiden 89
Heliobatis 155
Hellbender 159
Hellroter Ara 41
Hemiscyllium ocellatum 60
Herakles 113
Herden 110, 114–115
Heringsmöwe 152
Herz 186
Elefanten 44
Frösche 33
Haie 30
Insekten 20
Heupferd 56
Heuschrecken 56, 102
Ernährung 56
Metamorphose 102
als Nahrung 65
Selektion 150
Himmelsgucker 142
Hirsche 175
Höhlenmalereien 166
Hohltiere 54–55
Holzbohrer 125
Hominiden 185
Homo erectus 185
Homo sapiens 185
Homöothermie 145, 186
Honigtau 57
Hopi-Indianer 140
Hornhai 60, 116
Hornhecht 29, 171
Hufe 47
Hufeisennase 52–53
Huftiere 42, 72

Hummer 26–27, 61
Hunde
Ernährung 73
Muskeln 18, 19
Säugen 108
Hundejunge 108
Hundertfüßer 175
Evolution 156
als Nahrung 156
Waffen 52
Hydrozoen 55
Hyracotherium 185

I

Ichthyosaurier 164, 185
Ichthyostega 158
Igel 134–135
Igelfisch 58, 134, 136–137
Iguanodon 164–165
Ikarus 38
Indianer
nordamerikanische I. 111, 140
südamerikanische I. 141
Indischer Blattschmetterling 124–125
Inger 154
Innenskelett 186
Fische 28
Metamorphose 84
Insekten
Anatomie 20–21
Balz und Paarung 88–89
Eier 87
Ernährung 56–57
Evolution 156–157
im Gebirge 176–177
Metamorphose 84–85, 102–105
Mimikry 130–131
Nester 90
Stacheln 134
Systematik 182
Tarnung und Mimese 126
in Wäldern 174
Insektenfresser 50, 69, 186
Instinktverhalten 186
Ischnacanthus 154
Isolation 153

J

Jacobsonsches Organ 53
Jagdwespe 180
Jaguar 46
Java-Schönechse 83
Jura 155

K

Kabeljau *siehe* Dorsch
Käfer
Anatomie 20
Ernährung 57
grabende K. 132
Metamorphose 102
Paarung 88
im Regenwald 102
Tarnung und Mimese 126
im Wald 174
Kaiman
Ernährung 51
Junge 96

Skelett 34
Tarnung/Mimese 127
Kaiserfisch 116, 170
Kalk 94, 95
Kälte 144–145
Kamel 178
Känguruh 86
Känguruhkäfer 180
Kaninchen 18
Känozoikum 184, 185
Katzen
Ernährung 78–79
Evolution 185
Fell 46, 47
Junge 108–109
Krallen 47
Milchdrüsen 108–109
Skelett 45
Katzenhai 91, 151, 183
Kaulquappen 187
bei Baumsteigern 141
Fürsorge 98–99
Metamorphose 100–101
Seitenlinienorgan 122
Kaumagen 68
Kegelrobbe 171
Keratin 186
Federn 40
Haare 46
Hufe 47
Krallen 47
Schnäbel 50, 86
Kiefer
Dinosaurier 163
Fische 58, 154
Haie 61
Säuger 72–73
Schlangen 35, 66
Kiemen 28, 186
Haie 31
Kaulquappen 101
Schlammspringer 149
Kieselalgen 170
Klammergriff 100
Kleingefleckter Katzenhai 151
Kloake 30
Knochen 186, *siehe auch* Skelett
Knochenfische 155
Knochenganoiden 155
Knochenhecht 29
Knorpel 186
Knorpelfische 28, 30–31, 60–61, 186
Kobras 178
Köcherfliegen 172
Koevolution 157
Kofferfisch 28, 29
Kohlweißlinge 89
Kojote 73
Kolibri 36, 40, 93
Komodowaran 64
Komplexaugen 21
Königspinguin 169
Königsschlange 178
Konvergenz 151
Kopal 156
Kopf (Insekten) 21
Korallen 54
Korallenriffe 59, 116, 170
Kormoran 50
Krabben 170, 182
Eier 83
als Nahrung 69
Panzer 17, 26, 95

Verteidigung 118–119
Kragenechse 138
Krähen
Ernährung 71
Gewölle 175
Skelett 36, 37
Krake 14, 22, 54
Krallen/Klauen
Bären 77
Dinosaurier 52, 162
Katzen 47
Krallenfrosch 122
Krebs (bei Dinosauriern) 165
Krebse 26–27, 182
Fortpflanzung 88
Panzer 17
Kreide 185
Kreuzotter 96
Krill 26
Krokodile 118
Aussterben der Meereskrokodile 164
Eier 97
Ernährung 64
Evolution 158, 160
Junge 96
Kiefer 34
Selektion 151
Kröten *siehe* Frösche und Kröten
Kugelfisch 137, 142
Kurierfalter 130

L

Langnasen-Nilhecht 58
Lanner 183
Larus argentatus argentatus 152
Larus fuscus graellsii 152
Larven 56, 102, 186
in Gallen 174
im Süßwasser 172
Laubmischwald 176
Laubsänger 69, 153
Laufkäfer 57, 71
Lebensraum 186
Anpassung 148–149
L. und Evolution 168–139
Gebirge 176–177
Meer 170–171
Regenwald 180–181
Süßwasser 172–173
Wald 174–175
Wüsten 178–179
Leber 30, 31, 187
Leguan 64
Leierfisch 91
Leierschwanz 92
Lemminge 110
Leopard 46, 78, 110
Leopardendrückerfisch 170, 171
Leopardfrosch 120–121
Leuchtorgane 136
Libellen 84–85, 102, 156, 157
Löwe von Nemea 113
Löwen
Familienverband 112–113
Fell 46
Jagd und Ernährung 73, 78

Krallen 47
Zähne 73
Lungen 187

M

Madagassischer Tomatenfrosch 123
Maden 56
Magen 18, 187
Magenbrüterfrösche 98
Magnetismus 122
Makrele 70
Malaienbär 77
Mammut 166–167, 185
  Elfenbein 167
  Skelett 42
  Zähne 74
Manati 109
Mandarinmolch 63, 122
Mandibeln (Insekten) 56, 57, 58
Mantel 94, 187
Marder 73
Markierung (bei Fischen) 172
Marmormolch 122
Massospondylus 163
Mastodon 166
Maulwurf 132, 168
Mäuse
  Arten 153
  Zähne 72, 77
Mauser 40–41, 93, 186
Maxillen 56, 57
Mechanitis polymnia 88
Meerbarbe 61
Meere 170–171
Mehlwurm 63
Melanin 46
Melanophoren 126
Menschen
  Evolution 169, 185
  Kinder 109
  Überlebensstrategien 139
Merlin 177
Mesozoikum 185
Messerfuß 132
Metamorphose 186
  bei Amphibien 98, 100–101
  bei Insekten 84–85, 102–105
Meteoriten 164–165
Methona 130
Miesmuscheln 22, 69
Milch 108–109
Milchdrüsen 108–109
Mimese 124, 125, 126, 186
Mimikry 124, 130, 186
Molaren 73, 74–75
Molche *siehe* Salamander und Molche
Mollusken *siehe* Weichtiere
Monarchfalter 144
Mönchsgrasmücke 69
Mondspinner 56
Monera 182
Mosasaurier (Maasechsen) 164, 185
Moschusochse 111
Moschusschildkröte 138
Möwen 152
Müllersche Mimikry 131
Mundwerkzeuge (Insekten) 20, 21, 56

Murmeltier 176
Murray-River-Schildkröte 126
Muscheln 17, 22
Muskeln 18, 186
  Fische 28
  Haie 30
Mustangs 114–115

N

Nachtbaumnatter 181
Nadelwälder 176
Nager
  Schutzanpassungen 128
  Zähne 72, 76–77
Nahrung *siehe* Ernährung
Nahrungsketten/-netze/-pyramiden 186, 187
  in Meeren 170
  im Wald 174–175
Napfschnecke 22, 23
Nashorn 147
natürliche Auslese *siehe* Selektion
Naturtheologie 168
Nautiloiden 184
Nautilus 22–23, 184
Nektar 187
Nematocysten *siehe* Nesselkapseln
Nervensystem 18, 10
Nesselkapseln 54
Nesseltiere 54–55, 182
Nester 90–91
Nestlinge 106–107
Neunauge 58, 154
New-Forest-Pony 115
Nieren 30, 187
Nixentäschchen 91
Nootka-Indianer 111
Nutria 72
Nymphen 102, 187
  Eintagsfliegen 172
  Elasmucha grisea 87
  Libellen 85

O

Obelia 55
Ochsenfrosch
  Graben 132–133
  Kaulquappen 122
  Ohren 123
  Skelett 33
Odinshühnchen 92
Ohren 123
Ohrwurm 157
Ökologie 187
Operculum 94
Organe 18–19
Orka 110
Otter 77
Ozelot 46

P

Paarung
  Haie 30
  Insekten 88
Pacu 58
Palaeoniscus 154
Paläozoikum 184
Paley, William 168

Panda 169
Panther 46, 78
Panzerung 16–17
Panzerwels 28
Papageien 36, 80, 181
Papageifisch 59
Papageitaucher 93
Papilio polytes 89
Papilio thoas 102–103
Paradiesvögel 93, 180
Parasiten 41, 187
Peripatus 156
Perleidechse 65
Perm 158
Petersfisch 58
Pfau 92
Pfeilgiftfrösche *siehe* Baumsteigerfrösche
Pferde
  Evolution 185
  Herden 110, 114–115
  Hufe 47
  Milch 108
  Skelett 42
Pflanzen
  Giftp. 164
  Koevolution 157
  Systematik 182
Pflanzenfresser 50, 72, 77, 186
Pheromone 88, 187
Phyllobates terribilis 140
Phytoplankton 171
Pigmente 46, 126, 156
Pilze 182
Pinguine 36, 169
Pinzettfisch 59
Piranha 49, 59
Plankton 83, 171, 187
Platten (*Stegosaurus*) 161
Plattfische (Tarnung) 126
Plesiosaurier 164, 185
Poikilothermie 145, 187
Polsterstern 25
Port-Jackson-Hornhai 60, 116
Prachtkäfer 20
Präkambrium 184
Precis octavia 131
Primaten 73, 185
Proboscis 57
Proconsul 185
Proteine 187
Protisten 182
Pterosaurier 36, 162, 164
Puma 176, 177
Puppen 102–105, 187
Puppenseide 103
Pygmäensalamander 98
Python 34, 35

Q

Quallen 18, 54, 61
Quastenflosser 155

R

Rana pueyoi 159
Rassenkreis 152
Ratten 72
Rattenschwanzlarve 172
Räuber 50, 52–53, 18
  Amphibien 62
  in der Nahrungskette

118–119
  Reptilien 64
  Säuger 73
Raubtierzähne 73
Rauchschwalbe 83
Raupen 186
  Ernährung 56, 57
  Metamorphose 102–103
  Stigmen 21
  Tarnung 124–125
  Verteidigung 120–121, 125
Rebhuhn 83
Regen in der Wüste 178
Regenbogenforelle 173
Regenwälder 180–181
Regenwürmer 182
  Graben 132
  als Nahrung 63, 71
Reiher 41, 70
Reptilien 183
Revier (bei Vögeln) 93
Rhesusaffe 43
Riechorgane 123
Riedfrosch 123
Riesenhai 28, 60
Riesenkalmar 54
Riesenmuscheln 18–19
Ringelnatter 139
Ringelspinner 88, 89
Ringelwürmer 182
Rippen (Säuger) 42
Ritterfalter 89, 102–103
Robben 171
Rochen 30
  Evolution 155
  Fortbewegung 170
  Gifte 142–143
  Tarnung 116
Romulus und Remus 109
Rosellasittich 80
Rotaugen-Laubfrosch 123
Rote Mückenlarven 172
Rotfeder 29
Rotfeuerfisch 143
Rothalsgans 144
Rudel
  Löwen 112–113
  Wölfe 110–111
Rückgrat *siehe* Wirbelsäule

S

Säbelschnäbler 69
Säbelzahnkatze 185
Sägefisch 59
Sägeracke 40
Salamander und Molche 32
  Eier 98
  Ernährung 63
  Evolution 148
  Fossilien 159
  Sinne 122, 123
  Skelett 33
  Warnfarben 141
Samen 68, 187
Samenfresser 50, 77
Samtkrabbe 83
Sandtiger 61
Sauerstoff 18
  im Gebirge 176
  Kiemen 28, 149
Säuger 183
  Arten 153
  Ernährung 72–79
  Evolution 166

Fell 46–47
  im Gebirge 177
  Geburt 82, 96
  Milch 108–109
  Nester 90
  Rudel 110–113
  Skelette 42–43
  Systematik 183
  Tarnung 128–129
  Wachstum 85
  im Wald 174
  Winterschlaf und Winterruhe 145
  in der Wüste 178
Schaben 102, 156
Schädel 187
  Elefanten 44, 45
  Säuger 42
Schalen, Gehäuse, Panzer 16–17, 22, 94–95
  Eischalen 83
Schall 52–53, 168
Schaufelnasenkröte 133
Scheren (Hummer) 26
Schildkröten 16, 34, 35, 61, 64, 83, 94, 97, 126, 138, 160
Schildkrötenpanzer 16, 35
Schildwanze 87
Schimpanse 73
Schlammspringer 149
Schlangen 183
  Eier 96–97
  Ernährung 64, 66–67
  Evolution 148
  fliegende S. 181
  grabende S. 132
  Junge 96
  Skelett 34, 35
  Tarnung 127
  Verteidigung 52, 139
  Warnfärbung 141
  in der Wüste 178
Schlangenhalsschildkröte 83
Schlangenstern 24, 25
Schleie 173
Schlosser 149
Schlüpfen 83, 96–97
Schmeißfliegen 57
Schmelz 186
Schmetterlinge *siehe auch* Raupen
  Balz 88–89
  Eier 89
  Evolution 146
  Fossilien 156
  Metamorphose 102–105
  Mimese 124, 125, 126
  Mimikry 130
  im Regenwald 181
  Rüssel 57
  Tarnung 124–125
  Verteidigung 130–131
  im Wald 174
  Wanderungen 144–145
Schmetterlingsrüssel 57
Schmuckhornfrosch 62
Schnäbel 68–71, 93
Schnabeligel 96, 135
Schnabeltier 96
Schnaken 57
Schnecken 17, 22, 69, 182
Schneegans 144
Schneehase 129
Schneehuhn 129
Schneidezähne 73
Scholle 126

Schrecktracht/-verhalten
 136–137
Schuppendrachenfisch 136
Schutzanpassungen *siehe*
 Mimese, Mimikry, Tarnung, Überlebensstrategien
Schwämme 18
Schwäne 40
Schwänze
 Abwurf 139
 Affen 43
 Katzen 79
Schwanzlurche *siehe* Salamander und Molche
Schwarzer Panther 78
Schwarzgrundel 90
Schwarzspitzenhai 170, 171
Schwebfliege 131
Schwefelweißling 144
Schwellhai 60
Schwertfisch 58, 59
Schwimmblase 187
Seeanemonen 54–55, 117, 182
Seegurke 24
Seeigel 24, 134
Seejungfer 84–85
Seekühe 32, 109
Seelilie 24
Seelöwe 171
Seen 172
Seepferdchen 86
Seepocken 26
Seeschwalben 36
Seespinne 26, 170
Seesterne 52, 182
 Anatomie 24–25
 Stacheln 134
Seezunge 30, 126
Sehen 122
Sehne 187
Seidenspinner 89
Seitenlinienorgan 122, 187
Selektion 150–151, 168, 187
Sepia 22
Serval 46, 79
sexuelle Fortpflanzung 186
Signalfärbung 88–89, 124–126, 130–131, 140–141
Silbermöwe 152
Silur 154
Sinne 18, 122–123
Skelett 187
 Elefanten 44–45
 Frösche 33
 Knochenfische 28–29
 Knorpelfische 30–31
 Reptilien 34
 Säuger 42–43
 Schildkröten 35
 Vögel 36–37, 39
Skinke
 Ernährung 64
 Evolution 148
 Verteidigung 132, 139
Skorpione 156
 Verteidigung 118
 in der Wüste 179
Skorpionsfische 121, 143
Skunk 138
Smilodon 185
Somiten 26
Sonnenstern 25
Sonnenuhr 23

Spatenfisch 29
Spechte 69, 174
Speckschicht 169, 171
Speikobra 178
Sperma 187
 Amphibien 98
 Fische 91
Spinndrüsen 103
Spinnen 52, 182
Spinnentiere 182
Spitzkopfnatter 53
Springbock 79
Springschwanz 156
Stachel 54–55, 142
Stachelhäuter 24–25, 88, 182
Stachelmaus 128
Stacheln (zur Verteidigung) 134–135
Stämme 182
Star 83
Staubbad 41
Stechrochen 142–143
Stegosaurier 160
Stegosaurus 160, 161
Steinfisch 59, 143
Steinzeit 166, 167
Stichling 81, 90–91
Stichocentrus 155
Stigmen 21, 187
Stockente 39
Storch 106
Stoßzähne
 Elefanten 44, 75
 Mammute und Mastodonten 166
Strandflöhe 26
Strauß 71
Stummelfüßer 156
Süßwasser 172–173
Symmetrie 24
Systematik 182–183

T

Taggecko 118
Tapir 129
Tarnfärbung 124–125, 126
Tarnung 116, 124–127, 187
 Eier 83
 Fell 46
 Frösche 98
 Geckos 118
 Mimese 124, 125, 126, 186
 Mimikry 124, 130, 186
 Säuger 128–129
 Vögel 92, 93
 Wolf 110
Tastsinn 123
Tauben 18, 68, 69
Taucher 36
Tausendfüßer 132, 156
Tellmuscheln 69
Temperatur
 Kälte 144–145
 Regelung 123
 in der Wüste 178
Tentakel 54–55
Termiten 90
Tetracanthagyna plagiata 157
Tetrodotoxin 142
Thorax 20, 21, 187
Tiergruppen
 Herden 114–115

 Rudel 110–113
Tiger 118, 183
 Ernährung 73, 78, 79
 Fell 46
Tiger-Querzahnmolch 148
Tigerhai 61
Tintenfische 22, 54, *siehe auch* Krake, Riesenkalmar, Sepia
 Tarnung 126, 127
 Verteidigung 170
Tollkirsche 164
Tölpel 70, 93
Torpor 145, 187
Totstellen 139
Triadobatrachus 158, 159
Trias 158, 159
Trigona 156
Trilobiten 184
Tritonshorn 23, 94
Trompetenfisch 58
tropische Regenwälder 180–181
Trottellumme 83
Tuatara *siehe* Brückenechse
Tubifex 172
Tukan 50–51
Tundra 176
Tuojiangosaurus 160, 161
Turbanschnecke 23
Tyrannosaurus rex 165

U

Überlebensstrategien 116–145
 Abwehr 118–121
 giftige Fische 142–143
 Mimese 124, 125, 126, 187
 Schrecktracht/-verhalten 136–137
 Sinne 122–123
 Stacheln 134–135
 Tarnung 124–129
 Verteidigungsverhalten 138–139
 Warnfärbung 130–131, 140–141
 Winterruhe 144, 145
 Winterschlaf 144, 145
 Winterstarre 144, 145
Überraschungseffekt 136–137
Umwelt *siehe* Lebensraum

V

Variation (Evolutionsfaktor) 146
Veligerlarve 94
Verdauung 18, 187
 Frösche 33
 Haie 30, 31
 Insekten 20
Vergleichende Anatomie 162
Verschmutzung 172
Verteidigung *siehe* Überlebensstrategien
Viper 127
Viperqueise 143
Vögel
 Arten 152–153
 Balz 80, 92–93

 Eier 83, 96
 Federn 40–41
 Flügel 38–39
 Fossilien 185
 im Gebirge 177
 Junge 83, 106–107
 Kolonien 93
 Nester 90
  in Regenwäldern 180–181
 Schnäbel 68–71
 Skelett 36–37
 Systematik 183
 Tarnung 125
 im Wald 174–175
 Winterschlaf 145
 in der Wüste 179
 Zug 144

W

Wabenkröte 99, 123
Wachsrose 54, 55
Wachstum
 Insekten 84–85
 Säuger 85
 Weichtiere 94–95
Wachtel 83
Wälder
 gemäßigte W. 174–175
 tropische W. 180–181
Waldkauz 70, 174
Waldlaubsänger 153
Waldschnepfe 107
Wale 170
 Skelett 43
 Wanderungen 144
Walhai 60
Wanderfalter 145
Wandertaube 36
Wanderungen/Zugverhalten 69, 144–145, 187
Wanzen 57
 Paarung 88
 Metamorphose 102
Warane 67
Warnfärbung 130–131, 140–141
Wasserfledermaus 169
Wasserhahnenfuß 172
Wassermotte 131
Wasserralle 107
Wattwurm 69
Weberknecht 143
wechselwarme Tiere *siehe* Poikilothermie
Weichtiere 22–23, 182, 186
 Eier 82
 Fortpflanzung 88
 Schalen und Gehäuse 17
 Wachstum 94–95
Weisheitszähne 74
Weißhai 48
Weißlinge 89
Wellhornschnecken 22, 82
Werwölfe 111
Wespen
 Metamorphose 102
 Nester 90
 in Regenwäldern 180
 Warnfarben 141
White, Gilbert 153
Wiedehopf 69
Wiesel 73
Wiesenschnake 156
Winterruhe 145

Winterschlaf 144–145, 176, 187
Wirbel 187
 Fische 28, 29
 Schlangen 35
Wirbellose 187
 Evolution 154
 Fortpflanzung 88
 Systematik 182
Wirbelsäule
 Fische 10, 154
 Menschen 169
 Säugetiere 42
 Schlangen 35
 Wirbeltiere 183
Wirbeltiere 154, 187
 Systematik 182, 183
Wölfe
 Jagd und Ernährung 50, 73
 Romulus und Remus 109
 Rudel 110–111
Wühlmäuse 129, 153, 175
Würmer
 Evolution 156
 Meeresw. 69
 Temperaturregelung 123
Wüste 178–179
Wüstenbussard 179
Wüstenskinke 132

Z

Zähne
 Dinosaurier 162–163
 Elefanten 74–75
 Fische 58, 60–61
 Haie 151
 Nager 76–77
 Reptilien 64
 Säugetiere 72–77
Zelle 187
Ziege 72, 177
Zilp-Zalp 153
Zischen 138
Zitronenritter 102–103
Zitzen/Brustwarzen 108–109
Zooplankton 171
Zünsler 124
Zweifinger-Faultier 128

Fotografische Spezialeffekte

Geoff Brightling, Jane Burton und Kim Taylor, Peter Chadwick, Geoff Dann, Richard Davies (Oxford Scientific Films), Philip Dowell, Mike Dunning, Andreas von Einsiedel, Neil Fletcher, Frank Greenaway, Colin Keates und Harry Taylor (Natural History Museum), Dave King, Karl Shone, Jerry Young; Fotografinnen und Fotografen des Britischen Museums

Illustrationen

Stephen Bull, Peter Chadwick, Will Giles, Mick Loates, Andrew Macdonald, Coral Mula, Richard Ward, Dan Wright, John Woodcock

Modelle

Graham High, Jeremy Hunt

Bildredaktion

Fiona Watson

Bildnachweis

o = oben, u = unten, m = Mitte, l = links, r = rechts

Ardea 96ol / Jean-Paul Ferrero 110o, 126ur
Zedenek Berger 158m
G.I. Bernard 109or
Biofotos / Heather Angel 97or, 123 ol, 156m, 157or
Bridgeman Art Library / Alan Jacobs Gallery, London 26or, 92ol, 92ml, 92m, 104or, 112ul, 113om
British Library 78ul
Prof. Edmund Brodie jr. 98ul, 140m
Danny Bryantowich 129ul
Zdenek Burian / Artia Foreign Trade Corp. 162m
Dr. Barry Clarke 123om
Bruce Coleman / Kim Taylor 55or, 57ol, 64ol, 64ml, 78ur, 79m / Michael Fogden 98mlu, 112ml / A.J. Stevens 133ol, 133ml, 138ml / Jane Burton 160ol, 161ol, 177ol, 177mr
Mary Evans 26ur, 30or, 36u, 38ol, 38ml, 38ul, 40ul, 42or, 42ol, 54ol, 64mr, 68or, 71ol, 77ml, 88ol, 98or, 106ul, 109ul, 110mu, 140ol, 141mr, 154ol, 160ml, 161mu
F.L.P.A. / Leo Batten 69m
Giraudon 152ol
Robert Harding Picture Library / Philip Craven 21or, 139o, 143or
Eric und David Hosking 93or, 93mr
Dave King / mit freundl. Genehmigung des Staatlichen Motormuseums in Beaulieu 115or
Kobal Collection 78o, 111mr
Bob Langrish 115ol
Mike Linley 98ml, 132or
Mansell Collection 36ol, 38mlu, 43ol, 153ol
Militärarchiv und -forschung 128ur
Musée National d'Histoire Naturelle, Paris 158or, 159ol, 166m
Natural History Museum, London 166ur
Naturhistoriska Riksmuseet 158ml
N.H.P.A. / Peter Johnson 46ml, 72mr, 72ul, 73or, 74or, 114ul
Only Horses 115m
Oxford Scientific Film / Alistair Shay 56ol / Doug Perrine 61ol / Fred Baverdam 61ul / Jack Dermid 61mr / Zig Leszczynski 76or, 89ul, 124ml, 138ul, 156ml, 171ul, 172ol
Planet Earth / Brian Pitkin 60ol / Ken Lucas 60mr, 73ur, 111ul, 155ur, 172ur, 179ol / Ian Redmond 75ur
Science Photo Library / Sinclair Stammers 36m / David A. Hardy 165ol
Frank Spooner 142ml, 142ul, 142mul
A. Tanner 113or
Werner Forman Archive 111mr
Zefa / K. und H. Benson 63ml, 79ul, 114ml, 140mru
Dr. Eric Zimen 111or